清廉兰州

文化建设

欧阳波◎主编

兰州大学出版社
LANZHOU UNIVERSITY PRESS

图书在版编目（CIP）数据

清廉兰州文化建设 / 欧阳波主编. -- 兰州 ： 兰州
大学出版社，2025. 4. -- ISBN 978-7-311-06721-2

Ⅰ. D630.9

中国国家版本馆 CIP 数据核字第 20258WY127 号

责任编辑　王颢瑾
封面设计　程潇慧

书　　名	清廉兰州文化建设
作　　者	欧阳波　主编
出版发行	兰州大学出版社　（地址:兰州市天水南路222号　730000）
电　　话	0931-8912613(总编办公室)　0931-8617156(营销中心)
网　　址	http://press.lzu.edu.cn
电子信箱	press@lzu.edu.cn
印　　刷	西安日报社印务中心
开　　本	710 mm×1020 mm　1/16
成品尺寸	170 mm×240 mm
印　　张	15.5(插页2)
字　　数	278千
版　　次	2025年4月第1版
印　　次	2025年4月第1次印刷
书　　号	ISBN 978-7-311-06721-2
定　　价	96.00元

（图书若有破损、缺页、掉页,可随时与本社联系）

《清廉兰州文化建设》编写组

主　　编　欧阳波

副 主 编　严志钦

编　　委　郭　红　李春生　张彩云

　　　　　陈　震　王　欢　卢有志

　　清廉文化，是指以崇廉鄙贪为价值取向，融价值理念、行为规范和社会风尚于一体的特殊政治法治文化，是人们关于崇廉拒腐、洁身自好的价值观念、行为规范及与之相适应的生活方式与社会评价的总概括，是廉洁从政、廉洁修身行为在文化观念上的生动反映。2022年1月，习近平总书记在十九届中央纪委六次全会上首次提出"新时代廉洁文化建设"，强调"从思想上固本培元，提高党性觉悟，增强拒腐防变能力"。随后，中共中央办公厅印发《关于加强新时代廉洁文化建设的意见》，要求"必须站在勇于自我革命、保持党的先进性和纯洁性的高度，把加强廉洁文化建设作为一体推进不敢腐、不能腐、不想腐的基础性工程抓紧抓实抓好，为推进全面从严治党向纵深发展提供重要支撑"。

　　推进清廉兰州文化建设是践行习近平总书记关于新时代廉洁文化建设重要论述的必然要求，是坚定不移贯彻全面从严治党、深入推进新时代党的建设新的伟大工程的必然举措，是修复净化兰州政治生态的必然选择。

　　推进清廉文化建设，首先要守好马克思主义这个"魂"。建设廉洁政治是马克思主义政党的奋斗目标之一。公仆意识是马克思主义廉洁政治观的核心理念。马克思在《共产党宣言》中庄严宣告，共产党"没有任何同整个无产阶级的利益不同的利益"。无产阶级政党和政权机关要做人民利益的代表者。无产阶级政权机关公务人员必须将为人民服务内化为个人的价值信仰，将为人民服务作为必须遵循的职业道德和行为操守。在马克思主义廉洁政治观中，廉洁政治建设的保障机制有两个方面：民主和法治。马克思认为，民主就是"人民自主权"，是人民的自我管理，广大人民群众通过对权力进行全方位、全过程的参与，保证权力的掌握者牢记公仆意识，廉洁勤政、为民谋利、为民服务。民主需要宪法和法律的保障。马克思认为，"法典就是人民自由的圣经"。为了保障人民群众的各项民主权利，必须将民主的成果用法律的形式固定下来，使其法律化、制度化，并且具有连续性、稳定性、权威性。开展廉洁政治建设，必须加强社会主义民主法治建设，不断丰富民主的形式，逐渐扩大公民有序的民主参与，健全民主的制度保障。

推进清廉文化建设，还要扎深中华优秀传统文化这个"根"。中华优秀传统文化包括儒释道文化中的精髓，其中蕴含的清廉文化内容源远流长、博大精深。"廉洁"二字最早出现于战国时期伟大诗人屈原的《楚辞·招魂》中"朕幼清以廉洁兮，身服义而未沫"。东汉著名学者王逸在《楚辞·章句》中注释说："不受曰廉，不污曰洁。"也就是说，不接受他人馈赠的钱财礼物，不让自己清白的人品受到玷污，就是廉洁。《周礼》记载了为官"六廉"：廉善、廉能、廉敬、廉正、廉法、廉辨，将"六廉"作为官员廉洁奉公、为民作主的行为规范和考察官吏、整饬吏治的参考标准。"廉"作为一种治理国家的政治行为规范，早已成为为官从政、做人行事的根本道德标准和法治准绳。随着历代王朝对"廉"的大力推崇，"廉"的内涵不断丰富，"廉德"已成为政德之道的核心之一，被广泛地用来评价官吏是否清正、廉洁、为民的一种内在的价值尺度。"廉"的道德追求，在新时代新征程已成为崇廉拒腐的第一道屏障，为崇廉、尚廉、倡廉建设提供了土壤和环境。

推进清廉文化建设，还要顺应法治建设这个"轨"。法治是人类社会进入现代文明的重要标志，是人类政治文明的重要成果，是现代社会的一个基本框架，更是一种全新的系统化社会价值体系衡量标准。清廉文化建设应当顺应法治建设之"轨"，做到以法促廉、以法养廉、以法保廉。清廉文化建设需要法治，同样也可以成为推动法治的重要动力，倒逼法治的健全和完善。在新时代清廉文化建设中，我们既要立足当前，运用法治思维和法治方式解决反腐倡廉面临的深层次问题；又要着眼长远，筑法治之基、行法治之力、积法治之势，促进党和国家清廉文化建设各方面制度更加成熟、更加定型、更加可靠。腐败是一个历史问题，而不是某个国家或时代的"特产"。过去有，现在有，将来也会有，古今中外，概莫能外。对于现代中国来讲，无论是经济社会发展、全面从严治党，还是推进清廉文化建设，法治都可谓先行者、护航者、保障者。

推进清廉文化建设，还要根植于清风廉韵这块"地"。黄河文化深深浸润着丝绸之路的重镇——兰州，铸就了这座城市包容和谐、坚韧不拔的精神品质。纵观历史，无数生活在兰州这座城市的先贤名士就是在滔滔黄河水的滋养下，为后世留下了千古清廉的美名。清廉人物品质内涵包括爱国爱民、忠诚担当、勤俭节约、淡泊功名等，无不体现着清廉文化建设中的根脉和魂魄。譬如，抵御外侮的霍去病、忠君爱国的赵充国、戎马一生的韩遂、心系桑梓的段续、清正廉洁的左宗棠、俭朴传道的刘尔炘、家风传世的水梓等，都见证了黄河文化的博大精深，成就了兰州人由来已久的文化自信，也涵养了这座城市清正刚毅的廉洁文化底蕴。进入新时代新征程的兰州，厚积薄发、乘势而上，正以前所未有的精神状态大力推进清廉兰州文化建设，通过夯实清廉思想基础、锤炼清廉干部作风、提升清廉善治能力、营造清廉干事环境、引领清廉社会风尚，在黄河两岸大力营造山明水清、朗朗乾坤的良好氛围。

　　本书编写组立足于马克思主义经典作家的清廉文化思想和中华优秀传统文化中的清廉文化要素，深刻阐述清廉兰州文化建设的理论原理与实践路径。从清廉法治文化建设的角度出发，深刻阐述清廉兰州法治文化建设的基本方式；从清廉制度文化建设的角度出发，深刻阐述清廉兰州制度文化建设的基本举措；系统梳理了兰州自古以来所具备的清廉物质文化基础和非物质文化基础的历史底蕴，助力全面推进清廉兰州文化建设伟大工程。本书高举马克思主义理论旗帜，秉持法治理念，创新文化视角，力求学理化、系统化，为高校、党校（行政学院）相关教研活动、广大干部群众自学和兰州市全面推进清廉兰州文化建设贡献绵薄之力。

　　此为序。

第二编 清廉法治文化建设

第三编　清廉制度文化建设

第四编 清廉物质文化建设

在新时代，推进清廉文化建设是全面从严治党的一项重要内容，具有十分深远的理论意义和现实意义，是实现一体推进"不敢腐、不能腐、不想腐"目标的内在要求，是满足人民群众普遍政治要求和社会期望的必然要求。对清廉文化的深刻剖析，不仅能促进广大群众对清廉兰州文化建设有更加深刻的认识，还能对清廉文化建设实践提供比较明确具体的指导意见，从而为建设清廉文化起到良好的导向作用。

清廉文化建设是新时代党的建设的重要内容。全面从严治党要求党员领导干部必须清正廉洁，这是党的纪律要求和党员的基本义务。清廉作为一种道德准则，彰显了党的纯洁性和先进性，是党员领导干部必须坚守的底线。通过推进清廉文化建设，可以进一步强化党的纪律建设，提高党的凝聚力和战斗力。

清廉文化建设对一体推进"不敢腐、不能腐、不想腐"目标具有十分重要的促进作用：一是加大清廉教育和宣传工作力度，提高党员领导干部的政治觉悟和对廉洁从业的认知，从而在内心深处形成不敢腐的观念；二是通过健全制度和监督机制，把腐败现象消灭在萌芽状态，从而做到不能腐；三是以培养党员领导干部的廉洁自律意识和道德责任感为抓手，使他们从思想根源上形成不想腐的观念，从而真正把不敢腐、不能腐、不想腐三者有机统一起来，做到防患于未然。

第一编　清廉兰州文化建设概述

第一章　清廉文化概念的界定

第一节　清廉文化的内涵

理论是行动的先导，从理论层面深入剖析清廉的内涵和要求，有助于我们全面认识清廉建设在新时代的重要意义，进而为清廉兰州文化建设提供更加系统全面、富有实效的指导，推动构建风清气正的政治局面。

一、文化的内涵

探寻清廉文化，首先要对文化的基础定义有一个初步的了解。什么是文化？众说纷纭。现代社会对于文化的研究日趋丰富，但"文化究竟是什么"一直未获共识性解决。"文化"是一个涉及广泛、内涵复杂、时空交错的综合性概念。对于这一概念的解读，因人而异、因学科而异、因时间而异，文化也往往因不同视角的解读而呈现出不同的内涵。

欧美国家对于文化概念的解读伴随着工业革命和资本主义现代化进程而逐渐深入。具有现代文明意义的文化观念，可以说诞生于18世纪的启蒙时代，这一观念在早期研究中也总是和文学艺术、风俗习惯、道德信仰等概念密切联系。英国学者泰勒在其著作《原始文化》中，就从人类学的角度对文化概念进行分析定义，他指出："文化，或文明，就其广泛的民族学意义来说，是包括全部的知识、信仰、艺术、道德、法律、风俗以及作为社会成员的人所掌握和接受的其他的才能和习惯的复合体。"美国学者克洛依伯与克拉克洪在著作《文化：关于概念和定义的检讨》中，通过对之前学术界中的160余种文化定义进行列举分析、对比考量后，得出一个在欧美国家学术界颇具权威和广泛认可的文化定义，认为"文化普遍地存在于或隐或显的模式之中，并凭借符号的运用使其得以灌输与传播，这样就以创造物品的具体样式的途径而构成人类群体的特殊成就"。同时，他们进一步指出，思想观念和价值理念的统一是文化的基本要素之一，并且价值观在文化系统中发挥着十分重要的作用。《英国大百科全书》（1973—1974年）认为："文化具有一般性，即把文化视为总体的人类社会遗产，同时具有相对性，即包括语言、传统习惯、制度、信仰等多元内容。"

对于中华传统文明而言，或者说对于在近代通过欧美人文社科范式对中华传统文明再解读前，中华传统文明对"文化"的定义与欧美国家是截然不同的。从文献考证来看，在西汉以前的文字记载中，可以发现"文化"单独不成一词。文，本义指的是纹理，后有文字、文章之意，又引申为德行、修养、文雅等，随着中国传统儒家文化的发展，"文"字在中国古代社会中具有十分崇高且突出的地位，包含的内容也非常广泛。化，本义指的是变易、变化、变动、造化等，在《周易·系辞下》中就记载有"男女构精，万物化生"，后"化"字又引申出教化迁善之意。所以，从中华传统文明的视角来看，文化是由"文"与"化"两个字组合而来，蕴含以文化人，即通过文教化人。以文教化的含义最早可考证于《周易·贲卦·象传》中的"观乎天文，以察时变；观乎人文，以化成天下"。"天文"指的就是自然规律，"人文"指的就是人伦社会规律。因此，在中华传统文明中，"文化"一词自出现起就与人文化成、人文教化密不可分。所以，对于我们中华传统文明而言，"文化"是一个动词，是一个动态概念。文化即人化，指的就是对人施以文明教化，通过潜移默化的文之感染和文之熏陶，使人们遵守一种在中国大地得到广泛认可和传承不断的人伦礼仪，从而保持社会的稳定、和谐、有序，在这一过程中，儒家文化是最为鲜明的代表。

为了更深刻地理解和把握文化概念，我们需要进一步从文化结构的角度对文化概念进行剖析。什么是文化结构？文化结构从整体来讲是指文化的各种表现形式内在的有机联结体。著名学者马林诺夫斯基将文化结构分解为三个部分，提出了"文化三因子"说，认为"文化划分为物质、社会组织、精神生活三个层次"。著名学者钱穆将文化结构分为三个阶层，提出了"文化三阶层"说，认为"文化可划分为物质的，面对的是物世界；社会的，面对的是人世界；精神的，面对的是心世界"。综合二者之说，文化从结构上讲包含着三个层面，即表层的物质文化、中层的制度文化和深层的精神文化。物质文化是文化结构中最表层的部分，它直接体现了人类的生活方式和生产方式。人们的衣食住行、建筑风格、交通工具等都是物质文化的体现。这些物质形态不仅满足了人们的基本生活需求，更在一定程度上反映了人们的审美观念和价值追求。制度文化则位于文化结构的中层，它规范了人们的社会行为和组织方式，法律、政治、经济等制度都属于制度文化的范畴。这些制度不仅维护了社会的秩序和稳定，更在一定程度上塑造了人们的价值观念和道德标准。而精神文化则居于文化结构的核心，它包括了人们的思想观念、价值观念、宗教信仰、艺术追求等内容。精神文化是文化的灵魂，它决定了文化的特质和发展方向。精神文化的改变往往也是最难的，因为它涉及人们内心深处的信仰和追求。在这一过程中，可以清晰地看到实践在人类文化的形成和发展中起着至关重要的作用。人类在改造自然和自身的过程中，不断积累经验、形成共识，并将这些经验和共识固化为各种文化形式。而这些文化形式又不断指引人类进一步改造自然、完善自身，推动人自由而全面的发展。这一过程是动态的、不断发展的，它使得文化具有了生命力和创造力。

综合国内外学者的研究，我们可以对文化得出这样一个总体认知：文化是整个人类社会所创造的一切物质文明和精神文明的总和，包括人类社会有史以来的一切劳动创造。换言之，文化就是人类劳动创造的结果，而文明是人类劳动创造结果所达到的高度。研究清廉文化，就不能将研究仅限于清廉精神、清廉道德等相对狭义的精神层面，也应将研究外延扩展至清廉文化的物质层面、清廉制度及清廉法治建设层面。清廉文化的物质层面，包括清廉物质载体，如宣传标语、活动场所等，这些都是清廉文化的理念和价值观更加直观地展现给人们的重要表现形式和传播途径，可以起到教育和引导的作用。清廉制度与清廉法治建设也是清廉文化的重要组成部分。制度是清廉文化建设的重要保障，只有建立健全清廉制度，才能确保清廉文化更加持久地发展，具有旺盛的生命力。法治是维护清廉文化的重要手段，通过各种反腐败法律的制约和引导，可以有效地遏制腐败现象的发生，从而奠定清廉文化健康发展的基石。清廉精神、清廉道德等价值观念更是清廉文化的灵魂所在，这些精神和道德都在指引着人们的行为，是清廉文化能够深入人心、影响社会的核心关键。因此，对于清廉文化的研究，应该从物质、制度、精神三个层面进行全面系统的梳理。只有这样，我们才能更好地理解和把握清廉文化的内涵和意义，推动清廉文化建设向纵深发展。

二、清廉的内涵

清廉在中国文化中占据着重要的地位，从不同的层面来看，都具有深远的意义。在个人层面，清廉是要求人们保持清正廉洁、廉洁奉公、不腐化、不收受贿赂的道德规范。这样的道德规范，既是个人品德的体现，也是个体立足于社会的立身之本。一个清正廉洁的人，既可以取信于人，又可以树立良好的自身形象。在社会层面，清廉成为重要的价值标尺。一个清正廉洁的社会，与社会的公正公平、道德风尚有着直接的关系。让老百姓感受到公平正义，让老百姓更有凝聚力、向心力，这才是一个清正廉洁的社会。反之，如果一个社会腐败横行，那么，社会的道德风气必然会遭到重创，老百姓的信任感必然会大打折扣。在党的建设层面，清廉是党员领导干部必须坚守的行为准则。党的性质和宗旨决定了党员领导干部必须保持清正廉洁、秉公执纪的本色。党员领导干部只有坚守清廉准则，才能取信于民，为人民服务的宗旨才能真正落到实处。在管理层面，清廉是组织得力、运转高效的不二法门。一个机构如果腐败丛生、歪风邪气丛生，就会严重影响机构的运作效率和质量。反之，如果一个组织能够保持清廉的作风，那么组织的运转就会更加高效、有序，组织内部成员的工作热情和创造性就会被充分激发出来。实践证明，"清"能确保最低的组织运转成本，"廉"能确保最大的组织运转公平。这是因为清廉可以减少组织内部的腐败和歪风邪气，降低组织运转的成本；同时，清廉在组织内部也能保证公正、公平，使每一位成员都能得到公平对待，从而得到公平竞争的机会。

中国古代先贤在长时间实践探索的总结凝练中，认为清廉在国家管理、社会治理和个人修养塑造方面均发挥着积极有效的作用。《尚书·皋陶谟》记载了塑造个人德行的九个标准："宽而栗、柔而立、愿而恭、乱而敬、扰而毅、直而温、简而廉、刚而塞、强而义。"《周礼》以廉为基准对官德进行考核："以听官府之六计，弊群吏之治。一曰廉善，二曰廉能，三曰廉敬，四曰廉正，五曰廉法，六曰廉辨。"《管子·牧民》把廉作为强国治国之道的支柱加以表述："国有四维，一维绝则倾，二维绝则危，三维绝则覆，四维绝则灭。倾可正也，危可安也，覆可起也，灭不可复错也。何谓四维？一曰礼，二曰义，三曰廉，四曰耻。"《晏子春秋·内篇》把廉作为执政的源头来看待："廉者，政之本也。"《说苑》把廉视为圣人和君子品质中的必备元素："不让以位者，不廉也"，"义士不欺心，廉士不妄取"，"廉而不刿者，君子比仁焉"。在《前出师表》中，包拯更是把廉政行为与汉王朝的兴衰联系起来："亲贤臣，远小人，此先汉所以兴隆也；亲小人，远贤臣，此后汉所以倾颓也。"在《乞不用赃吏疏》中，包拯态度鲜明地阐述了廉与贪的对立，"廉者，民之表也；贪者，民之贼也"。"廉"常常被赋予一定的道德内涵，并常常与"清""洁""正""明"等字搭配使用，组成"清廉""廉洁""廉正""廉明"等固定用语。《楚辞·招魂》载："朕幼清以廉洁兮，身服义而未沫。"《史记·屈原贾生列传》载："其志洁，其行廉。"由此可见，清廉在中华文明的发展中具有十分重要的地位，无论是完善个人修养、规范自身行为，还是以清廉为表率推动治理、塑造社会整体价值理念，清廉都具有重要的引领作用。

深刻把握清与廉的本义和引申义，有助于我们去追溯清与廉中所蕴含的具有鲜明中国特色的价值理念与行为逻辑，从而加深我们对清与廉的认识和理解。东汉许慎在《说文解字》中对清与廉的本义作了最初的文字解释："清，朖也。澂水之皃。从水，青声"；"廉，仄也。从广，兼声"。"清"字为形声字，有水净透明之意，字形采用"水"做偏旁，"青"是声旁，即从水青声，与"浊"相对，进一步引申为高洁、清静、清楚、廉洁等义。《易经·豫》曰："圣人以顺动，则刑罚清而民服。"《论语·微子》曰："虞仲、夷逸，隐居放言，身中清，废中权。"《楚辞·招魂》曰："朕幼清以廉洁兮，身服义而未沫。""廉"字也是一个形声字，有窄小屋子之意，字形采用"广"做偏旁，采用"兼"做声旁，即从广，兼声，与"广"为对文。《仪礼·乡饮酒礼》曰："设席于堂廉东上。"东汉经学家郑玄认为"侧边为廉"，清代文字学家朱骏声认为"堂之侧边曰廉，故从广"，后以"堂之侧边"平直、方正、有棱角的特点引申为不贪、不苟取、节俭、正直等义。《辞海》中清廉的释义为清白廉洁，又引作清正廉洁。《庄子·说剑》曰："诸侯之剑，以知勇士为锋，以清廉士为锷。"通过对"清"与"廉"的原初之意和引申之意进行分析，我们可以得出这样的结论，就清与廉的内涵而言，力戒奢靡、节欲制望、高洁无瑕、务实俭朴、反贪拒腐是题中应有之义。因此，清与廉从内涵讲是辩证统一的关系，两者相辅相成、相互促进、相互支撑，清是廉的内在驱动，廉是清的外在表征，"清廉"一词共同构筑起不贪不污、品行高洁、刚直方正等品格。

深刻把握清廉的内涵，对我们在新时代推进清廉文化建设具有重要的指导意义。通过对古代典籍、文学篇目中与清廉相关解释、注释的凝练总结，我们得以一窥清廉的基本内涵，即清白廉洁、廉洁自律、不取不义之财、不贪不义之利。这些品质在古代被视为立身处世的根本，而在现代社会，它们依然具有不可替代的价值。在新时代，清廉的内涵得到了进一步的发展和丰富，这主要体现在以下几个方面：首先，加强党对清廉文化建设的领导。党是领导一切的，只有党才能总揽全局、协调各方，确保清廉文化建设始终沿着正确的方向前进。其次，坚持以党的自我革命引领社会革命。党的自我革命是保持党的先进性和纯洁性的必然要求，也是推动社会革命的重要动力。通过自我革命，党能够不断清除自身存在的消极腐败现象，为清廉文化建设提供坚强的组织保障。再次，以崇尚廉洁、奉公自律为价值取向，这要求党员干部始终坚守廉洁自律的底线，做到公私分明、克己奉公，以自身的实际行动践行清廉文化。此外，严格执行廉洁自律准则也是新时代清廉文化的重要内涵，这包括制定和完善相关的法律法规和制度规范，确保党员干部在行使权力的过程中始终受到严格的监督和制约。最后，坚决反对一切消极腐败现象，做到干部清正、政府清廉、政治清明，这要求我们在全社会范围内形成崇廉尚廉的良好风尚，让清廉成为每个公民的自觉追求和行动准则。总之，新时代清廉文化的内涵是丰富而深刻的，它要求我们党要不断加强对清廉文化建设的领导，以党的自我革命引领社会革命，以崇尚廉洁、奉公自律为价值取向，严格执行廉洁自律准则，坚决反对一切消极腐败现象。只有这样，清廉文化建设才能取得更加显著的成效。

三、清廉文化的内涵

清廉文化是一种特殊的政治文化，它立足于一定的经济基础，并受到政治、文化和社会环境的深刻影响。这种文化习惯在人们长期的政治生活和社会生活中逐渐形成，深深影响和制约着人们的思想观念和行为方式。从广义上讲，清廉文化包含了人们关于廉洁从政、洁身自好的知识、思想、态度、观念和信仰，它体现了人们对清廉的崇尚和对贪污的鄙视，是一种融价值理念、行为规范和社会风尚于一体的文化现象。同时，清廉文化也是廉洁从政、廉洁修身行为在观念与文化层面上的反映，它塑造了人们的行为规范，并影响着与之相适应的社会评价和生活方式。从历史的角度来看，清廉文化的产生和发展与社会生产力的发展密切相关。在原始社会时期，由于物质生产的匮乏，人们形成的是原始共产主义的公有制观念，此时尚未产生清廉的需求。然而，随着社会的发展和私有制的出现，分配问题逐渐凸显，人们开始关注清廉问题，并逐步形成了清廉文化。在现代社会中，清廉文化的建设显得尤为重要。随着经济的快速发展和社会的不断进步，人们对清廉的需求也越来越高。加强清廉文化建设，不仅能够提升社会的道德水平，还能够为经济的发展提供有力的道德支撑。

要全面理解和把握新时代清廉文化的内涵，就需要运用历史唯物主义的观点，结合中华优秀传统文化的发展历史和中国特色社会主义事业的现实需求，同时融入马克思主义理论中国化的最新成果。清廉文化不局限于公共事业管理者的廉政文化，还涵盖了社会各个领域的清廉表现，如家庭、企业、学校、医院等，这是一个全方位、多层次的概念，旨在各个层面都体现出清廉的价值。当代中国的清廉文化以马克思主义中国化理论为指导，同时吸纳和借鉴了传统清廉文化和西方清廉文化的精髓，实现了创新性发展，在继承传统、借鉴外来文化的基础上，表现出了清廉文化的开放与包容。清廉文化对于引导广大人民群众，特别是党员领导干部树立正确的世界观、人生观、价值观具有重要作用。它不仅是一种道德约束，更是一种有助于培养人们自律精神和清廉人格的精神引领。

清廉文化从多个角度展现其内涵之深、价值之高。从价值角度看，它体现了向善的理念；从功能角度看，它具有重要的节制作用；从道德角度看，它发挥了调节作用；从政治角度看，它具有鲜明的阶级性；从人格角度看，它表现为人格的升华；从评价角度看，它是社会进步的重要标志。总的来说，当代中国的清廉文化是在中国特色社会主义反腐倡廉建设实践中形成的关于清廉的文化总和，包括知识、观念、信仰等，旨在塑造风清气正的政治社会生态，是广大人民群众对清廉理念、制度等的认同和遵循，与社会主义核心价值观相适应。

第二节　清廉文化的特征和价值

一、清廉文化的特征

清廉文化的一般特征，主要体现在四个方面：一是主体的广泛性。清廉文化不仅面向执掌公权力的党政干部和公务人员，还包括普通群众。这一特征强调了清廉文化的普遍价值和影响力，旨在在全社会范围内营造一种崇尚廉洁的氛围。这种文化的形成与每个人的思想行为紧密相连，体现了清廉文化在社会各个阶层的渗透和影响。二是权力的指向性。清廉与权力之间存在着紧密的联系，执掌公权力的人员在清廉文化的形成中承担着更大的责任。阿克顿勋爵的名言"权力导致腐败，绝对权力导致绝对腐败"，深刻揭示了权力与腐败之间的关系。因此，掌权者必须管好权力，做到廉洁自律，以减少腐败的可能性，为清廉文化的培育创造良好的政治生态环境。三是边界的组织性。清廉文化主要在党政机关、政府部门、社会团体等公共组织中生长，并具有组织文化的特性。这要求组织成员必须遵守公道、正派、诚信、高效的原则，以维护组织的清廉形象。这一特征强调了清廉文化在组织层面的体现和要求。四是发展的延续性。清廉文化不仅是一个共时性范畴，存在于世界各国，还是一个历时性范畴，贯穿于历史的长河中。在中国古代，清廉文化就已被儒家推崇，并成为统治者治吏与治民的重要手段。在全面深化改革阶段，我们依然需要传承和发扬清廉文化的精神，不断丰富和发展清廉文化，以使其在社会主义现代化建设中发挥重要作用。综上所述，清廉文化的四个一般特征相互关联、相互促进，共同构成了清廉文化的丰富内涵和价值体系。

我们要认识到清廉文化是政治文明和精神文明相互融合的文化形态，在新时代还具有一些时代特征：一是先进的思想性。清廉文化不仅仅是文化的表现，更是社会主义政治文明和精神文明的核心体现，它承载了先进文化的精髓，并在廉政建设中得以集中展现。这种先进的思想性使得清廉文化能够引领社会风尚，提升公众的道德水准。二是鲜明的时代性。清廉文化紧密跟随时代的步伐，不仅反映了时代发展的主流和方向，更体现了鲜明的时代特征，它是中华优秀传统文化与时代精神的完美结合，既保留了传统文化的深厚底蕴，又注入了现代社会的时代气息。三是所含内容的广泛性。清廉文化的内容极为丰富，涵盖了多个领域和方面。其体裁多样、形式多样，不仅能够通过严肃的教育方式进行传播，还能以寓教于乐的方式深入人心。这种广泛性使得清廉文化能够触及社会的每一个角落，对人们的生活产生深远影响。四是深远的影响力。清廉文化不仅通过规章制度来约束人们的行为，更通过道德规范来引导和影响人们的思想和行动。它能够将规范的要求内化为人们的自觉行为，从而在社会中形成广泛的清廉风尚。这种深远的影响力是清廉文化独特魅力的重要体现。五是明显的国际性。在全球化的背景下，各种文化相互交融、相互激荡已成为常态，清廉文化作为社会主义先进文化的重要组成部分，不仅是中国特色社会主义文化建设成果的重要体现，也是全人类文明进步的重要成果。这种国际性使得清廉文化能够在全球范围内传播和推广，为构建"人类命运共同体"贡献了力量。

我们要认识到清廉文化具有道德、社会、规范的内在三重属性。首先，道德属性是清廉文化的基石。清廉作为一种道德品质，是清廉文化的核心要求。廉德不仅是对个人的道德要求，更是对党员和党员干部的政治要求。将廉德融入党的建设实践中，不仅能提升党员的道德水平，还能塑造党的清廉形象。其次，社会属性体现了清廉文化的广泛影响力。清廉文化不仅对内塑造党组织的廉洁风气，还通过党组织的示范作用，向外辐射，影响并带动整个社会的清廉建设。这种由内向外的传播方式，使得清廉文化成为引领社会风尚的重要力量。最后，规范属性为清廉文化提供了制度保障。《中国共产党廉洁自律准则》的发布实施，是清廉文化制度化、规范化的标志。这一准则不仅明确了党员干部的廉洁标准，更为权力的监督和制约提供了有力依据。规范属性的存在，使得清廉文化在实践中更具操作性和约束力。综上所述，清廉文化的道德属性、社会属性和规范属性相互补充、相互促进。

我们要认识到清廉文化的发展是自发性和自觉性的统一。清廉文化的自发性发展，体现了文化在人类社会生活中的自然演化和潜移默化的特点。这种自发性源于人们的日常生活实践，是文化自身发展规律的体现，它超越了主观意志，具有相对独立性，表现为清廉文化自身的内部变化和运动。这种自发性发展使得清廉文化能够随着时代的变迁而不断适应新的环境，保持其生命力和活力。与此同时，清廉文化的自觉性发展则体现了人类对文化的主动塑造和引导。在特定时期，人们根据自己的主观愿望和文明进步的需要来改造和发展清廉文化。这种自觉性发展表现为人们主动地建设清廉文化，通过制定规章制度、推广廉洁理念、开展廉洁教育等方式，来推动清廉文化的积极健康发展。清廉文化的自发性和自觉性并不是相互排斥的，而是相辅相成的。自发性为自觉性提供了基础和土壤，自觉性则对自发性进行引导和提升。二者在一定条件下可以相互转化，共同推动清廉文化的发展和建设。在实践中，既要尊重清廉文化自身的发展规律，又要充分发挥主观能动性，主动地去推动清廉文化的发展；通过清廉文化建设和清廉文化发展的相互促进，可以实现清廉文化的积极健康发展，为社会的廉洁、公正和高效发展作出积极贡献。

二、清廉文化的价值

清廉文化的价值包括以下几个方面：

一是清廉文化是一种道德修养文化。清廉不仅仅是一种道德规范，更是党和国家治理的重要道德资源，对于保持党的先进性和纯洁性，以及推动社会的公正和进步具有不可替代的作用。首先，清廉文化作为一种道德修养文化，深深植根于中国传统政治伦理之中。无论是儒家的道德观念，还是历代先贤的廉政思想，都为清廉文化建设提供了丰富的思想资源。这种文化强调的是个人的道德自律和廉洁操守，它要求每个党员和领导干部都要做到公私分明、清正廉洁。其次，清廉是党和国家治理的重要道德资源。在新时代的背景下，我们党面临着更加复杂的执政环境和更加严峻的反腐败斗争形势。因此，加强清廉文化建设，提高党员和领导干部的道德水平，就显得尤为重要。这不仅是维护党的执政地位的需要，也是推动社会公正和进步的必要条件。此外，改革开放以来，党自我治理的方式就是以德治党。中国共产党不断提高党员领导干部的道德水平，尤其是加强党的思想、组织、作风建设，不断提升党员和领导干部的道德水平，为推进国家治理体系和治理能力现代化提供了坚实的思想保障；同时，中国共产党还通过制定和执行严格的廉洁自律准则，将清廉道德上升为清廉规范，从制度上保障党员干部养成良好的清廉品行。最后，追求清廉是中国共产党彰显自身特性的重要标识。与其他政党相比，中国共产党对清廉道德的重视和追求更为深入。这是因为中国共产党具有先进性、纯洁性和使命性，这些特性决定了中国共产党必须把清廉道德放在重要位置，以赢得人民群众的信赖和支持。综上所述，清廉文化不仅是党和国家治理的重要道德资源，也是我们党彰显自身特性的重要标识。在新时代，我们要继续加强清廉文化建设，推动全面从严治党向纵深发展，为实现中华民族伟大复兴的中国梦提供坚强政治保证。

二是清廉文化是一种社会价值文化。它不仅关乎个人的道德修养，更是社会风气的风向标。清廉价值是我们党思想政治教育的基本内容之一，体现了对党员和广大人民群众在价值观上的引导和塑造。首先，清廉文化作为党内政治生活的重要内容，是全体党员和党员干部必须坚守的价值理念。在党内，通过加强思想政治教育，使党员和党员干部牢固树立正确的世界观、人生观、价值观，特别是清正廉洁的价值观。这种价值观的培育，不仅有助于党员和党员干部个人品质的提升，更能够推动党内政治生态的净化，为党的建设提供坚实的道德支撑。其次，清廉文化也是社会主流价值取向的重要组成部分，党员和党员干部的行为举止对社会风气具有重要影响。因此，建设清廉政治、弘扬清廉价值，不仅要在党内形成共识，更要通过党员的模范带头作用，将清廉文化推广到全社会，使之成为广大人民群众共同遵循的价值取向。最后，清廉文化是个人价值和社会价值的有机统一。对于个人而言，清廉是修身养性的重要体现，是提升自身品质、实现个人价值的必由之路；对于社会而言，清廉则是治理有效、社会和谐的重要保障，是实现社会价值目标的重要基础。因此，清廉文化既是个人价值目标的提升和归宿，也是社会价值目标的体现和追求。综上所述，清廉文化是一种具有深刻社会价值的文化形态。在新时代新征程上，我们应该进一步弘扬清廉文化，使其成为推动社会进步、实现民族复兴的强大精神动力。同时，我们也要通过加强党内外的思想政治教育和文化建设，不断提升全社会对清廉文化的认同感和践行能力，共同营造"风清气正"的良好社会氛围。

三是清廉文化是一种政治准则文化。清廉文化作为一种政治准则文化，在政治生活中发挥着举足轻重的作用。它不仅体现了党员和党员干部的基本政治要求，更是对权力运行的一种有效约束。首先，清廉文化作为政治文化的重要组成部分，具有鲜明的政治性。党员和党员干部作为清廉文化的主体，既是建设者，也是执行者。遵守清廉规范不仅是对个人品质的要求，更是对党员政治忠诚和党性修养的考验。将清廉文化上升为固定的规章制度，形成制度文化，有助于确保全体党员共同遵守，强化清廉文化的约束力。其次，清廉文化作为政治准则，具有不可违抗性。通过"道德立法"的形式，为党员和党员干部划定高标准，体现了清廉文化的权威性和严肃性。这种准则性不仅体现在个人道德修养上，更体现在党的纪律和规矩上，是对党员和党员干部行为的刚性约束。最后，清廉文化还具有强烈的权力指向性，在权力运行中，清廉文化发挥着重要的制约作用。对于党的领导干部尤其是高级干部来说，仅凭道德自觉是远远不够的，必须将清廉提升到制度规范层面，以增强对权力的约束力。通过建立健全权力运行制约和监督体系，把权力关进制度的笼子，确保权力在法治轨道上运行。习近平总书记多次强调用制度管人、管事、管权，这是对清廉文化建设的深刻阐述。只有不断完善制度，强化制度的执行力和约束力，才能确保清廉文化真正落地生根，成为推动政治生态持续向好的强劲动力。综上所述，清廉文化作为一种政治文化准则，在政治生活中发挥着至关重要的作用。我们应该进一步加强清廉文化建设，提升党员和党员干部的政治修养和道德水平，为营造"风清气正"的政治生态提供有力保障。

　　四是清廉文化是一种法治文化。清廉文化与法治文化是相辅相成、相互促进的关系。清廉文化作为一种价值导向，强调清正廉洁、公道正派的行为准则，为法治文化的建设提供了深厚的道德土壤；而法治文化则以法律为基石，为清廉文化的实践提供了有力的制度保障。首先，清廉文化所倡导的公正、廉洁、诚实等价值观，与法治社会所追求的公平正义、法律面前人人平等的精神高度契合。清廉文化的深入人心，有助于营造一个风清气正的社会环境，为法治的实施奠定坚实的文化基础。其次，清廉文化通过一系列的行为规范、运行制度以及社会评价体系，对个体行为产生引导和约束作用。这些规范和制度不仅有助于防止腐败现象的发生，更能提升公民的法律意识和道德水平，使其自觉遵守法律法规，维护社会的和谐稳定。再次，法治作为清廉文化的有力保障，通过法律的权威性和强制性，为清廉文化的传播和实践提供了坚实的后盾。在法治的框架下，腐败行为将受到严厉的打击和制裁，从而进一步增强清廉文化的社会认同和影响力。最后，清廉文化建设是一项系统性工程，需要统筹规划、循序渐进。在推进过程中，要注重思想建党和制度治党的有机结合，从法治层面筑牢制度反腐的堤坝；同时，各级监督机关应依法履行职责，强化干部和群众的纪律意识和法律观念，推动清廉文化在全社会范围内的普及和实践。综上所述，清廉文化与法治文化相辅相成，共同构成了新时代社会治理的重要内容。通过加强清廉文化建设，我们不仅能够推动法治社会的进程，更能提升整个社会的道德水平和文明程度，为实现中华民族伟大复兴的中国梦提供有力支撑。

第三节　清廉文化与其他文化的区别

一、清廉文化与廉政文化

清廉文化，是以崇尚清廉、鄙视腐败为核心的社会文化氛围。它强调个体在道德层面的自我约束，倡导正直、公正、廉洁的价值观，致力于构建一个以诚信为本、廉洁为荣的社会环境。清廉文化的核心在于培养人们的廉洁意识，使清廉成为每个人的自觉追求。廉政文化则侧重于政府机构和公务人员的廉洁行政，它要求公务人员恪守职业道德，廉洁奉公，勤政为民，确保权力的正确行使，防止权力滥用和腐败现象的发生。廉政文化的核心在于建立健全的制度体系，通过法律、法规等刚性约束，保证公务人员的廉洁从政。

清廉文化与廉政文化既有区别又有联系。从关注重点看，清廉文化关注的是整个社会的道德风尚和个体的廉洁修养，而廉政文化则更加专注于政府机构和公务人员的廉洁行为和权力运行的规范性；从实践主体看，清廉文化的实践主体是全体社会成员，要求每个人都要做到诚实守信、廉洁自律，而廉政文化的实践主体主要是政府和公务人员，他们必须以更高的道德和法律标准来要求自己；从实现途径看，清廉文化主要通过教育、宣传等途径来培养人们的廉洁意识，而廉政文化则更多地依赖于制度建设、法律监督等手段来确保公务人员的廉洁从政。

清廉文化和廉政文化在反腐倡廉建设中具有很强的互补性。清廉文化为廉政文化提供了道德支撑和社会基础，而廉政文化则通过政府和公职人员的廉洁示范，推动清廉文化的深入发展。无论是清廉文化还是廉政文化，它们的最终目标都是构建一个廉洁、公正、诚信的社会环境，消除腐败现象。清廉文化的普及和提升有助于形成廉洁的社会风气，为廉政建设提供良好的外部环境；而廉政建设的成果又会反过来促进清廉文化的深入发展。新加坡在清廉文化建设方面的经验值得借鉴。新加坡是一个以廉洁著称的国家，其廉政建设的成功在很大程度上得益于清廉文化和廉政文化的有机结合。新加坡政府通过制定严格的法律和规章制度来确保公职人员的廉洁从政；同时，新加坡还非常重视清廉文化的培育和传播，通过教育、宣传等多种方式使清廉成为国民的一种自觉行为。这种清廉文化与廉政文化的有机结合，使得新加坡在反腐倡廉建设中取得了显著成效。

清廉文化和廉政文化是反腐倡廉建设中的两大重要支柱，它们既有区别又有联系，相互依存、相互促进。通过深入分析二者的异同点并结合实际案例进行分析，可以更加清晰地认识到二者在反腐倡廉建设中的重要性。面对当前形势下存在的问题与挑战，我们还需要在以下方面作出努力：一是继续加大清廉文化的宣传教育力度；二是完善相关法律法规并严格执行；三是加强监督机制建设，确保权力正确行使；四是推动形成全社会共同参与反腐倡廉的良好氛围。通过这些措施的实施，可以更好地推动清廉文化和廉政文化的融合发展，为构建廉洁、公正、诚信的社会环境贡献力量。

二、清廉文化与社会文化

在纷繁复杂的社会背景下，社会文化作为宏观、多元的文化现象，与清廉文化这一特定领域的文化形态之间存在着微妙的联系与区别。作为一面反映社会整体风貌的镜子，社会文化涵盖了人们的价值观念、道德规范、生活方式等诸多方面。清廉文化则是社会文化的一个重要分支，它以公正、廉洁、诚信为核心价值，对于营造健康的社会风气具有不可替代的作用。

尽管清廉文化是社会文化的重要组成部分，但两者在关注点、影响力和形成机制等方面存在显著差异。社会文化关注的是社会的整体风貌和价值观，涉及人们的日常生活、艺术、科技等多个领域，而清廉文化则更加专注于廉洁自律和反腐倡廉的价值观念，致力于构建一个廉洁、公正的社会环境。社会文化的影响力更加广泛，它渗透到社会的每个角落，塑造着人们的思维方式和行为模式；相比之下，清廉文化的影响力主要集中在公职人员和公众的道德观念上，对于塑造廉洁的社会风气具有关键作用。社会文化是在长期的历史发展过程中逐渐形成的，它受到地理环境、经济条件、政治制度等多种因素的影响，而清廉文化的形成则更多地依赖于政府的引导、法律法规的完善以及社会各界的共同努力。

尽管清廉文化与社会文化在诸多方面存在差异，但两者之间也存在着紧密的联系。清廉文化作为社会文化的一个重要分支，其倡导的廉洁自律、公正公平等价值观念有助于弥补社会文化中的道德缺失，推动着社会的和谐发展。无论是清廉文化还是社会文化，它们的最终目标都是构建一个健康、和谐、进步的社会环境。在这个共同目标的指引下，两者相互促进、共同发展。社会文化为清廉文化的形成和发展提供了土壤和基础，清廉文化的繁荣也反过来丰富了社会文化的内涵，提升了整个社会的道德水平。因此，为了构建一个更加清廉的社会，我们需要持续推进清廉文化的建设和发展，不断完善相关制度和法律法规，提高全社会的廉洁意识和道德水平。只有这样，才能真正实现反腐倡廉的目标并赢得人民群众的广泛支持和信赖。

第四节　清廉文化建设的意义

在中华民族悠久的历史长河中，清廉文化始终如一股清流，涤荡着人们的心灵，引领着社会的风尚。清廉文化建设不仅关乎个人的道德修养，更与国家的长治久安、民族的繁荣昌盛息息相关。

一、清廉文化建设是跳出"历史周期率"的思想指引

历史周期率是指历史上政权兴衰治乱、往复循环呈现出的周期性现象。黄炎培先生曾提出"其兴也勃焉，其亡也忽焉"的"历史周期率"问题，这不仅是对历史现象的深刻洞察，也是对执政者永葆初心的警示。清廉文化建设正是跳出这一历史周期率的重要思想指引。无论是"让人民监督政府"还是"自我革命"，这两者都体现了清廉文化的核心理念，即将权力置于有制约和监督的环境下运行，强调的是制度的完善和个人的自律相结合，通过建立健全的反腐倡廉制度，加强对权力的监督和制约，同时倡导公职人员廉洁从政、自我约束。这种双管齐下的策略，有助于斩断权力寻租、利益输送的链条，从而遏制腐败的滋生和蔓延。

以明朝的海瑞为例，他一生清廉正直、不畏权贵，敢于直言进谏。他的清廉形象和坚定立场为后世所敬仰，也为当时的官场注入了一股清流。海瑞的故事告诉我们，只有坚守清廉底线，才能跳出历史周期率的怪圈，实现政权的长期稳定和繁荣。中华人民共和国成立初期，面对国内外的复杂形势，中国共产党深刻认识到廉洁自律对于执政党的重要性，因此，在全党范围内开展了"三反""五反"运动，坚决打击贪污腐败现象，树立起了清廉的党风。这一时期清廉文化建设的推进，不仅确保了新生政权的稳定，也为后来的社会主义建设奠定了坚实的基础。这充分展示了清廉文化建设在跳出"历史周期率"、实现政权稳固和发展中的关键作用。近年来，湖南省临湘市在推进清廉文化建设方面取得了显著成效。该市通过举办廉政教育活动、建立廉政教育基地、推广廉政文化产品等多种方式，使清廉理念深入人心。同时，政府还加强了对公职人员的廉政教育和监督，严肃查处了一批违纪违法案件，形成了风清气正的政治生态。这些举措不仅提升了公职人员的廉洁意识，也增强了市民对政府的信任和支持。这表明，清廉文化建设是跳出"历史周期率"、实现社会和谐稳定的重要思想指引。由此我们可以深刻体会到，

清廉文化建设在跳出"历史周期率"两个问题中都起重要作用。它不仅是我们党坚守初心、保持先进性和纯洁性的思想保障，也是我们党巩固执政地位、实现长治久安的重要基石。

二、清廉文化建设是实现中华民族伟大复兴的坚实基础

实现中华民族伟大复兴是中华民族近代以来最伟大的梦想。清廉文化建设作为这一伟大梦想的重要支撑，为中华民族的崛起提供了坚实的道德基础和政治保障。清廉文化建设，如同参天大树的深厚根基，为中华民族伟大复兴的壮丽事业提供了有力的支撑。在这场波澜壮阔的复兴征程中，清廉不仅是一种美德，更是一种力量，它汇聚着民心，激发着社会的正能量。纵观党的百年历史，清廉是中国共产党始终保持先进性本色的重要原因。清廉文化建设有助于营造风清气正的政治生态，激发人们的创新精神。在一个廉洁、公正的社会环境中，人们更加愿意投身到国家建设和发展中去，为实现中华民族伟大复兴贡献自己的力量。同时，清廉文化建设还能够提升国家的国际形象，吸引更多的国际投资和合作机会，为中华民族的崛起创造有利的外部条件。

清廉文化建设，承载着深厚的历史意义和满足着迫切的现实需求。回望历史，中华民族历来崇尚廉洁自律，清廉之风曾吹拂着古代官场，留下了无数清官廉吏的佳话。如今，在现代化建设的征途上，清廉文化建设更显得至关重要。它不仅是传承历史文化传统的需要，更是构建和谐社会、实现可持续发展的必然选择。以一位当代的模范人物为例——张丽丽，一个基层的社区工作者，她十几年如一日坚守在社区，为居民排忧解难，从不接受任何形式的馈赠。张丽丽的事迹在社区被传为佳话，她以清廉自律赢得了居民的尊重和爱戴。正是这样的清廉典型，激励着我们每一个人在各自的岗位上恪尽职守、廉洁奉公。清廉文化建设，是吹拂于每个社会角落的清风，是塑造美好社会风貌的基石，更是实现中华民族伟大复兴的坚强后盾。它让我们深信：只要人人秉持清廉之心，坚守廉洁之道，拒绝贪腐之念，那么中华民族的明天必将更加光明璀璨，国家必将更加繁荣昌盛，人民的生活必将更加美好和谐。

三、从"六个必须坚持"深刻把握清廉文化建设的重要意义

清廉文化是中华优秀传统文化的重要组成部分，它承载着中华民族的精神追求和道德准则。在当今社会，清廉文化建设更显得尤为重要，它不仅是

社会主义核心价值观的具体体现，也是促进经济发展、推动社会和谐的重要力量。从"六个必须坚持"的角度出发，我们可以更深刻地理解清廉文化建设的意义。

（一）必须坚持人民至上，体现清廉文化的民本情怀

"民惟邦本，本固邦宁"，清廉文化建设的核心就是坚持人民至上，它要求公职人员廉洁奉公、勤政为民，将人民的利益放在首位，牢固树立正确的政绩观。这不仅是对公职人员的基本要求，更是对人民负责、对历史负责的体现。清廉文化建设通过倡导廉洁自律、反对腐败，保障了人民的合法权益，提升了人民的生活水平，从而深刻体现了人民至上的价值观。当公职人员能够自觉抵制诱惑，坚守廉洁底线，就能更好地为人民服务，为社会进步贡献力量。

在新时代，这样的人也比比皆是。比如负责城市规划项目的公务员，在面对某大型开发商的巨额贿赂时，严词拒绝，并严正指出这是违反法律和职业道德的行为，始终坚守清廉底线，以人民的利益为出发点，确保城市规划科学合理，真正服务于市民。正是这样一个又一个清廉和正直的公务员，让党和政府赢得民心。比如医院医生，始终将患者的健康和利益放在首位，在面对药品回扣等诱惑时，坚决拒绝，并始终坚持为患者提供最优质的医疗服务。这样的清廉行为，不仅让患者感受到了医者仁心，也为医院树立了良好的形象。通过加强清廉文化建设，可以引导广大党员干部树立正确的权力观、地位观和利益观。在清廉文化的熏陶下，党员干部能够时刻牢记为人民服务的宗旨，把人民的满意度作为衡量工作成效的重要标准，确保权力始终用来为人民谋幸福。一个清廉的政府，必然能够赢得民心，从而提高政府的公信力和执行力。这种信任和支持是政府有效治理社会、推动各项事业发展的重要基础。

（二）必须坚持自信自立，彰显清廉文化的独立品格

坚持自信自立，是时代强音，也是精神支柱。在复杂多变的社会环境中，我们必须要有自信自立的勇气和决心，才能稳步前行，实现自己的梦想和目标。清廉文化，正是这样一种体现自信自立精神的文化。它倡导廉洁自律，反对贪污腐败，要求我们坚守道德底线，不为权势和金钱所动摇。这种文化的独立品格，正是我们坚持自信自立的最好体现。自信，来源于对自己价值的深刻认识。在清廉文化的熏陶下，我们深知自己的责任和使命，明白自己的价值所在。

清廉文化的独立品格，不仅是个人的精神追求，更是社会的价值取向，

它要求我们在面对各种诱惑和挑战时，始终保持清醒的头脑和独立的判断力，坚持自己的原则和底线。以一位基层官员李明为例，他在一个小镇上担任镇长。在面对各种利益诱惑时，他始终坚守清廉的底线，不为所动。有一次，一个开发商为了获得某个项目的批准，给他送上了一份厚礼。然而，李明坚决拒绝了这份礼物，并明确表示，他的决策只会基于公共利益和规划考虑，而不会受到任何私人利益的影响。他的这种坚持清廉、自信自立的态度，赢得了小镇居民的广泛赞誉和尊重。再举一个例子，有一位企业家王强，在商界摸爬滚打多年，他始终坚持诚信经营，从不偷税漏税，也不走后门、拉关系。尽管他的企业在某些方面可能起步较慢，但最终因为良好的信誉和优质的产品赢得了市场。王强常说："我宁愿失去一时的利益，也不愿意失去长久的信任和声誉。"他的这种清廉自律、自信自立的企业家精神，不仅让他的企业稳步发展，还为社会树立了良好的榜样。这些生动的事例，都展现了清廉文化的独立品格以及必须坚持自信自立的重要性。

自信自立赋予我们勇气和力量，让我们在物欲横流的社会中，依然能够坚守清廉，不为五斗米折腰。保持自信，我们才能在风雨中坚定前行，无畏困难与挫折；保持自立，我们才能在纷繁复杂的社会中保持清醒的头脑，坚持自己的原则和立场。清廉文化的独特价值，不仅在于它弘扬了正直与廉洁，更在于它塑造了一种独立品格，让我们在面对各种诱惑时，都能保持清醒的头脑和坚定的信念。因此，我们要坚持自信自立的精神，彰显清廉文化的独立品格。在追求梦想的路上，始终保持清廉的品格和坚定的信念，用实际行动诠释清廉文化的真谛。通过清廉文化建设，培养造就一支忠诚、干净、担当的干部队伍，为国家的长治久安提供坚实的人才保障。

（三）必须坚持守正创新，注入清廉文化的时代内涵

清廉文化不是一成不变的，它需要与时俱进，不断注入新的时代内涵。守正创新，就是在坚守清廉核心价值的同时，积极探索适应新时代要求的文化表达方式和传播手段。在当今信息化社会，清廉文化的传播方式应该更加多样化、现代化。我们可以利用互联网、新媒体等平台，创新清廉文化的宣传形式，使之更加贴近群众、贴近生活、贴近实际，从而增强清廉文化的吸引力和感染力。坚守正道，勇于创新，这是新时代的主旋律。将清廉文化的精髓与新时代的主旋律结合，更是为新时代的乐章注入了动人的灵魂。

一位基层公务员，面对村民为了感谢他而送的土特产，他微笑着拒绝，因为他知道，接受这份小礼物，就意味着失守了清廉的底线。他选择以公正、公平、公开的态度服务每一位村民，用实际行动诠释清廉文化的真谛。

一位科研人员，在某个科研项目中发现了商业潜力，众多企业抛出橄榄枝，希望与他合作，并承诺给予丰厚的回报。然而，他清楚地知道，科研的目的是探索未知，是为人类谋福祉，而不是追求个人利益。他坚守科研的初心，继续他的科研之路。一位教育工作者，面对家长的各种"表示"，她始终坚持原则，不收任何形式的礼物，因为她知道，教育的公平和公正是最重要的，她不能因为一点小恩小惠而破坏了这份公平。她用清廉和公正，赢得了学生和家长的爱戴与尊重。这些生动的事例，无不诠释着清廉文化的力量和影响。

清廉文化的时代内涵，就是在我们追求个人梦想和社会进步的过程中，要始终保持清醒的头脑和坚定的信念。它告诫我们，在金钱和权力的诱惑面前，要守住底线，不忘初心。这种文化内涵如同明灯，照亮我们前行的道路，让我们在追求梦想的路上，始终保持清醒和坚定。因此，让我们携手共进，坚持守正创新，为清廉文化注入更加丰富的时代内涵。让这股清廉之风，如春风化雨般滋润我们的心田，成为我们共同的精神支柱和道德灯塔。

（四）必须坚持问题导向，强化清廉文化的监督功能

清廉文化建设必须坚持以问题为导向，针对现实中存在的腐败问题和不正之风，提出切实可行的解决措施。清廉文化建设，必须以现实中的腐败问题和不正之风为靶心，展开有针对性的行动。清廉文化，是一种刚性的制度设计和严密的监督机制。中央纪委国家监委推出了一系列反腐倡廉的制度措施，如公职人员财产申报制度、权力清单制度等，确保权力运行在阳光之下；同时，他们还设立了匿名举报系统，鼓励知情者和社会公众对违法违规行为进行举报，从而有效打击贪污腐败行为，维护社会的公平正义。清廉文化的建设，就像一场春雨，洗涤着社会的每一个角落，让那些被腐败侵蚀的黑暗地带重新焕发光彩。在乡村振兴中，由于清廉文化深入人心，有的地方的村干部开始主动公开村务账目，接受村民的监督，村民们也因此更加信任和支持村干部的工作，村里的基础设施建设、教育资源分配等问题都得到了更加公平合理的解决。城市的交通管理部门在清廉文化的推动下，不仅公开了处罚标准和程序，还设立了投诉渠道，让市民们能够及时反馈问题，使该市的交通秩序得到显著改善，市民的出行也更加安全便捷。通过这些具体案例，我们可以看到清廉文化建设的实际成效。它不仅完善了反腐倡廉的制度体系，提高了制度的执行力和威慑力，还能够引导人们自觉遵守法律法规，形成全社会崇尚廉洁、鄙视腐败的良好风气。

（五）必须坚持系统观念，构建清廉文化的整体框架

清廉文化建设是一个系统工程，需要从整体上进行规划和设计。我们要坚持系统观念，将清廉文化建设融入国家治理体系和治理能力现代化的进程中，使之成为推动社会全面进步的重要力量。在清廉文化建设中，我们要注重各个方面的协同配合，包括政府、企业、社会组织和公众等各个方面，因为只有形成全社会的合力，才能够真正推动清廉文化的深入发展。

坚持系统观念，构建清廉文化的整体框架，是一个全面而深入的过程。这一过程需要从整体和相互关系的角度看待清廉文化的建设，并强调其整体性、相互关联性、功能性以及动态性。首先，清廉文化建设应具有整体性。这意味着要将清廉文化视为一个有机的整体，其中各个部分之间存在着内在的联系和相互作用。在构建清廉文化的框架时，需要考虑到各个层面的因素，包括制度设计、价值观念、行为规范等，确保它们之间的协调性和一致性。其次，清廉文化建设需要注重相互关联性。清廉文化不是孤立的，而是与社会环境、政治制度、经济发展水平等多个方面紧密相连的。因此，在构建清廉文化的框架时，需要充分考虑这些外部因素的影响，以及清廉文化与其他文化现象的相互作用。再次，功能性是清廉文化建设的重要特征。清廉文化不仅具有道德教化的作用，还能够对社会的政治制度、经济发展等方面产生积极影响。在构建清廉文化的框架时，需要明确其功能定位，即明确清廉文化在推动社会进步、促进经济发展、提升国家治理能力等方面的重要作用。最后，动态性也是清廉文化建设不可忽视的方面。随着时间和环境的变化，清廉文化的内涵和表现形式也会发生相应的变化。因此，在构建清廉文化的框架时，需要保持开放性和灵活性，以便根据时代的发展和社会的需求进行适时调整。

（六）必须坚持胸怀天下，拓展清廉文化的国际视野

在全球化的背景下，清廉文化建设不仅具有国内意义，更具有国际意义。我们要坚持胸怀天下，积极拓展清廉文化的国际视野，与世界各国共同探讨反腐倡廉的经验和做法。通过加强国际交流与合作，可以学习借鉴其他国家和地区的成功经验，推动我国清廉文化建设不断向前发展。同时，还可以通过清廉文化的国际传播，展示我国反腐倡廉的决心和成果，提升我国的国际形象和软实力。清廉文化是吸引人才和投资的重要因素，一个廉洁、高效的政府能够赢得国际社会的尊重和信任，进而提高国家的国际竞争力。以某跨国企业为例，他们在全球范围内推行了一套统一的清廉准则。这套准则不仅明确了员工的行为规范，还设立了独立的监察机构，确保清廉准则的严

格执行。通过这种方式，该企业成功地在全球范围内树立了清廉的企业形象，赢得了客户和合作伙伴的广泛赞誉。

拓展清廉文化的国际视野是一个多维度的过程，它要求我们在全球视野下推广和实施清廉价值观，加强国际合作，并促进不同文化背景下的清廉理念交流与融合。一是建立国际清廉合作机制，积极与各国签订反腐败和廉政建设的合作协议，明确共同的目标和原则，为双方或多方在清廉文化建设方面的合作提供法律基础；建立国际清廉信息共享平台，及时交流和分享各国在清廉文化建设中的成功经验、案例分析以及面临的挑战。二是推广国际清廉标准与规范，借鉴各国成功的清廉实践经验，制定一套国际公认的清廉行为准则，为各国政府、企业和个人提供明确的指导；建立国际清廉认证机构，对各国或组织的清廉实践进行评估和认证，以鼓励更多的国家和地区参与到清廉文化建设中来。三是加强国际清廉教育与培训，结合不同国家的文化背景和实际需求，开发具有国际视野的清廉教育课程，提升全球公民的清廉意识和能力；组织国际清廉培训与交流项目，让不同国家的清廉实践者有机会共同学习、分享经验，并探讨清廉文化在不同文化背景下的实施策略。四是促进国际清廉文化交流与传播，定期举办国际清廉文化论坛，邀请全球各地的政府代表、专家学者、企业家等共同探讨清廉文化的发展方向；充分利用互联网、社交媒体等现代传播手段，广泛宣传清廉文化的理念和实践案例，让更多的人了解和认同清廉价值观。五是强化国际监督与问责机制，设立独立的国际清廉监督机构，对各国的清廉实践进行监督和评估，确保国际合作协议得到有效执行；建立公开透明的国际问责制度，对违反清廉准则的行为进行严厉打击和惩处，以维护国际清廉文化的权威性和公信力。这不仅有助于提升全球治理体系的效率和公正性，还能促进各国之间的互信与合作，共同构建一个更加廉洁、公正和繁荣的世界。

第二章　清廉文化建设的思想渊源

第一节　中华优秀传统文化中的清廉文化思想

在博大精深的中华文化中，清廉文化始终占据着一席之地，它不仅是古代官员的修身之本，更是治国理政的基石。清廉文化思想，顾名思义，主要包含"清"与"廉"两个方面。其中，"清"指的是清白、纯洁，要求人们在思想上保持清醒，在行为上做到清白无瑕；"廉"则是指廉洁、不贪，强调人们要坚守道德底线，不受物欲诱惑，做到公私分明、廉洁奉公。清廉文化思想融合了儒家、道家、法家等多家思想精华，形成了独具特色的道德观念和行为准则。

一、以廉为本的为政之道

清廉为政的思想源远流长，可以追溯到古代的经典文献。《论语》中，孔子曾言："君子爱财，取之有道。"这句话虽然简短，却道出了清廉为政的真谛。君子会通过正当的途径来获取利益，而不是利用职权之便来谋取私利。《周礼》也明确提出了对官员的"六廉"要求，即廉善、廉能、廉敬、廉正、廉法、廉辨，全方位地规范了官员的行为。其中，"廉善"指的是善于行事且廉洁无私，"廉能"则要求官员具备处理政务的能力并保持廉洁，"廉敬"强调的是对公务的敬业和廉洁，"廉正"则要求官员行为正直、不偏不倚，"廉法"是指官员遵守法律、不徇私情，"廉辨"则要求官员能够明辨是非、不受蒙蔽。这些准则不仅要求官员在道德品质上出类拔萃，更在行政能力上提出了高标准。

历史上，许多杰出的政治家都以身作则，践行清廉为政之道。清代的于成龙，被康熙誉为"天下廉吏第一"，他从不接受任何形式的贿赂，即使是亲友相求，也会严词拒绝。他的清廉形象，不仅为他赢得了民众的尊敬，也为后世树立了榜样。于成龙一生节俭，即使官越做越大，但是艰苦朴素的精神一直在他身上有所体现。他在江南时，整日吃糙米，喝稀粥，食青菜，终年不知肉味，因此江南人民称他为"于青菜"。

在当今社会，清廉为政的思想仍然具有重要的现实意义。随着社会的快速发展，各种诱惑也随之增多。对于公职人员来说，能否坚守清廉底线，直接关系到政府的公信力和社会的稳定。清廉为政不仅是对个人的要求，更是对整个政府系统的要求。一个清廉的政府，必然能够赢得民众的信任和支持，从而更好地履行其社会管理和公共服务的职能；反之，如果政府内部存在腐败现象，不仅会损害政府的形象，更会破坏社会的公平与正义。

清廉为政之道是中华优秀传统文化中的瑰宝。它不仅是一种高尚的道德情操，更是治国理政的重要原则。我们应该深入挖掘清廉文化的内涵和价值，将其与现代政治文明相结合，共同推动社会的进步与发展。同时，我们也应该铭记那些在历史上践行清廉为政之道的杰出人物及其事迹，让他们的精神成为我们前行的灯塔。只有这样，我们才能在新的历史条件下更好地传承和发展中华优秀传统文化中的清廉文化思想。

二、崇廉恶贪的清官文化

清官文化是中华民族传统文化的重要组成部分，它强调官员应具备清廉自守、刚正不阿的品质，以民为本、勤政爱民的执政理念，以及秉公执法、无私奉献的精神。这种文化体现了中华民族对廉洁、正义的追求，在历史上涌现出许多清官典范，为后人树立了榜样。清官文化倡导一种正确的价值观和行为准则。在清官文化的熏陶下，官员们能够时刻警醒自己，坚守廉洁底线，做到公私分明、清正廉洁。这种价值观不仅对个人品德有着极高的要求，更对社会风气和政治生态产生着深远影响。

历史上有许多清官典范，如明朝的海瑞，他一生清廉正直、不畏权贵，敢于直言进谏。他在上疏中痛陈时政弊端，揭露官员腐败现象，赢得了民众的广泛赞誉。海瑞的清廉形象和坚定立场使他成为后世清官的楷模。还有包拯、于谦等，他们都以清廉自律、刚正不阿的形象而深入人心。这些清官的事迹和精神激励着一代又一代人为国家和社会贡献力量。与此同时，传统文化也对贪污行为深恶痛绝。在诸多文学作品中，贪官污吏往往被描绘成丑恶、可耻的形象，如《水浒传》中的高俅、《儒林外史》中的严贡生等，他们贪婪成性、欺压百姓，最终都落得身败名裂的下场。这些文学形象反映了社会对贪污行为的厌恶和抵制，形成了强大的社会舆论压力，促使公职人员自觉遵守廉洁纪律，远离贪污腐败。

在当今社会，反腐倡廉仍然是一个重要的议题。崇廉恶贪的清官文化对于现在的反腐倡廉工作具有重要的现实意义。首先，清官文化为我们提供了一种正确的价值观导向，它告诉我们，为官者必须坚守廉洁底线，做到公私分明、清正廉洁。这种价值观对于营造一个风清气正的政治生态具有至关重要的作用。其次，清官文化倡导勤政爱民的执政理念，历史上的清官们时刻关注民生疾苦，为民请命。在今天，我们也应该将这种理念融入工作中，真正做到权为民所用、情为民所系、利为民所谋。最后，清官文化还强调了法治的重要性，清官们依法办事、秉公执法的精神值得我们学习和借鉴。在今天，我们也应该加强法治建设，完善法律制度体系，确保权力的运行受到有效的监督和制约。

崇廉恶贪的清官文化是中华优秀传统文化的重要组成部分，它承载着中华民族对廉洁、正义的不懈追求和历代清官们的高尚情操。同时，我们应该深入挖掘和研究清官文化的内涵和价值观念，铭记那些在历史上践行清廉为政之道的杰出清官和他们的事迹，让清官文化在新时代焕发出新的光彩，并继续为社会进步贡献力量。

三、以民为本的仁政思想

在中华五千年的文化积淀中，清廉文化与仁政思想始终如影随形，共同构成了中华民族独特的政治伦理观念。清廉，是官员的操守与自律；仁政，则是治国者的温情与智慧。二者相辅相成，共同铸就了中国历史上的盛世辉煌。以民为本的仁政思想是中华优秀传统文化中清廉文化的核心。它强调君主和官员在治理国家时，应始终牢记"水可载舟，亦可覆舟"，关注民生，体恤民情，以实现国家的长治久安。这种思想体现了古代贤人对人民福祉的深切关怀和对社会公正的不懈追求。在古代中国，许多有远见的政治家和思想家都强调以民为本的重要性。孔子弟子有子曾说："君子务本，本立而道生。"这里的"本"就是指人民，意味着国家的根基在于人民，政治的根本目的是为人民谋福祉。孟子更是明确提出"民为贵，社稷次之，君为轻"的观点，将人民的地位放在首位，强调了以民为本的思想。

历史上有名的"文景之治"和"贞观之治"就充分体现了以民为本的仁政思想。西汉时期，在汉文帝和汉景帝在位期间，实行了一系列轻徭薄赋、与民休息的政策。他们减轻了人民的负担，使得社会经济得到了迅速恢复和发展。这一时期被称为"文景之治"，是西汉王朝的鼎盛时期之一。唐朝时期，在唐太宗李世民在位期间，实行了一系列开明的政治措施，使得国家政治清明、经济繁荣、文化昌盛。他善于纳谏,广开言路,听取大臣们的意见和建议。同时,他还减轻了人民的赋税负担,注重发展农业生产,改善人民的生活。这一时期被称为"贞观之治",是唐朝的鼎盛时期之一。

以民为本的仁政思想,不仅在古代具有重要的指导意义,在今天依然具有深刻的现实意义。首先,仁政思想提醒我们始终关注人民的利益和需求。在现代社会,政府应更加注重民生问题,关注人民的教育、医疗、就业等方面的需求,为人民提供更好的公共服务和社会保障。其次,仁政思想强调公正与平等。在现代社会,政府应致力于消除社会不公和不平等现象,为每个人提供平等的发展机会和公平的竞争环境。最后,仁政思想倡导廉洁自律的为官之道。在现代社会,官员应秉持清廉自律的原则,不贪不腐,为人民作表率。

以民为本的仁政思想是中华优秀传统文化中的瑰宝,它承载着古代贤人对人民福祉的深切关怀和对社会公正的不懈追求。我们应该铭记那些在历史上践行仁政之道的杰出人物和他们的事迹,让仁政思想在新时代焕发出新的光彩,并继续为社会进步贡献力量。

四、德法并举的反腐策略

在当今社会,腐败问题依然是一个全球性的难题,中华优秀传统文化中蕴含着丰富的反腐策略,其中德法并举的策略尤为引人注目。在中华优秀传统文化中,德治与法治是相辅相成的两大治国方略。德治强调道德教化,通过提升人们的道德水平来预防腐败;法治则依靠严明的法律制度来惩治腐败。德法并举,就是要将道德教化与法律制度相结合,共同构筑起反腐败的坚固防线。

在中华优秀传统文化中,修身是齐家、治国、平天下的基础。儒家经典《大学》中明确提出:"自天子以至于庶人,壹是皆以修身为本。"修身的核心在于培养个人的道德品质,其中廉洁自律是重要一环。古代先贤以身作则,倡导廉洁奉公。道德教育在中华优秀传统文化中占有重要地位。通过道德教育,可以引导人们树立正确的道德观念,培养廉洁自律的品质。古代教育家孔子提倡"仁爱""礼义",强调道德教化对于国家治理的重要性。他认为,只有通过道德教育,才能培养出一批有道德、有品行的人才,为国家的清廉治理奠定基础。家风是一个家族或家庭的传统风尚和作风。在中华优秀传统文化中,家风建设对于培养廉洁品质具有重要意义。许多古代家族都注重家风传承,通过家训、家规等形式,将廉洁自律的理念代代相传。如《朱子家训》中强调:"一粥一饭,当思来处不易;半丝半缕,恒念物力维艰。"这种勤俭节约、珍惜资源的家风，有助于培养家族成员的廉洁品格。

在中华优秀传统文化中，法治是反腐倡廉的重要手段。古代统治者注重立法工作，通过制定明确的法律法规，规范人们的行为。如《唐律疏议》等法典，详细规定了各种违法犯罪行为的处罚措施，为反腐倡廉提供了有力的法律保障。严格执法是法治的关键环节。古代执法者秉持公正无私的原则，不徇私情，严格依法办事。如北宋名臣包拯在任端州知州时，铁面无私，弹劾贪官污吏，为民除害，赢得了百姓的广泛赞誉。为了维护法律的威严和公信力，古代统治者对腐败行为采取了严厉的惩罚措施。如明朝时期，朱元璋对贪官污吏采取了极为严厉的处罚措施，严惩腐败的做法，在一定程度上遏制了腐败现象的蔓延。

德法并举的反腐策略不仅具有强烈的现实意义，更具有深远的历史意义。许多国家都在努力探索有效的反腐策略，而德法并举的策略，正是中华优秀传统文化提供的一种宝贵思路。首先，德治能够提升人们的道德水平，从根本上预防腐败的发生。通过加强道德教育，引导人们树立正确的价值观和利益观，使人们在内心深处自觉地抵制腐败的诱惑。这种道德教化的力量是无穷的，它能够潜移默化地影响人们的思想和行为，使人们更加崇尚廉洁、鄙视腐败。其次，法治能够为反腐败提供坚实的制度保障。通过建立健全的法律制度，明确权力运行的边界和规则，对腐败行为进行严厉的打击和惩治。最后，法治还能够保障公民的合法权益不受侵害，维护社会的公平正义。

第二节　马克思主义经典作家的清廉文化理论

一、马克思、恩格斯的清廉文化理论

清廉文化是一种崇尚廉洁、鄙视腐败的文化氛围和价值观，是社会主义先进文化的重要组成部分。马克思、恩格斯作为伟大的思想家和革命家，在他们的著作中，虽然没有直接使用"清廉文化"这一概念，但他们的理论体系中蕴含着丰富的清廉文化思想。马克思、恩格斯在创立马克思主义理论的过程中，深刻揭示了资本主义社会的腐败根源，提出了一系列关于清廉文化建设的理念和举措，这些理念和举措对于今天推进反腐倡廉建设、形成清廉社会具有重要的指导作用。

马克思、恩格斯认为，私有制和阶级社会的存在是腐败现象产生的根

源。他们在《资本论》等著作中，深刻揭示了资本主义社会的腐败根源。他们指出，在资本主义制度下，商品、货币和资本成为统治社会的力量，导致了人的异化和社会的物化。这种物化现象使得一些人沉迷于追求物质利益，忽视了道德和精神层面的追求。马克思、恩格斯认为，只有积极推动无产阶级革命运动，推翻资本主义制度，建立社会主义制度，才能从根本上消除腐败现象，为实现社会主义公有制和清廉文化创造条件。

马克思、恩格斯在汲取历史经验教训后，特别重视无产阶级政党的纯洁性，在《共产党宣言》中就指出，无产阶级政党是代表工人阶级利益的政党，必须保持其纯洁性。他们强调，无产阶级政党要坚决反对腐败现象，坚持廉洁奉公的原则，为工人阶级和广大劳动人民谋利益。马克思、恩格斯认为，建立健全的监督机制是廉洁政治建设的重要保障。他们主张通过建立健全的监督机制，加强对公职人员的监督和管理，防止权力滥用和腐败现象的发生，也提倡人民群众参与到监督中来，形成全社会共同参与的反腐倡廉氛围。同时，他们认为公开透明是防止腐败的有效措施，主张政府行为应该公开透明，主动接受人民群众的监督，让人民群众了解政府的工作情况和决策过程，提高政府的公信力。

马克思、恩格斯认为，道德约束是防止腐败的重要手段。他们主张通过道德教育和宣传，提高人们的道德水平，使人们自觉遵守道德规范，抵制腐败行为，从源头上预防腐败现象的发生。为此，他们提倡广泛开展马克思主义理论教育，引导人们树立正确的世界观、人生观和价值观。同时，他们也强调道德约束与法律约束的相互配合，共同维护社会的公平正义，主张通过制定和完善反腐倡廉的法律法规，为清廉文化建设提供有力的制度保障。

马克思、恩格斯的清廉文化理论是社会主义理论宝库中的重要组成部分。他们通过加强思想政治教育、建立健全法律制度体系以及推动公众参与等方式来推进清廉文化建设和发展。这些举措不仅在理论上具有重要意义，而且在现实中得到了广泛应用，并取得了显著成效。我们应该深入学习和借鉴马克思、恩格斯的清廉文化理论及其实践经验，结合实际情况加以创新和发展，为推动社会主义清廉文化建设贡献力量。同时，我们也应该加大对公职人员的监督和管理力度，确保权力的行使符合社会公共利益的要求，为形成清廉社会提供有力保障。

二、列宁的清廉文化理论

在社会主义革命和建设的历史进程中，如何保持政权的廉洁性是一个重要而紧迫的课题。苏维埃政权建立之初，面临着极为复杂的国内外形势。国内方面，旧的社会制度和思想观念仍然存在，一些官员的道德水平低下，贪污腐败现象时有发生；国际方面，资本主义国家对新生的苏维埃政权虎视眈眈，企图通过各种手段进行颠覆和破坏。在这样的背景下，作为苏联的缔造者和马克思主义的伟大实践者的列宁，在领导苏维埃政权建设过程中，深刻认识到保持政权的廉洁性对于巩固和发展苏维埃政权的重要性。因此，他提出了一系列清廉文化理论，旨在通过教育、监督、制度等多方面的举措来防治贪污腐败。这些理论不仅在当时起到了积极的指导作用，也为后世的反腐倡廉建设提供了宝贵的理论资源。

（一）把加强思想政治教育作为防治贪污腐化的基础工程

列宁深知，贪污腐化的根源在于人的思想蜕变。因此，他非常重视思想政治教育工作，试图通过提高党员和群众的政治觉悟与道德水平，从根本上预防腐败。为此，他推动出版了大量的马克思主义经典著作，让广大党员和群众能够深入学习马克思主义理论，理解社会主义的真谛，从而坚定共产主义信仰，自觉抵制腐败。同时，列宁还倡导创办各类政治教育机构，如政治教育委员会等，专门负责党员和群众的思想政治教育工作。这些机构通过举办讲座、研讨会等形式，普及马克思主义理论，宣传党的方针政策，引导人们树立正确的世界观、人生观和价值观，提高拒腐防变的能力。

（二）通过人民群众的管理监督来巩固和扩大苏维埃政权的执政基础

列宁认为，人民群众是历史的创造者，也是反腐倡廉的重要力量。因此，他积极推动人民群众参与到国家的管理和监督中来，形成一个广泛的反腐合力。他倡导建立工农检查院等监督机构，让人民群众能够直接参与到对国家机关和公职人员的监督中来。这些机构不仅接受群众的举报和投诉，还定期组织群众对国家机关和公职人员的工作进行检查和评议，确保权力在阳光下运行。此外，列宁还鼓励人民群众通过选举、罢免等方式，直接参与到国家政治生活中来。他认为，只有让人民群众真正当家作主，才能有效地防止权力被滥用，确保政权的廉洁性。

（三）把加强制度建设作为防治贪污腐败的根本途径

制度建设是反腐倡廉的重要保障。列宁深知此理，因此他在苏维埃政权建立之初，就着手制定了一系列反腐倡廉的法律制度。他主持制定了《关于惩办受贿的法令》等法律法规，明确规定了贪污腐败的法律责任和惩罚措施。据相关资料统计，列宁在领导苏维埃政权建设的7年中制定修改的重要法律法令百余项，签署的法律法令和决议条例数以千计。这些法律制度的出台为惩治贪污腐败提供了有力的法律武器，也让人民群众看到了党和政府反腐倡廉的决心与行动。同时，列宁还注重制度的执行和监督。他强调，法律制度不仅要制定得完善，更要执行得有力。为此，列宁推动建立了严格的法律制度执行和监督机制，确保法律制度得到切实有效的执行。

总的来说，马克思、恩格斯和列宁站在历史唯物主义的高度，对无产阶级政党和政权如何防治贪污腐化的问题进行了深入思考，揭示了腐败产生的根源，并提出了关于党风廉政建设的对策和原则，为铲除腐败和建设廉洁政治提供了清廉文化理论指导。马克思、恩格斯和列宁的清廉文化理论不仅仅停留在理论阐释的阶段，而是在实践中得到验证并证明了其正确和科学的价值。在理论、实践和科学多方面的考量下，他们的清廉文化理论为中国特色社会主义反腐倡廉建设奠定了关键的理论基础。

第三节　中国共产党主要领导人关于清廉文化的重要论述

一、毛泽东关于清廉文化的重要论述

清廉作为中国共产党人的优良传统和作风，是毛泽东一贯倡导和坚持的。毛泽东关于清廉文化的重要论述，不仅是对中国传统清廉思想的继承和发展，更是对马克思主义理论的丰富和创新。在长期的革命和建设实践中，毛泽东始终把清廉文化建设作为党的建设的重要内容，提出了一系列重大举措，为中国共产党的反腐倡廉建设奠定了坚实的理论基础。

毛泽东关于清廉文化的重要论述，深受马克思、恩格斯廉洁理论的影响。马克思、恩格斯在创立科学社会主义理论的过程中，就对无产阶级政党的廉洁性提出了明确要求。他们认为，无产阶级政党必须始终保持自身的纯洁性，坚决反对腐败现象，以确保党的先进性和战斗力。毛泽东继承和发展了这一思想，结合中国革命和建设的实际，形成了具有中国特色的清廉文化理论。

（一）思想政治教育为先

毛泽东深知，思想的蜕变如同白蚁悄然侵蚀着党的健康肌体，是贪污腐败的温床，是假公济私的幕后推手，更是生活堕落的罪魁祸首。基于对思想蜕变的深刻洞察，毛泽东将党员干部的思想政治教育视为反腐倡廉的利剑。

他坚信，只有坚实的思想防线才能抵御各种诱惑，保持党的纯洁性。为了筑牢这道防线，毛泽东不遗余力地推进马克思主义思想理论教育，让全心全意为人民服务的宗旨深入人心。同时，他也不断强调"两个务必"的勤政廉政教育。这些举措，如同在党员领导干部的心中播下了拒腐防变的种子。在革命圣地延安，毛泽东更是身体力行，亲自为抗大学员传道授业。他讲授的《实践论》《矛盾论》，不仅是深奥的哲学理论，更是科学的世界观和方法论。在这些课程中，毛泽东用生动的案例和深入浅出的讲解，让学员们深刻理解了拒腐防变的重要性。回望那段峥嵘岁月，我们可以清晰地看到，正是毛泽东对党员干部思想政治教育的深刻认识和坚定实践，为党铸造了一道坚不可摧的反腐倡廉屏障。这种重视思想教育的做法不仅在当时起到了举足轻重的作用，也为后来的反腐倡廉工作树立了光辉的榜样。

（二）民主反腐，跳出"历史周期率"

延安时期，黄炎培先生曾向毛泽东提出过一个问题：中国共产党能否跳出从领导人民夺取政权到人亡政息的"历史周期率"？毛泽东明确回答："我们已经找到新路，我们能跳出这周期率。这条新路，就是民主。"他强调，只有让人民来监督政府，政府才不敢松懈；只有人人起来负责，才不会人亡政息。"无论是共产党，或者是民主党派，监督它们的首先是人民。再则，政党的党员又监督党的领导者。现在我们加上一条，各个政党互相监督，这样岂不是更有益处吗？"①为了实践这一思想，毛泽东在1949年后主持制定了人民代表大会制度、中国共产党领导的多党合作和政治协商制度等民主政治体制，为民主反腐提供了制度保障。而运用民主的力量来推进反腐倡廉进而打破"腐败周期率"也是毛泽东关于清廉文化重要论述走向成熟的重要标志。

（三）依法严厉惩治腐败

毛泽东在反腐败斗争中展现出了坚定的立场和卓越的智慧，他深知依法严厉惩治腐败是打击腐败的关键。为此，他亲自主持制定了一系列反腐败法律法规，其中《中华人民共和国惩治贪污条例》等法规的出台，为反腐败斗争提供了有力的法律武器，使得这场斗争能够有法可依、有条不紊地推进。毛泽东不仅制定法律，更是身体力行，亲自坐镇、直接督战反对贪污腐化的运动。新中国成立初期的"三反""五反"等运动，如同猛烈的风暴，席卷了全国，将那些潜藏在暗处的腐败分子一一揭露出来。在这场雷霆行动中，

①逄先知、金冲及：《毛泽东传（1949—1976） 上》，中央文献出版社，2003，第679-680页。

他依法严厉惩治了腐败分子，共计23万多人受到了党纪政纪的严厉处分，5982人更是受到了刑事制裁。值得一提的是，对于那些大贪污犯，毛泽东更是毫不手软，在他的指示下，9942人被判处有期徒刑，67人被判处无期徒刑，42人被判处死刑，9人被判处死缓。尤其是对大贪污犯刘青山、张子善的严厉惩处，更是在当时的社会上产生了巨大的震动。这一行动如同一声惊雷，唤醒了人们对廉洁自律的认识，对于腐败现象的滋生蔓延产生了强大的震慑和警示作用。在毛泽东的坚定领导和卓越智慧下，新中国的反腐败斗争取得了显著的成效。通过制定法律、发起运动、严厉惩治腐败分子等一系列措施，新中国展现了对腐败的"零容忍"态度，为后来的反腐败工作树立了典范。

（四）以身作则，树立清廉榜样

毛泽东作为党和国家的卓越领导人，一生都以身作则，为全党树立了清廉的典范。他的生活作风是出了名的简朴，衣着朴素，饮食简单，居住条件也并不奢华。即便是在身为国家领导人的岁月里，他也始终坚持着这样的生活态度。他深知，作为领导人，自己的每一个细微举动都会影响到整个党和国家的风气。他对待公私事务的态度更是泾渭分明。在工作中，他始终坚守原则，绝不因私情而误公。同时，他也严格要求自己的亲属和工作人员，不得利用他的地位谋取私利。在战争年代，毛泽东就曾多次拒绝为自己举办生日庆祝活动。他认为，在国家和人民面临困难的时候，庆祝个人的生日是一种奢侈和浪费。这种观念深深地影响着每一位共产党员，使他们更加珍视集体的利益，摒弃个人的享乐主义。新中国成立后，尽管国家逐渐走向繁荣，但毛泽东依然保持着艰苦奋斗的作风。他坚决反对铺张浪费，认为那是对人民血汗的挥霍。他的这种态度对全党来说是一种强大的示范力量，激励着每一位党员继续保持艰苦奋斗的作风。

毛泽东关于清廉文化的重要论述和实践经验，不仅在当时起到了积极的作用，而且对于今天推进反腐倡廉工作仍然具有重要的指导意义。我们应该深入学习毛泽东的清廉文化理论及其实践经验，结合新形势下的实际情况和特点，制定出更加有效的反腐倡廉策略和措施，从而推动党风廉政建设和反腐败斗争的深入开展。同时，我们也应该看到，清廉文化建设是一个长期的过程，需要全党全社会的共同努力和持续推进。只有这样，我们才能确保党的先进性和纯洁性始终保持下去。

二、邓小平关于清廉文化的重要论述

随着改革开放的深入推进和社会主义市场经济的蓬勃发展，中国面临着前所未有的挑战与机遇。在这一背景下，邓小平作为我国改革开放和现代化建设的总设计师，对于清廉文化建设有着独到的见解和深刻的认识。

（一）清廉文化是改革开放的精神支撑

改革开放是中国特色社会主义事业的重要推动力，而清廉文化则是改革开放不可或缺的精神支撑。邓小平明确指出，改革开放必须坚持以经济建设为中心，但绝不能忽视精神文明建设，特别是清廉文化建设。他认为，只有建设一个廉洁高效的政府，才能赢得人民群众的信任和支持，为改革开放提供稳定的社会环境。反腐倡廉不仅是党和政府的事情，更是全社会的共同责任。在他的倡导下，中国共产党积极推动全社会共同参与反腐倡廉工作，如开展廉政教育、设立举报电话等，这些举措有效地增强了人民群众的反腐意识，形成了全社会共同参与反腐倡廉的良好氛围。

（二）清廉文化关乎党和国家的生死存亡

邓小平将清廉文化提升到党和国家生死存亡的高度来认识。他指出："腐败的事情，一抓就能抓到重要的案件，就是我们往往下不了手。这就会丧失人心，使人们以为我们在包庇腐败。这个关我们必须过，要兑现。"[1]清廉文化建设的核心内容是培养党员干部的廉洁自律意识。他要求党员干部要时刻保持清醒头脑，坚定理想信念，树立正确的世界观、人生观和价值观。同时，他还提出了"领导要管好身边人"的要求，以防止领导干部利用职权为亲友谋利而损害公共利益。只有加强清廉文化建设，才能从根本上提高党员干部的思想道德素质，增强他们拒腐防变的能力，从而有效预防和减少腐败现象的发生。

（三）清廉文化与法制建设相辅相成

法制建设是社会主义现代化建设的重要组成部分，也是清廉文化建设的重要保障。邓小平高度重视法制建设在清廉文化建设中的作用。他认为，只有通过完善法制、加强监督，才能从根本上预防和减少腐败现象的发生。因此，他强调要加强法制宣传教育，提高全民法制意识，为清廉文化建设提供坚实的法制保障。在他的推动下，中国共产党制定了一系列反腐倡廉的法规制度，如《中国共产党纪律处分条例》《中国共产党廉洁自律准则》等。这

①邓小平：《邓小平文选（第三卷）》，人民出版社，1993，第297页。

些法规制度的出台，为清廉文化建设提供了有力的制度保障。

邓小平关于清廉文化的重要论述，对于今天推进反腐倡廉工作具有重大的现实意义。首先，它提醒我们时刻保持清醒头脑，坚守廉洁底线。在当前形势下，各种诱惑和考验层出不穷，党员干部只有时刻保持清醒头脑，才能抵御各种诱惑和腐蚀。其次，它要求我们加强制度建设，完善反腐倡廉法规体系。只有建立完善的法规制度并严格执行，才能确保权力的正确行使和有效监督。最后，它倡导全社会共同参与反腐倡廉工作，形成强大的反腐合力。只有广泛动员人民群众参与反腐倡廉工作，才能形成全社会共同参与的良好氛围，从而推动反腐倡廉工作的深入开展。

三、江泽民关于清廉文化的重要论述

党的十三届四中全会以来，以江泽民同志为主要代表的中国共产党人，对党风廉政建设和反腐败斗争给予高度重视，不断根据我国改革开放和经济建设的新形势、新特点，对反腐倡廉工作进行理论创新。这些理论创新不仅深刻揭示了反腐倡廉工作的内在规律，而且为新时期的反腐倡廉建设指明了方向。

（一）反腐倡廉建设的重要性、紧迫性和必要性

江泽民深刻认识到反腐倡廉建设的重要性、紧迫性和必要性。他指出："全心全意为人民服务，密切联系群众，是我们党区别于其他任何政党的一个显著标志。""党风是关系到党的生死存亡的问题，如果听任腐败现象发展下去，党就会走向自我毁灭。"①这一论述表明了反腐倡廉建设对于维护党的形象和声誉、确保党和国家的长治久安具有重要意义。以陈希同腐败案件为例，他的堕落不仅损害了党的形象，也严重影响了党和政府在人民群众中的信任度。这一案例警示我们：反腐倡廉建设绝不能松懈，必须时刻保持高压态势，坚决遏制腐败现象滋生蔓延的势头。

（二）新时期反腐倡廉的总体思路和战略方针

江泽民提出了新时期反腐倡廉的总体思路和战略方针。他强调，反腐倡廉工作必须以"三个代表"重要思想为指导，与经济建设相结合，及时研究、制定有效对策。同时，要坚持党委统一领导，党政齐抓共管，纪委组织协调，部门各负其责，依靠广大群众支持和参与的领导体制和工作机制。在新时期反腐倡廉的实践中，这一战略方针得到了充分体现。以"天网行动"

---

① 中共中央文献研究室：《新时期党的建设文献选编》，人民出版社，1991，第541、773页。

为例，该行动是在党中央集中统一领导下，由多个部门协同作战，通过国际合作追捕外逃腐败分子。这一行动充分体现了党委统一领导、党政齐抓共管、纪委组织协调、部门各负其责的反腐倡廉工作机制。

（三）坚持标本兼治、综合治理的反腐败策略

江泽民提出了坚持标本兼治、综合治理的反腐败策略。他深刻认识到，要想从根本上预防和治理腐败，必须三管齐下——教育、法制和监督。教育是反腐败的根基。江泽民倡导通过深化廉政教育和加强思想道德建设，来培育党员干部的廉洁自律精神。他深知，只有内心强大的道德约束，才能使党员干部在面对诱惑时，坚守廉洁底线。法制则是确保反腐败斗争持续有效的重要保障。他主张完善反腐倡廉的法规制度，为这场战斗提供坚实的法律后盾。法制的威严，不仅在于其惩罚的严厉性，更在于其预防的威慑力。而监督，是反腐败斗争中的关键环节。江泽民强调，要通过党内监督、群众监督等多重监督机制，确保权力始终在阳光下运作，不给腐败留下任何滋生的空间。江泽民的这一反腐败策略，不仅深刻揭示了反腐败斗争的内在规律，而且为我们提供了一套行之有效的行动指南。其重要性和意义不言而喻，对于我们持续深入地推进反腐败斗争具有深远的指导作用。

综上所述，江泽民关于清廉文化的重要论述在反腐倡廉建设中具有不可替代的指导意义和实践价值。他的论述不仅深刻揭示了反腐倡廉工作的核心价值和实践方向，而且为我们提供了宝贵的思想武器和行动指南。在新时代背景下，我们要继续深入学习和贯彻落实这些思想精髓，并结合新的实践要求不断创新反腐倡廉工作的理念和方法手段。只有这样，我们才能不断取得反腐倡廉建设的新胜利，为实现中华民族伟大复兴的中国梦贡献力量。

四、胡锦涛关于清廉文化的重要论述

党的十六大以来，以胡锦涛同志为主要代表的中国共产党人，坚持以科学发展观重要思想为指导，从提高党的执政能力、巩固党的执政地位的战略高度，深刻认识和理解反腐倡廉能力的极端重要性，坚持以求真务实的精神推进反腐倡廉建设，深入贯彻标本兼治、综合治理、惩防并举、注重预防的反腐倡廉建设方针，标志着我们党对反腐倡廉和清廉文化建设规律的认识进一步深化，实现了清廉文化理论的与时俱进。

（一）提高反腐倡廉能力：执政基础与地位的稳固之锚

胡锦涛明确指出，反腐倡廉是提高党的执政能力和巩固党的执政地位的重要保障。他强调，腐败是危害党的生命力和战斗力的最大毒瘤，如果

任其蔓延，不仅会严重损害党的形象，更会动摇党的执政基础。因此，提高反腐倡廉能力，是巩固党的执政基础、提升党的执政能力的必由之路，对于维护党的纯洁性、增强党的凝聚力和战斗力具有极端重要性。想象一下，如果我们放任腐败蔓延，那么党的执政地位就会像沙堡一样在潮水的冲刷下逐渐崩塌。因此，提高反腐倡廉的能力，不仅是中国共产党坚守阵地的必然选择，更是中国共产党勇往直前、战无不胜的力量之源。以史为镜，可以知兴替。让我们回顾一下安徽省原副省长王怀忠贪腐的案例。他因小利忘大义，收受贿赂，最终身败名裂，成为反腐倡廉的反面教材。由此可见，只有提高反腐倡廉的能力，才能筑牢党的执政基础，让党的凝聚力和战斗力倍增。

（二）求真务实：反腐倡廉建设的精神支柱

胡锦涛强调，反腐倡廉建设要以求真务实的精神为指导。这种精神要求我们在反腐倡廉工作中，深入探索腐败问题的深层次原因，坚持实事求是的原则，采取切实有效的措施从源头上防治腐败。杭州市的反腐倡廉建设就充分体现了这种求真务实的精神。该市通过深入调研，发现了一些制度上的漏洞和管理上的不足，这些都是腐败问题滋生的土壤。于是，政府部门制定了一系列切实可行的措施，如加强制度建设、完善监督机制等，从源头上预防了腐败问题的发生。这种以求真务实为指导的反腐倡廉建设，不仅提高了党的执政能力，也赢得了人民群众的广泛赞誉。

（三）标本兼治、综合治理、惩防并举、注重预防：反腐倡廉建设的科学方针

胡锦涛提出了标本兼治、综合治理、惩防并举、注重预防的反腐倡廉建设方针。首先，标本兼治意味着在反腐败斗争中既要解决表面问题，又要解决深层次问题。通过深入调查和剖析腐败现象的特点和规律，制定切实可行的反腐倡廉方案，实现标本兼治的目标。其次，综合治理要求从多个方面入手，形成合力，共同推进反腐倡廉工作。这包括加强制度建设、完善监督机制、加强教育引导等多种手段的综合运用。再次，惩防并举强调了在反腐败斗争中既要严厉惩治腐败分子，又要注重防范腐败现象的发生。通过对腐败分子的严肃查处和对腐败现象的积极预防，形成有效的震慑力和警示作用。最后，注重预防则要求在反腐倡廉工作中把重点放在预防上，通过加强思想教育、建立健全制度机制等方式，从源头上防止腐败现象的发生。这种综合治理的思路，为我们指明了反腐倡廉工作的方向。以中共中央纪律检查委员会为例，他们在贯彻落实这一方针的过程中，不

仅加大了对违纪违法行为的查处力度，还注重加强制度建设、完善监督机制等预防工作。他们通过建立健全惩治和预防腐败体系，实现了标本兼治、综合治理的目标。这种科学的方针和实践经验，对于我们深入推进反腐倡廉工作具有重要的借鉴意义。

综上可知，胡锦涛关于清廉文化的重要论述为我们指明了反腐倡廉建设的方向和路径。通过提高反腐倡廉能力、以求真务实的精神推进反腐倡廉建设以及坚持"标本兼治、综合治理、惩防并举、注重预防"的反腐倡廉建设方针等措施的实施，既为中国特色社会主义的清廉文化建设增添了崭新的时代内容，也为中国特色社会主义的清廉文化建设提供了强大的思想武器，我们能够有效地改善政治生态、提高政府公信力，并促进经济和社会的发展。

五、习近平关于清廉文化的重要论述

党的十八大以来，以习近平同志为核心的党中央从实现中华民族伟大复兴的战略高度对反腐倡廉进行了科学总结，并提出了一系列新论断、新观点和新要求。这些观点逻辑严密、内涵丰富、相互关联、系统完整，深刻回答了新时代推进反腐倡廉的重大理论和实践问题，推动了反腐倡廉实践的深入发展。同时，这些观点也丰富了党风廉政建设和反腐败斗争的理论，拓展了中国特色社会主义反腐倡廉的道路，形成了习近平总书记关于清廉文化的重要论述。

（一）党风廉政建设和反腐败斗争是我们党必须高度重视和有效推进的重要政治任务

目前，依然存在导致腐败现象滋生蔓延的不良土壤和条件，这意味着反腐败斗争必须经历一个艰难的过程。在当前新形势下，党风廉政建设和反腐败斗争在国际环境严峻复杂、国内结构深刻转型的背景下展开。全面从严治党和建设廉洁政治的政治任务比以往更为繁重、艰巨，需要经受"四大考验"、克服"四种危险"。为了解决人民群众深恶痛绝的贪污腐败现象和官僚主义、奢靡之风等不良风气问题，必须付出更大的努力。习近平总书记指出："如果管党不力、治党不严，人民群众反映强烈的党内突出问题得不到解决，那我们党迟早会失去执政资格，不可避免被历史淘汰。这决不是危言耸听。"[1]我们党始终坚守反腐倡廉、建设廉洁政治的鲜明政治立场，以保持党的肌体健康。党风廉政建设是广大干部群众关心的一个重要政治议题，必

---

[1]习近平：《十八大以来重要文献选编（上）》，中央文献出版社，2014，第350页。

须以强烈的历史责任感和深沉的使命忧患感对新形势下的反腐倡廉工作进行系统部署，不断开创反腐败斗争的新局面。只有站在关乎党和国家生死存亡的政治高度，深刻理解反腐倡廉的重大意义，才能在坚决斗争中提升党的纯洁性，经受各种考验。

因此，我们党必须以高度的文化自觉和历史自觉来推进腐败治理，把有效地开展反腐倡廉实践作为新形势下的重要政治任务，在持之以恒的反腐倡廉实践中，不断增强党自我净化、自我完善、自我革新、自我提高的能力。必须以严厉的态度严惩腐败行为，坚决遏制腐败现象的蔓延势头。党的性质和宗旨决定了党同腐败是势不两立、水火不容的，对于任何腐败分子和腐败现象，都必须坚决依法惩治和清理。此外，腐败对国家各方面的发展战略都将产生负面影响，若不对腐败持零容忍态度，将无法根本扭转腐败现象滋生蔓延的趋势，导致"五位一体"总体布局和"四个全面"战略布局进程受到干扰和阻碍。因此，实现经济社会顺利转型和健康发展的关键，在于对腐败持零容忍态度。只有通过实施零容忍的惩治措施，才能确保违纪违法者都会受到严厉的惩罚。

（二）反腐败斗争没有大小之分，坚持"老虎""苍蝇"一起打

在打击贪污腐败上，不论党员干部职务多高，都须接受党纪国法的制裁。既坚决查处领导干部违纪违法案件，又切实解决发生在群众身边、损害群众切身利益的腐败问题，要坚决查处领导机关和领导干部中的腐败问题，同时解决群众身边的贪污问题，切实维护人民合法权益，努力建设清廉政治。习近平总书记提出"要坚持'老虎''苍蝇'一起打"，"要坚持党纪国法面前没有例外"。

与此同时，一定要用好巡视这把反腐利剑。党的十八大以来，党中央把工作聚焦在反腐败和推行改革等方面，特别注重廉政建设工作。这些工作得到了广大党员干部和人民群众的大力支持，取得了明显的效果。在新时代廉政建设方面，党特别注重以巡视为代表的监督形式和监督措施的应用，以更有效的方式解决存在的问题。

（三）着力加强管理制度建设，把权力关进制度的笼子

反腐败的关键在于制约和规范权力，而制度本身的刚性特点意味着通过强化反腐倡廉制度建设可以有效规范权力运行，从而预防权力异化。因此，依靠制度反腐并将制度建设融入整个反腐倡廉进程，成为遏制腐败蔓延势头、打造廉洁政治环境的必然选择。习近平总书记强调，权力要有制度约束，不让腐败有机可乘。要建立健全制度，让人民监督权力，防止权力滥

用。必须完善党内监督机制，防止特权产生，确保权责对应。依靠制度打击和预防腐败，是推进党风廉政建设和反腐败斗争的关键。要加强法规制度建设，巩固对权力运行的约束和监督，防止腐败现象的发生。力求避免反腐倡廉制度的虚化，确保制度的有效实施，实现将权力规范管理，从而取得良好效果。

（四）弘扬新时代廉洁文化，筑牢拒腐防变的思想道德防线

从腐败衍生的深层根源心理机制来看，党员领导干部思想不纯、党性意识不强、道德有污点、清权廉政的价值基础不牢固，在处理公私关系和是非问题上失去正确的世界观、人生观、价值观、权力观的指导，最终陷入违纪违法的深渊。一些党员、干部出现种种问题，其根本原因在于信仰迷茫、精神迷失。反腐倡廉工作从思想道德方面入手至关重要。要加强反腐倡廉教育和廉政文化建设，坚持法治与德治相结合。坚定理想信念和精神"补钙"在反腐工作中扮演着重要角色。党员领导干部需要通过思想政治教育加强党性修养，坚持廉洁自律。必须努力实现反腐倡廉教育贯彻细致，让党员领导干部在廉政风气的陶冶下树立坚守廉行、反击贪腐的价值观念，做到严以修身、严以用权、严于律己。党的十八大以来，以习近平同志为核心的党中央领导集体运用马克思主义的立场、观点和方法来剖析反腐建设的现状，从推进中国特色社会主义的建设高度推进我国反腐倡廉工作，将其作为整体来加以部署。党的十九届四中全会的决议明确提出，加强反腐倡廉，要坚持党的纪律规矩，加强党的建设。我们要不断探索和创新廉洁教育方式和方法，提高工作效率和质量，为推动全面从严治党向纵深发展贡献力量。

马克思、恩格斯以及中国共产党历代领导人都站在唯物史观的高度，对反对腐败、建设清廉政治这一关键问题进行了深刻而周密的论述。在长期的反腐倡廉理论和实践探索中，他们揭示了反腐败的内在规律，阐明了马克思主义政党及社会主义政治的清廉本质，并深刻阐释了社会主义清廉政治的重大价值，积累了社会主义廉洁政治建设的宝贵经验。深刻理解、系统研究和科学把握马克思主义关于反对腐败、建设清廉政治的重要理论观点，对于推进中国特色清廉文化建设具有积极的指导作用。因此，以马克思主义理论为指导的中国共产党，在推进中国特色清廉文化建设的过程中，必须始终坚持马克思主义清廉文化理论的实践指南原则。需要强调的是，马克思主义清廉文化理论并非僵化不变的教条，而是与具体历史条件下的反腐倡廉实践紧密结合的、充满生命力的理论形态。与时俱进的马克思主义清廉文化理论为新时代的腐败治理实践提供了根本遵循，这也是中国共产党在推进清廉文化建

设中一以贯之的鲜明政治立场的体现。

在领导人民奋力实现第二个"百年"奋斗目标的进程中，中国共产党必须将保持党的生命力、凝聚力和战斗力作为清廉文化建设的基本目标和要求，以及取得中国特色社会主义现代化建设胜利的基本条件和保障。以马克思主义清廉文化理论为指导，推进中国特色清廉文化建设，净化政治社会生态，正是确保我们党完成历史和时代赋予的历史使命的必由之路。因此，要不断取得中国特色清廉文化建设的胜利，就必须始终高举马克思主义清廉文化理论的旗帜。

第三章　新时代清廉文化建设面临的挑战

第一节　传统糟粕思想对清廉文化的束缚

　　传统糟粕思想对清廉文化的制约是多方面的。首先，等级观念和官本位思想会阻碍清廉文化的推广。在这些传统思想的影响下，人们往往对权力产生过度的敬畏和崇拜，认为官员享有特权是理所当然的。这种心态不仅削弱了人们对官员行为的监督和批判意识，还可能导致官员自身产生滥用权力的倾向，从而动摇清廉文化的基石。其次，人治思想也是制约清廉文化发展的重要因素。在人治思想的影响下，人们更倾向于依赖个人的道德品质和判断力来治理社会，而忽视了法治的重要性。在这种情况下，清廉文化的建设往往难以得到制度化的保障，容易受到个人意志和利益的影响。再次，送礼文化和关系文化也在一定程度上制约了清廉文化的发展。在传统社会中，送礼和拉关系被视为建立和维护社会关系的重要手段。然而，这种做法往往容易滋生腐败和不正之风，破坏社会的公平和正义。在清廉文化的建设中，必须坚决摒弃这种以利益交换为基础的社会交往方式，倡导公正、透明的社会关系。最后，吹捧等文化心态也对清廉文化产生了负面影响。在这种文化心态下，人们往往对腐败和不正之风采取容忍和默许的态度，甚至为腐败行为寻找借口和理由。这种心态不仅削弱了人们对清廉文化的认同感和支持度，还可能导致清廉文化的消亡和衰落。

　　传统陈旧的思想对清廉文化的影响是比较明显的，其中最典型的就是过分强调官员的地位和权力的官本位文化观念。官本位文化是将对官位的追求作为政治和行为的基本价值，以官位作为衡量所有事物的基本标准。

　　因此，必须正视和解决官本位文化观念对当前政治社会生活所带来的消极影响，这是推动新时代中国清廉文化建设的关键。

第二节　资本主义与自由主义对清廉文化的冲击

西方资产阶级自由化思想强调个人自由、物质追求和利益最大化，与马克思主义的价值观存在显著差异。部分党员干部由于缺乏足够的理论武装和思想定力，容易受到这些思想的诱惑，从而丧失对马克思主义的信仰，盲目追求物质享受，导致意志消沉、信念动摇。市场机制作为一种不可见的力量，在社会再生产的过程中具有自发性和功利色彩，也加剧了社会不良风气的蔓延，拜金主义、利己主义、享乐主义和极端个人主义等不良社会风气在经济社会生活和政治生活中逐渐显现。有些党员领导干部无法抵挡金钱、权力等诱惑，原则扭曲，正义感逐渐退化，在关键时刻缺乏正确的观念和态度，迷迷糊糊地当官，对党的领导和中国特色社会主义原则性问题缺乏坚定立场，甚至触犯法律。这不仅严重损害了党的形象，也严重破坏了社会的公平和正义。

邓小平明确指出："反对资产阶级自由化至少还要搞二十年。民主只能逐步地发展，不能搬用西方的那一套，要搬那一套，非乱不可。"[1]因此，在推动社会主义市场经济发展过程中，必须始终坚持马克思主义原理的指导，保持党的核心领导地位的稳固，这样才能有效地克服市场经济的局限性和负面影响，确保党内政治文化建设成为巩固执政基础和提升执政效能的重要动力和文化支持。

在面对资本主义和自由主义的冲击时，我们应该保持清醒的头脑，既要看到它们对清廉文化的潜在威胁，也要通过加强法治建设、提高公民道德素质、加强社会监督等多种手段来抵御这些冲击，确保清廉文化能够在多样化的社会思潮中稳步发展。

第三节　社会负面现象对清廉文化的不利影响

腐败行为与清廉文化所倡导的廉洁、公正、诚信等价值观背道而驰，当腐败行为在社会中蔓延时，会削弱人们对清廉文化的认同感和尊重，甚至导致一些人对清廉文化产生怀疑和否定。社会中的一些不良风气也在一定程度

---

[1]中共中央文献研究室：《十二大以来重要文献选编（下）》，人民出版社，2011，第158页。

上冲击着清廉文化。这些风气使人们过于追求物质享受和感官刺激，忽视了精神层面的追求和自我提升。家庭价值观、孩子独立性的缺失以及社交圈的深度匮乏等社会现象也对清廉文化产生了不利影响。家庭是价值观传承的重要场所，家庭价值观的缺失可能导致孩子缺乏正确的道德引导和行为规范，进而不利于清廉文化的传承。孩子独立性的缺失则可能使他们过于依赖他人，缺乏自主思考和判断的能力，这也不利于清廉文化的深入人心。社交圈的深度匮乏则可能导致人们缺乏真诚交流和相互监督的机会，从而削弱清廉文化的社会基础。

随着我国经济迅速发展，一些官员由于思想觉悟不足和党性不坚定，便开始利用职权进行贪污腐败，这已经对全社会的清廉意识和价值观造成严重的影响。党的十八大召开以来，中央纪委国家监委网站披露的"四风"典型案例中，涉及享乐主义、奢靡之风问题的数量占通报问题总数的90%以上。许多官员因为贪污腐败而失去职位，个人私欲的膨胀使人民真情被压抑，"公共利益"的价值引导荡然无存。权力腐败、寻租等事件并不是简单的问题，其背后暴露出的是领导者职业价值定位与复杂外在环境之间的尖锐矛盾。

在市场经济条件下，如果人们过分追求物质利益，就会导致理想和道德价值被经济和个人利益所取代。正如马克思所指出的，在货币的驱使下，一些人"把坚贞变成背叛"，"把愚蠢变成明智"，"把恶行变成德行"。与此同时，在社会转型的过程中，人们的道德价值评价体系变得更加多元化。道德选择的相对空白源自现代社会多元道德体系之间的冲突和融合，包括儒家伦理、市场经济、社会主义和西方个人主义等不同道德体系的新旧交替。各种不同的道德体系共存，导致道德标准的多样性和道德评价的不确定性增加。人们很难确定什么是对什么是错，这种混乱的价值观念严重阻碍了廉洁风气的形成和发展。

第四节　法治建设不足对清廉文化的消极影响

清廉文化强调的是廉洁、诚信、公正等价值观，而法治建设则是保障这些价值观得以实现的重要基础。当法治建设存在不足时，就会对清廉文化产生一系列的消极影响。首先，法治建设不足会削弱清廉文化的根基。法治是社会公正的最后防线，当法律法规不健全或执行不力时，就会导致社会不公和腐败现象的滋生。这种情况下，清廉文化所倡导的公正、廉洁等价值观就会受到严重冲击，人们对这些价值观的认同也会逐渐动摇。其次，法治建设不足会影响清廉文化的传承和发展。在一个法治不健全的社会环境中，清廉文化的传承和发展往往会受到各种阻碍。例如，腐败现象的存在会使得一些人对于清廉文化的认同感降低，甚至产生怀疑和否定。这种消极情绪会在社会中蔓延，对清廉文化的传承和发展造成不利影响。此外，法治建设不足还会破坏清廉文化的社会氛围。当社会中存在大量违法乱纪行为时，就会形成一种"劣币驱逐良币"的效应，使得清廉文化所倡导的正直、廉洁等品质变得苍白无力。这种氛围不仅会影响人们的道德判断和行为选择，还会对整个社会的道德风尚产生负面影响。

两千多年的封建史，也是两千多年的人治史。古代中国遗留下来的封建专制传统较为丰富，而民主法制传统却相对稀缺。人治的危害在于掌权者将权力凌驾于法律之上，滥用权力压制法律，以口头命令替代法律，这种现象在一定程度上体现了对法律权威的贬低和对权力的过度依赖。人治文化在中国古代社会的发展中扮演了重要角色，其影响深远且广泛。这种文化不仅被统治阶级用作治国理政的指导思想，而且在某种程度上也被剥削阶级所接受和信奉。人治文化强调统治者的个人魅力和道德品质，以及他们在决策和治理中的关键作用。在中国古代，这种文化为社会的稳定和秩序提供了一种重要的思想基础。然而，随着时代的发展和社会形态的变迁，人治文化的局限性逐渐暴露出来。现代社会对法治的需求日益凸显，法治文化逐渐成为中国特色社会主义现代化道路的价值选择。法治强调法律的普遍性和权威性，以及法律面前人人平等的原则，这与传统的人治文化形成了鲜明的对比。尽管如此，传统的人治文化对当今社会政治关系的发展仍产生着影响。

权大于法、以权压法、以言代法为人治文化的典型特征和显著表现，即通过超越法规制度的绝对权力对国家进行治理，以确保重大决策的集中体现并维护少数人的意志和利益。党员领导干部作为治国理政的主体，必须承担全面推进依法治国的重要责任，坚定地依法治国是对他们的必然要求。然而，少数党员领导干部将个人利益凌驾于党纪国法之上，通过阳奉阴违和变通执行的方式来维护自身利益。他们执行或不执行、认真执行或敷衍执行的依据并非法律法规，而是上级领导的私人指示或批示。这种行为严重违背了法治原则，使得上级领导的个人意志凌驾于法律之上，形成了一种"人治"大于"法治"的局面。

如果我们不能在遏制人治文化蔓延的同时强化法治精神培育，引导党员领导干部重视思想防范并建立思想堤坝，那么"党大还是法大"的说法将会束缚我们党在推进法治建设方面的行动，为一些党员领导干部徇私枉法的行为提供借口，这将对我们党的健康发展造成严重损害，影响党和国家事业的进展。如果党员领导干部不具备鉴别良莠文化的能力，并且无法筛选精华思想，就无法形成科学系统的法治思想，清廉文化建设便会沦为一种幻想。

第四章 清廉兰州文化建设的多维探索

第一节 清廉兰州文化的内涵

清廉兰州文化内涵丰富，要从多个维度解构清廉兰州文化的内核，深刻解析其中所包含的清廉黄河文化、清廉丝路文化、清廉陇原文化、清廉红色文化。

一是清廉黄河文化。清廉黄河文化是中国传统文化和廉政建设相结合的重要体现，它源于黄河文化的深厚底蕴，同时汲取了中国传统廉政思想的精髓。清廉黄河文化不仅强调个人的廉洁自律，还注重社会的公正与公平，体现了中华民族崇高的道德追求和清廉风范。黄河文化是中华民族的根和魂，母亲河的润泽，孕育了灿烂多彩的黄河文明，培育了底蕴深厚的廉洁文化基因。在黄河文化中，我们可以找到许多与清廉相关的元素。例如，黄河文化中的"廉善""廉法""廉能"等理念，都强调了为官从政者应具备的道德、法律和能力素养，这些理念对于推动清廉建设具有重要的指导意义。此外，黄河文化中的神话故事、民间习俗等也蕴含了丰富的清廉元素。如大禹治水的故事，大禹为了治理黄河的洪水，三过家门而不入，这种公而忘私的精神是清廉文化的重要体现。这些故事和习俗通过代代相传，成为人们心中的道德典范，激励着人们保持清廉、公正的道德品质。我们要深入挖掘黄河文化基因，讲好新时代黄河故事，推动黄河流域高质量发展落地落实。千百年来，生于斯、长于斯的黄河儿女，以不屈不挠的斗争精神，谱写了齐护安澜的治黄赞歌；以舍身忘我的责任担当，塑造了廉明勤果的清朗政风；以患难与共的民族精神，成就了尚德重义的和谐民风；以"忠厚传家远，诗书继世长"的坚定信念，涵养了持廉守正的清淳家风。

二是清廉丝路文化。清廉丝路文化是在"一带一路"倡议背景下，结合中国传统清廉文化与丝绸之路精神而形成的一种特色文化，它强调在跨国合作与交流中保持诚信、廉洁和公正，不仅体现了中国的道德观念，也符合国际社会的普遍价值。丝绸之路是古代重要的商贸通道，丝路文化中融汇着中西方多国多民族对清廉价值的追求。兰州自古为丝绸之路重镇，在两千多年的经营发展中，经久不息的驼铃声背后留下的是永恒的"廉音"。清廉丝路文化的特征包括主体的大众性，即在全社会营造良好的廉洁氛围，以及指向的权力性，即掌握社会公共权力的管理者应廉洁自律、恪守宗旨、执政为民。这种文化不仅体现了中国传统美德，也符合现代社会对公正、廉洁的普遍追求。在"一带一路"建设中，清廉丝路文化发挥着重要作用。它有助于促进沿线国家之间的互信与合作，降低合作风险，提高项目执行效率和质量；同时，清廉丝路文化也是推动"一带一路"高质量发展的重要保障，有助于打造规范化、法治化的营商环境，消除权力寻租空间，提升国际社会对"一带一路"倡议的认同感和参与度。为了推动清廉丝路文化建设，需要各方共同努力。政府应加强法治建设和反腐败合作，完善反腐败法治体系建设。企业应提高自律意识和法治意识，构建合规经营体系，加强廉洁风险评估和防控。社会各界也应积极参与反腐倡廉宣传和教育活动，共同营造良好的社会氛围。

三是清廉陇原文化。兰州作为甘肃省省会城市，是甘肃发展的龙头，其地域文化融汇于陇原文化之中。清廉陇原文化是指在甘肃地区形成的一种以清廉为核心的文化氛围和价值观。甘肃，简称"陇"，因此这里的"陇原"即指甘肃地区。清廉陇原文化不仅体现了中国传统美德中的廉洁、诚信元素，还融入了地域特色和时代精神。在甘肃，清廉文化的建设得到了广泛的重视和推广。各级政府和纪检监察机关通过制定相关政策、开展廉洁教育活动、打造廉洁文化阵地等方式，积极推动清廉文化的深入发展。例如，陇南市就立足本地特色，丰富廉洁文化实践，打造了一批具有鲜明地方特色的廉洁文化作品，让廉洁文化在全社会蔚然成风。清廉陇原文化的特征包括崇尚廉洁、鄙视贪腐，倡导诚信、正直和公正。这种文化倡导人们在工作和生活中保持廉洁自律，坚守道德底线，不为私利所动，积极履行社会责任；同时，它也鼓励人们勇于监督，对腐败行为说不，共同维护一个清廉、公正的社会环境。清廉陇原文化的形成与发展，对于推动甘肃地区的政治生态持续好转、促进社会和谐稳定具有重要意义。它不仅为甘肃的发展提供了有力的精神支持和道德保障，也为其他地区提供了可借鉴的经验和范例。通过加强清廉陇原文化的建设，可以进一步提升人们的道德水准和社会责任感，为构建更加美好的社会贡献力量。

四是清廉红色文化。清廉红色文化是中国特有的一种文化形态，它将红色文化与清廉文化相结合，强调廉洁、正直、公正和诚信等价值观。这种文化不仅是中国革命历史的重要组成部分，也是当今社会推崇的一种精神风尚。红色文化是在中国共产党的领导下，以革命文化和社会主义先进文化为主体，蕴含着丰富的革命历史、革命精神和革命传统的文化；而清廉文化则是以廉洁为核心，倡导公正、诚信、自律等价值观的文化。将这两者结合起来，就形成了清廉红色文化。清廉红色文化的特点在于，它强调了党员干部的廉洁自律和为人民服务的宗旨。在这种文化的熏陶下，党员干部应该时刻保持清醒的头脑，坚守廉洁底线，不为私欲所动，全心全意为人民服务。同时，清廉红色文化也倡导公正、诚信的价值观，要求人们在工作和生活中保持正直、公正的态度，不偏不倚地处理各种问题和矛盾。兰州不仅有着悠久的历史和丰富的文化底蕴，而且是中国工农红军的重要活动区域。清廉红色文化在当今社会具有重要的现实意义，它不仅是传承红色基因、弘扬革命精神的重要途径，也是加强党风廉政建设、推动反腐败斗争深入开展的有力武器。通过弘扬清廉红色文化，可以引导人们树立正确的价值观，增强廉洁自律意识，提高拒腐防变的能力，从而推动社会的和谐稳定和持续发展。通过深入挖掘和弘扬清廉红色文化，可以加强党风廉政建设，推动社会全面发展。

第二节　清廉兰州文化建设的背景与意义

一、清廉兰州文化建设的背景

（一）党中央有要求

党的十八大以来，以习近平同志为核心的党中央，从制定和执行中央八项规定切入整饬作风，以雷霆万钧之势推进反腐败斗争，逐步形成一体推进不敢腐、不能腐、不想腐的方针方略，推动全面从严治党取得历史性、开创性成就。习近平总书记十分重视清廉文化在党风廉政建设中的基础作用，他在十八届中央纪委二次全会上就强调"要加强反腐倡廉教育和廉政文化建设……在全社会培育清正廉洁的价值理念"[1]，在党的二十大报告中首次提出"新时代廉洁文化建设""从思想上固本培元，提高党性觉悟，增强拒腐

---

①中共中央文献研究室：《十八大以来重要文献选编（上）》，2014，第135页。

防变能力"①。中共中央办公厅也印发了《关于加强新时代廉洁文化建设的意见》，要求"把加强廉洁文化建设作为一体推进不敢腐、不能腐、不想腐的基础性工程抓紧抓实抓好，为推进全面从严治党向纵深发展提供重要支撑"。

（二）先行先试取得成效

党的十九大后，浙江省等省份先行先试开展清廉省域建设，取得积极成效并产生示范效应。十九届中央纪委五次全会正式提出"清廉建设"后，省纪委监委迅速响应，作出推进"廉洁甘肃"建设的安排，把培育廉洁文化作为标本兼治的重要举措，开展了"清风"系列廉政宣教活动，提升了"三不"一体推进的"成色"。

（三）省委、市委有期待

《关于加强新时代廉洁文化建设的意见》《关于加强新时代廉洁文化建设的实施方案》印发后，兰州市委决定把清廉兰州文化建设作为打造推进新时代廉洁文化建设"兰州版"、修复净化兰州政治生态升级版的战略性工程，以廉洁文化建设涵养净化党风政风社风民风，系统培育厚植廉洁价值理念，让清廉成为兰州的精神特质。

二、清廉兰州文化建设的意义

（一）践行习近平总书记关于新时代廉洁文化建设的重要论述

习近平总书记在党的二十大报告中指出："加强新时代廉洁文化建设，教育引导广大党员、干部增强不想腐的自觉，清清白白做人、干干净净做事。"②在二十届中央纪委二次全会上，习近平总书记强调："要在不想腐上巩固提升，更加注重正本清源、固本培元，加强新时代廉洁文化建设，涵养求真务实、团结奋斗的时代新风。"③2022年1月，中共中央办公厅印发的《关于加强新时代廉洁文化建设的意见》强调，必须站在勇于自我革命、保持党的先进性和纯洁性的高度，把加强廉洁文化建设作为一体推进不敢腐、不能腐、不想腐的基础性工程抓紧抓实抓好。"三不"一体推进是一个有机整体，

---

①《高举中国特色社会主义伟大旗帜　为全面建设社会主义现代化国家而团结奋斗——在中国共产党第二十次全国代表大会上的报告》，《人民日报》2022年10月26日第1版。

②《高举中国特色社会主义伟大旗帜　为全面建设社会主义现代化国家而团结奋斗——在中国共产党第二十次全国代表大会上的报告》，《人民日报》2022年10月26日第1版。

③《习近平在二十届中央纪委二次全会上发表重要讲话》，https://www.ccdi.gov.cn/toutiaon/202301/t20230109_240724.html。

必须把握其内在联系和逻辑关系,找到三者内在联系的关键,加强廉洁文化建设。党规党纪的约束,可以强化不敢腐的震慑;完善的制度体系,可以扎牢不能腐的笼子;只有文化的教化,才能增强不想腐的自觉。所以,坚持思想建党和制度治党同向发力,坚持依法治国和以德治国相结合,把廉政制度建设和廉洁文化建设结合起来,形成廉洁文化无处不在、润物无声的浓厚氛围和良好风尚,才能更好地一体推进不敢腐、不能腐、不想腐。习近平总书记关于廉洁文化建设的重要论述和《关于加强新时代廉洁文化建设的意见》的要求,充分体现了我们党在勇于自我革命的实践中所形成的坚定文化自信和高度文化自觉,进一步明确了加强新时代廉洁文化建设的历史使命。

(二) 贯彻落实党中央全面从严治党的战略部署

党的十八大以来,以习近平同志为核心的党中央把全面从严治党纳入"四个全面"战略布局,刀刃向内、刮骨疗毒,猛药去疴、重典治乱,使党在革命性锻造中变得更加坚强有力。习近平总书记在党的群众路线教育实践活动总结大会上指出:"各级各部门党委(党组)必须树立正确政绩观,坚持从巩固党的执政地位的大局看问题,把抓好党建作为最大的政绩。如果我们党弱了、散了、垮了,其他政绩又有什么意义呢?"党中央反复强调要增强全面从严治党永远在路上的政治自觉,把管党治党政治责任落实到领导班子肩上、落实到领导干部个人肩上、落实到每一个党员肩上,层层传导、压紧压实,使全党上下牢固树立"不管党治党就是严重失职"①的观念,切实扛起管党治党政治责任,强化守土有责、守土担责、守土尽责的政治担当,让敢抓敢管、严抓严管成为常态。特别是各级各部门党委(党组)从严从实推进制度治党,严格制度执行,真正拿出抓铁有痕、踏石留印的劲头,把全面从严治党的各项制度落地、落细、落实,不折不扣地把全面从严治党要求贯穿党和国家事业发展的全过程和各环节。

(三) 修复净化兰州政治生态

党的十八大以来,兰州市坚决贯彻落实党中央全面从严治党战略方针,在省委和省纪委监委的领导指导下,思想教育、制度约束、监督惩治同向发力,持续修复净化政治生态,取得了一定成效,但滋生腐败的空间和土壤仍未完全消除。党员干部违纪违规行为时有发生,一些党员干部特别是党员领导干部的违纪违法行为,给兰州政治生态造成了严重破坏。为持之以恒落实

---

① 《习近平在中纪委第六次全体会议上的讲话(全文)》,https://www.xinhuanet.com/politics/2016-05/03/c_128951516_2.htm。

全面从严治党战略方针，2022年3月3日，省委办公厅印发《关于加强新时代廉洁文化建设的实施方案》。在中央《关于加强新时代廉洁文化建设的意见》和省委《关于加强新时代廉洁文化建设的实施方案》印发后，新一届兰州市委审时度势，决心聚精会神、努力追赶，坚决完成好习近平总书记对兰州"先发力、带好头"的殷殷嘱托，营造黄河清风、力争上游的政治生态"兰州蓝"，决定把清廉兰州文化建设作为打造推进新时代廉洁文化建设兰州版、修复净化兰州政治生态升级版的战略性工程，以廉洁文化建设涵养净化党风政风社风民风，系统培育厚植廉洁价值理念，让清廉成为兰州的精神特质。

第三节　清廉兰州文化建设的路径思考

加强新时代清廉兰州文化建设是一个系统性的工程，涉及法治保障、制度建设、社会参与等多个方面。法治是清廉文化建设的基石，加强新时代清廉兰州文化建设，首先要以法治的阳光作用为保障，推动在全社会构筑公平正义的价值导向。制度建设是清廉文化建设的关键环节，要加强制度建设，形成清正清廉的政治生态。清廉文化建设需要全社会的共同努力和参与，要以全社会尤其是企业和个人的共同努力和参与为基础，从而在全社会形成风清气正的良好社会氛围。

一、加强新时代清廉兰州文化建设，要在全社会构筑公平正义的价值导向

公平正义是社会主义核心价值观的重要组成部分，也是清廉文化建设的核心目标之一。形成公平正义的价值导向，可以推动全社会形成崇尚廉洁、鄙视腐败的良好风气，进而促进清廉兰州文化建设的深入发展。首先，要加强公平正义理念的宣传教育。通过各种渠道和形式，如媒体宣传、教育培训、文化活动等，向全社会广泛传播公平正义的理念，引导人们树立正确的价值观和道德观。其次，要完善制度设计，确保制度的公平性和正义性。在制定和执行政策、法律、规章制度时，要充分体现公平正义的原则，保障人民的合法权益，防止权力滥用和腐败现象的发生。最后，要强化监督制约机制，确保公平正义的实现。通过建立健全监督制约机制，对权力运行进行全方位、全过程的监督，防止权力寻租和腐败行为的发生，从而维护社会的公平正义。通过以上措施的实施，可以在全社会形成公平正义的价值导向，为

清廉兰州文化建设提供有力的支撑和保障。同时，这也有助于提高人们的道德水平，促进社会和谐稳定，推动兰州地区的全面发展。

二、加强新时代清廉兰州文化建设，要在全社会营造清正清廉的政治生态

政治生态是反映一个地区或组织内部政治环境、政治氛围和政治文化的综合体现，一个清正清廉的政治生态，不仅能够提升政府公信力，还能够促进社会的和谐稳定，为经济的持续发展提供坚实的保障。要形成清正清廉的政治生态，可以从以下几个方面着手：首先，加强党风廉政建设是关键。党员干部要树立正确的权力观和利益观，时刻保持清醒的头脑，坚守廉洁自律的底线。通过加强党风廉政教育，提高党员干部的廉洁意识和自我约束能力，形成风清气正的政治氛围。其次，完善制度机制是保障。要建立健全反腐倡廉制度体系，明确权力运行的规则和界限，防止权力滥用和腐败行为的发生。同时，要加强制度执行和监督，确保制度的有效性和权威性，为清廉政治生态的形成提供坚实的制度保障。再次，强化监督执纪问责是手段。要建立健全监督执纪问责机制，对党员干部进行全方位、全过程的监督，及时发现和纠正不正之风以及腐败问题。通过严肃查处违法违纪行为，发挥对腐败行为的震慑和警示作用，推动政治生态的持续向好。最后，推动全民参与是基础。清廉政治生态的形成需要全社会的共同努力和参与。要通过宣传教育、典型引领等方式，提高全民的廉洁意识和参与度，形成全民共建共治共享的良好氛围。

综上所述，加强新时代清廉兰州文化建设，形成清正清廉的政治生态，需要多方面的共同努力。通过加强党风廉政建设、完善制度机制、强化监督执纪问责以及推动全民参与等措施的实施，可以推动清廉兰州文化建设的深入开展，为兰州地区的政治、经济和社会发展提供坚实的清廉保障。

三、加强新时代清廉兰州文化建设，要在全社会形成风清气正的良好社会氛围

加强新时代清廉兰州文化建设，在全社会形成风清气正的良好社会氛围，是实现社会和谐稳定、促进经济发展的重要基础。这种氛围不仅能够提升人们的道德素质，还能够激发社会的创造力和活力，为城市的可持续发展提供强大的精神支撑。

为了营造这种氛围，我们可以从以下几个方面入手：一是加强道德教育和宣传。通过广泛开展道德教育活动，引导人们树立正确的道德观念和价值

观，增强诚信意识和责任感。同时，利用媒体、网络等渠道宣传清廉文化，让清廉理念深入人心，形成全社会崇尚廉洁、鄙视腐败的共识。二是发挥典型引领作用。挖掘和宣传身边的清廉典型，用他们的先进事迹感染人、教育人，激励人们向榜样看齐，自觉践行清廉文化。这种正能量的传递，有助于在全社会形成积极向上的良好风气。三是强化制度约束和激励机制。通过建立健全相关制度，明确廉洁从政的标准和要求，对腐败行为进行严厉惩处，形成有效的震慑力。同时，对于廉洁奉公、勤政为民的干部和群众，可以给予适当的表彰和奖励，激发人们践行清廉文化的积极性。四是加强社会监督和舆论监督。鼓励人民群众积极参与社会监督，对腐败行为进行揭露和举报。发挥媒体和网络的舆论监督功能，及时曝光腐败现象，形成对腐败行为的有效制约。

通过以上措施的实施，我们可以在全社会形成风清气正的良好社会氛围，为清廉兰州文化建设提供有力的社会环境和舆论支持。这种氛围的形成将有助于提升城市的整体形象和竞争力，吸引更多的人才和资源聚集于此，共同推动兰州的繁荣发展。加强新时代清廉兰州文化建设将是一项长期而艰巨的任务，需要全社会的共同努力和参与。在建设过程中，需要不断总结经验，加强学习交流，积极探索新的工作方法，推动新时代清廉兰州文化建设的深入发展。同时，也需要加强对清廉兰州文化的理论研究，提出科学的理论依据，为清廉兰州文化的建立、发展和巩固提供有力的思想指导。

第四节　清廉兰州文化建设的生动实践

一、主要做法

（一）确定目标任务

兰州市把清廉兰州文化建设作为一项战略性任务、长期性工程，将清廉兰州文化建设工程与兰州市第十四次党代会确定的目标任务相契合，加强顶层设计和整体规划，2022年全面启动清廉兰州文化建设后，到2024年社会清廉程度明显提升，经长期不懈奋斗，一级示范一级，一年接着一年，到2026年取得党风政风持续好转，社风民风呈现向善向上的态势，最终使清廉文化蔚然成风。

（二）系统谋划安排

坚持运用系统思维推进清廉兰州文化建设，从夯实清廉思想基础、锤炼清廉干部作风、提升清廉善治能力、营造清廉干事环境、引领清廉社会风尚五个方面系统部署安排，制度构建、过程防治、文化建设有机结合、协同共促，推动清廉理念、清廉举措覆盖全域，让清廉兰州文化建设成为构建"一核三带"区域发展格局、实施"四强"行动的重要保障。

（三）突出重点攻坚

对标对表党中央决策部署，紧密结合当前兰州工作重点，每年确定年度重点任务，以点带面、抓纲带目，以重点突破带动全域推进、全面共进。2022年，以群众反映强烈、影响兰州发展的干部作风问题为突破口，开列年度重点任务20项，以作风攻坚推进清廉兰州文化建设开局之年见真章、出实效。

（四）高位统筹推进

把清廉兰州文化建设作为"一把手"工程，与经济社会发展工作同部署、同推进、同落实。市委主要领导亲自主抓主推，市委常委会定期研究推进，市委五次全会专题听取情况汇报并研究分析推动落实，市纪委监委每月牵头召开工作协调会、推进会，督促各部门单位扛牢责任、抓实工作，全市形成市委统筹指挥、纪委组织协调、部门协同协作的齐抓共建格局。

二、初步成效

（一）突出政治引领、育管并重，不断夯实清廉思想基础

市委常委会带头落实"第一议题"制度，市委理论学习中心组学习会议对习近平总书记重要论述分专题系统学习、集中研讨，以此带动各级党组织和党员干部持续用习近平新时代中国特色社会主义思想凝心铸魂，进而指导实践、推动发展。制定推动党史学习教育常态化长效化的实施方案，开展"学习党章党规党纪"主题月活动，组织进行党规党纪知识测试，督促各级党组织把党史学习教育、纪法教育融入日常、抓在经常。开展模范机关创建活动，全面推进党支部标准化规范化建设，建立党建"四互"考核督查机制，推动党组织组织生活、党员教育管理监督严起来、实起来。围绕党的路线方针政策、习近平总书记重要指示批示精神和党中央重大决策部署的执行落实情况，强化政治监督，推动各级党组织和党员干部忠诚拥护"两个确立"、坚决做到"两个维护"。

（二）对标中央八项规定、严治严纠，持续锤炼清廉干部作风

修订市委常委会贯彻中央八项规定实施细则的实施办法，在全省率先立贯彻中央八项规定精神新规矩，从市委常委会做起，严作风、强作风；开展中央八项规定执行情况半年督查，督促各级党委（党组）严抓作风、常管作风。持续纠治享乐主义奢靡之风，紧盯重要时间节点，集中开展明察暗访活动和专项检查五轮次，查处问题97件118人。此外，还大力整治形式主义、官僚主义，揪住老问题，紧盯新动向，查处问题369件559人。持续推进基层减负，以市委、市政府名义发文、召开全市性会议分别同比减少30.6%、10.3%，清理解散各类非必要网络工作群1455个。集中排查整治"躺平""内卷"行为，全市各部门单位和干部自查整改问题384个，查处不担当不作为问题288件123人，引导督促党员干部切实做到"不官僚""不形式""不懈怠""不折腾"。

（三）聚焦权力运行、强化监管，清廉善治能力逐步提升

坚持把廉洁要求贯穿干部培养、选拔、管理、使用各环节，对2021年以来全市干部选拔任用情况进行"回头看"，在首轮巡察中同步开展选人用人专项检查；开展了两轮针对"关键少数"带头落实全面从严治党责任、依规依法履职用权情况监督的季度评估；率先在全省实现小微权力"监督一点通"平台全覆盖，730个行政村全部建立村务监督委员会；全面推广使用"小兰帮办"，拓展做实"社工委"运行机制，在两轮疫情中检验和提升了基层治理水平；一体推进"三不腐"，紧盯"关键少数"、重点领域强化严查严惩，市本级和县区查办同级党委管理干部职务犯罪案件、乡镇街道纪（工）委立案数全部破零，常态化开展警示教育"十个一"活动、受处分人员回访教育，做实做细以案促改促治工作，推动了办案、整治、治理贯通融合。

（四）注重综合施策、管服结合，清廉干事环境更加优化

聚焦营造公平正义的法治环境，启动实施"八五"普法规划，出台有关公共法律服务的便民利民措施12条，在全市实现村居法律顾问全覆盖。聚焦营造便捷高效的营商环境，连续出台落实"强省会"行动优化营商环境若干措施，深化拓展"五简五办五集成"新模式，实现市、县、乡、村四级政务服务网全覆盖，99%的政务服务事项实现"最多跑一次"，工程建设项目审批平均时限同比压缩52.4%。聚焦营造正气充盈的行业环境，统筹开展清廉机关、学校、医院、企业、科研单位建设，专项整治粮食购销、供销、金融等领域突出问题。聚焦营造近悦远来的人才环境，以青年发展型城市建设

为牵引，系统落实"萃英计划"，新建兰州科学城，打造创新高地。聚焦营造权威高效的监督环境，出台推动各类监督贯通协同的工作办法，在日常监督、专项治理中探索实践力量联动、信息互通、线索移交、成果共享模式，监督治理效能明显提升。

（五）强化宣传引导、扩大声势，清廉社会风尚日益浓厚

发挥主流媒体宣传主阵地作用，兰州广播电视台、兰州日报等开设"清廉兰州"专栏，每日跟进刊播专题报道。用好社会宣传阵地，全天候、高频次、大规模滚动投放"清廉兰州·每日廉语"、主题海报、宣传标语等，扩大覆盖面、提高受众面。积极构筑廉洁文化阵地，建成清廉文化主题示范街区，策划开展一月一主题专题宣传，寓教于游、寓教于景。举办"光耀金城·镜鉴千秋"铜镜联展、清廉兰州主题书画展等活动，推动清廉文化春风化雨、润物无声。以争创全国文明典范城市为重点，依托新时代文明实践中心、所、站，广泛开展清廉文化宣传宣讲，持续治理高价彩礼、推动移风易俗，组织党员干部常态化驻守社区开展志愿服务活动，打通清廉建设"最后一公里"。

法治是守住清廉的底线。清廉兰州文化建设的最终目的是规范用权（公共权力）、提高效能。这就意味着要为公共权力定规矩、划界限，使其在规定的范围内按照既定规矩运行，从而实现提高效能的目的。而法治正是肩负着为公共权力定规矩、划界限的职责。从这个意义上来看，法治为清廉文化建设提供了制度支持和运行保障，是清廉文化建设的根本途径。

第二编 清廉法治文化建设

第一章　清廉与法治的关系

第一节　法治概述

一、法治的概念

中国法治理论的起源，可以追溯到春秋战国时期。《管子·明法》中，就有"威不两措，政不二门，以法治国，则举措而已"的提法。现代意义上的"法治"，最早当属亚里士多德的法治理论。其法治观包括两点：第一，有优良的法律；第二，优良的法律得到民众的普遍认同并遵守。该思想经后继者的继承和发展，成为当代法治思想的精髓要义。

（一）法治的含义

法治，简言之，就是"法的统治"①，是指一种遵照法律至上、严格依法办事原则的治国理政方式。法治作为一种治国方略，前提和目标是民主政治，严格依法办事为理性原则，最终的表现是良好的法律秩序。法治往往体现一种法律精神，有自己的内在价值。

法治是形式意义上的法治和实质意义上的法治的统一体。形式意义上的法治侧重于一个国家的治国方式、制度及其运行机制，如平时所说的依法治国、依法办事等。实质意义上的法治则强调法治的价值、原则和精神，如平时提到的"法律至上""法律主治""制约权力""保障权利"等。在我国，法治被表述为"全面依法治国"。

（二）法治的特点

1.规范性。法律是国家制定的行为规范，是自然人、法人、非法人等行

---

①韩震、严育:《社会主义核心价值观·关键词:法治》,中国人民大学出版社,2015,第4页。

为主体必须遵守的行为准则。

2.公正性。法律是国家制定的，旨在公正地保护每个公民的权益，法律的适用应始终维护公正性。

3.稳定性。法律的制定应立足于社会的长期稳定，从而维护社会公正与秩序的稳定。

4.容许性。法治注重的是人类社会成员彼此关系的平等可接受，法律应该总体上容许人们的行为。

二、法治的价值

马克思主义法治观认为，法治的价值有实体价值和形式价值之分，但二者是法治相互联系、不可分割的两个方面。形式价值是实体价值实现的充分条件，如果没有形式上的合理，法治所要达到的目标和目的也就无从谈起。形式价值所要追求的最终目标还是实现实体价值。当然，形式价值也会受到实体价值的制约，否则，离开目标和目的的形式价值，也就失去了真正的价值。由此可见，法治是实体与形式的统一体，是法治国家、法治政府和法治社会所追求的共同目标。只有把握法治的实体价值和形式价值的辩证关系，才意味着真正迈进了法治这个概念的门槛。

综上所述，法治价值包括维护公民权利、促进公正与自由、保障社会和谐与发展等多个方面。在法治社会中，法律是最基本的社会规范，也是推动社会向公正、和谐、自由的理想状态迈进的支点和锚点。

三、社会主义法治的基本价值——公平正义

社会主义法治的终极目标是为了追求建立在社会秩序之上的公平正义。于法治而言，一是要有优良之法律，二是这种优良之法律得到普遍的服从。所谓"优良之法律"，指的是能够体现社会公平正义的法律。所谓"普遍的服从"，就是指法律在实施过程中，无论是实体正义，还是程序正义，都要能够得到全面实现。现代意义上的法治，既是公平正义本身的重要载体，也是保障公平正义得以实现的重要机制。

法治所追求的公平正义，是就社会秩序而言的。具体来说，就是指一个国家能够妥善协调社会方方面面的利益关系，能够正确处理各种社会矛盾，最终能够做到切实维护建立在社会秩序之上的公平正义。公平正义是社会文明进步的重要标志，是构建社会主义和谐社会的关键环节。随着时代的发展、社会结构的变动和利益关系的多元化，社会公平方面存在的问题日益凸显。科学解决这些问题，对于保持社会的和谐稳定至关重要。

第二节　清廉概述

一、清廉的释义

"清廉"一词最早出自《庄子》一书中的《说剑》一文，原意是政府官员"清白廉洁"，而后才引至政府"清廉"。"此地清廉惟饮水，四方焦热待为霖"中的"清廉"就有引至政府"清廉"之意。

"清廉"一词，由"清"和"廉"构成。"清"，《新华字典》的解释为"公正廉明"，如清官。"廉"，《新华字典》的解释为"品行正，不贪污"，如廉洁、清廉。因而，可以把"清廉"理解为"公正廉洁"。"清廉"作为一个词，《现代汉语词典》的解释为"清白廉洁"[①]，如为政清廉；《小学生全功能字典（彩图版）》的解释为"公正廉洁"，如清官、清廉、清正。两处的解释都包含了"廉洁"之意，不同之处就在于，廉洁之前的修饰词，一个是"清白"，一个是"公正"。仔细分析就会发现，"清白"是一种通过具体行为体现结果的品格，做到"清白"的要求后，即达到了"公正"的结果。也就是说，"清白"是公正的品格要求，公正是品格的行为体现，从这种意义上来说，"清廉"的基本含义即可理解为"公正廉洁"，其中"廉洁"是关键词，从党的文献中的表述来看，廉洁的含义等同于清廉。

二、清廉的现实意蕴

纵观党的文献就会发现，对于"清廉"含义的表述，多用"廉洁"来表示和体现。

（一）首次提出建设廉洁政治

党的十八大提出"建设廉洁政治"，做到"干部清正、政府清廉、政治清明"的要求，该提法首次出现在党的代表大会报告中，表明党对反腐倡廉建设提出了更高的要求。廉洁政治建设的要义包括两个方面：一是建设廉洁政治，这是反腐败斗争的核心价值；二是提出廉洁政治，是对反腐倡廉建设发展空间的扩容。

建设廉洁政治，从微观层面的内涵来看，"干部清正、政府清廉、政治清明"中的"清"字，与其中的"正""廉""明"之间蕴含着"内"与

[①]《现代汉语词典》(第7版)，商务印书馆，2016，第1066页。

"外"、"心"与"身"的关系。此处的"清"是一种内在要求，是"治心"的标准。从宏观层面的内涵来看，作为执政党，中国共产党应当具备廉洁的政治理念、廉洁的政治制度、廉洁的政治行为、廉洁的政治文化和廉洁的政治秩序。换句话说，建设廉洁政治，既要做到"干部清正、政府清廉、政治清明"，更应以宏观视野建设健康、美好的政治生态。

（二）首次提出建设廉洁文化

2022年初，中共中央印发《关于加强新时代廉洁文化建设的意见》提出"廉洁文化建设"的命题。党的二十大报告也明确提出"加强新时代廉洁文化建设"。早在2009年年底，中央纪委等六部门曾联合发布《关于加强廉政文化建设的意见》，当时的表述是"廉政文化建设"。两个《意见》前后对比，建设对象从"廉政文化"变为"廉洁文化"，虽然只有一字之差，但是寓意深刻。

从范畴上来说，廉洁文化与廉政文化都是文化的重要组成部分，都强调的是"廉洁"的意思，都属于文化的范畴。但是，廉洁和廉政毕竟是两个词，意味着它们的文化内涵是不同的：廉洁文化的内涵主要是指在整个社会提倡廉洁自律、秉公办事、不徇私情、不谋私利、清白做人的文化底蕴；廉政文化则主要侧重的是从政的社会文化氛围以及从政人员的职业道德和社会公德。从逻辑关系上来说，它们之间是包含关系，也就是说廉洁文化包含廉政文化，这与清廉的内涵是一致的。

第三节　清廉与法治

法治是守住清廉的底线。政治清明，政府清廉，干部清正，是廉洁政治的要求。同时，社会清朗，离不开全社会尊法守法，并树立法治信仰。因此，清廉与法治密不可分。

一、清廉与法治的关系

清廉与法治相辅相成，法治为清廉提供了制度保障，清廉为法治营造了良好氛围。以法养廉，在法治的基础上开展的清廉才能持之以恒，有清廉滋养的法治才会公平公正，二者在国家治理中才能相得益彰。

（一）廉政是法治的主要目标

法是统治阶级意志的体现，指的是由国家制定或认可的，受国家强制力保证其实施的行为规则的总称，包括法律、法规、法令、条例、命令、决定等。法治，则是指依法治理国家的意思。对一个国家来说，无论是建立廉洁政治，还是建设清廉政府，都要在宪法法律授权范围内行使职权，都要依照法律规定办事。廉政是法治的重要内容和主要目标，没有廉政做基础，法治很难得到实现。加强廉政建设，法治既是前提，也是目标。

（二）法治是廉洁的重要保障

廉洁是一个国家社会文明进步的标志，更是一个国家文明进步的内在要求。要实现全社会的廉洁，单纯依靠道德手段（德治）是远远不够的，还必须依靠法治，将德治与法治有机结合、统筹起来。从这个意义上来说，只有建立在法治基础之上的、以他律约束的廉政，才称得上是真正的廉洁。

二、清廉法治的界定

截至目前，我国学术界对于清廉法治的概念尚无具体的探讨。相近概念的探讨更多的是从廉政法治的范畴探讨，主要集中在对公职人员（公权力）的制约的范畴，即从反腐角度探讨得更多。作者结合廉政法治的现有文献，围绕清廉兰州文化建设的具体要求，拟对清廉法治的概念予以粗线条的勾勒，以期能够从法治的角度为清廉地域文化建设提供一个思路。

从字面的意义上看，"廉政法治"由"廉政"和"法治"两个词组成，从两个词的字面意思来看，即为廉政建设应当走法治之路。换言之，就是通过法治路径推进廉政建设。

（一）对"廉政"一词进行具体分析

"廉"与"政"组成一词，形成"廉政"概念，廉政在不同的语境中和具体的范围内呈现出多层次的含义。有的学者强调国家公职人员应当廉洁从政，要求建立"廉洁政府"。有的学者从"廉正""廉材""廉法""廉制"四个层面对廉政内涵予以阐明。还有的学者从政治生态、政治体制、国家政策、从政为官之德四个因素进行界定，即营造风清气正、公正清廉的政治生态格局，建立高效廉洁、公开透明的政治体制，制定严格的反腐倡廉政策，树立廉洁奉公的官德与不贪不淫的公德以成为民之表率。

新时代，我国廉政建设的目标包含三个方面的内容：第一，廉政建设的方向是实现政治清明，即要形成民主法治、公平正义、公开透明、政通人和、安定有序的政治生态和政治氛围；第二，廉政建设的核心是做到政府清廉，即政府要始终恪守"为民"执政意识，有效使用公共权力，全心全意为人民谋求高效的公共利益；第三，廉政建设的关键是要求干部清正，即国家各级机关及其公职人员要正确运用人民赋予的权力、廉洁奉公、秉公尽职，不以权谋私、不贪赃枉法，勤俭节约、廉洁自律，成为"为民、务实、清廉"的人民好公仆。由此，我们可以把"廉政"定义为：从事公共政务和事务的主体为强化廉洁自律的从政意识和营造政治清明的生态环境，在行使公共权力的过程中，始终恪守全心全意为人民服务的根本宗旨，努力做到奉公守法、高效勤政，杜绝主观上牟取私利的不良动机，秉公执法，勤俭节约，遏制客观上滥用权力、损公肥私的一种廉洁从政行为。

（二）对"廉政法治"概念进行综合分析

作为一个完整的概念，"廉政法治"包含两个层面的意思，即：廉政建设中的法治模式，指的是运用法治方式与手段进行反腐倡廉建设；法治建设中的廉政内容，指的是法治建设中如何体现遏制腐败和推进廉政建设的原则精神、价值追求及规制办法。正如有的学者指出的那样：反腐败需要法治，而反腐败在一定程度上也可以推动法治建设。一方面，腐败问题的恶化可以使人们认识到推行法治的重要性和紧迫性。另一方面，反腐败很容易凝聚社会民众的共识，形成倒逼法治前行的态势。所以，在新时代的廉政建设方面，既要立足当前，对反腐败斗争面临的深层次问题要运用法治思维和法治方式解决，又要放眼未来，筑法治之基、行法治之力、积法治之势，促进党和国家反腐败斗争方面的制度更加成熟、更加定型。

依上述分析，可以把"廉政法治"定义为一个现代意义上的概念，即现代社会条件下，不同国家的统治阶级依照良法善治原则，运用法治思维和法治方式，推进公共政务与事务及其单位和工作人员廉洁从政，并促进法治建设的原则与具体内容体现廉政建设的价值追求及相关要求的互动过程。

三、"清廉法治"试析

清廉法治相较于廉政法治，仅从字面意思来看，清廉的范畴更为宽阔，包含廉政在内。兰州市委确定的清廉兰州建设的目标为干部清正、政府清廉、政治清明、社会清朗。由此可见，清廉法治除了廉政法治中提及的政治清明、政府清廉、干部清正三个目标外，还包括了社会清朗。显然，从法治层面看，社会清朗对应的是"法治社会"和"法治文化"。这表明，清廉法治的范围除了对法治政府即公权力的规范约束之外，还应包含"法治社会"。

鉴于此，笔者认为，清廉法治可以界定为：清廉法治，是指国家统治者依照良法善治原则，运用法治思维和法治方式推进公共政务与事务及其单位和工作人员廉洁从政，引导全民守法，并促进法治建设的原则与具体内容体现"干部清正、政府清廉、政治清明、社会清朗"价值追求及相关要求的互动过程。

第四节　清廉与全面依法治国

如前所述，法治在我国表述为"全面依法治国"。在清廉兰州文化建设中，深入了解全面依法治国的相关规定至关重要。

一、全面依法治国概述

全面依法治国是法治在我国社会主义事业布局中的具体表述，是"四个全面"战略布局的重要组成部分。习近平总书记曾强调，无论是实现"两个一百年"奋斗目标，还是实现中华民族伟大复兴的中国梦，全面依法治国既是重要内容，又是重要保障。全面依法治国具有基础性、保障性作用。党的二十大提出要在全面建设社会主义现代化国家的新征程上，将国家各项工作纳入法治化轨道，更好发挥法治固根本、稳预期、利长远的保障作用。

（一）全面依法治国的基本内涵和意义

全面依法治国是中国共产党领导全国各族人民治国理政的基本方式，其主体是中国共产党领导下的人民群众，本质是崇尚宪法和法律在国家政治、经济和社会生活中的权威，确立法大于人、法高于权的原则，使社会主义民主制度和法律不受个人意志的影响，根本目的是保证人民充分行使当家作主的权利，维护人民当家作主的地位。依法治国是一切国家机关必须遵循的基本原则。

（二）全面依法治国的目标和战略部署

党的十八届四中全会通过的《中共中央关于全面推进依法治国若干重大问题的决定》（以下简称《决定》），对全面依法治国作出顶层设计，明确了全面依法治国的总目标、原则，对全面推进依法治国作出战略安排。

1.全面依法治国的目标和原则

《决定》指出："全面推进依法治国，总目标是建设中国特色社会主义法治体系，建设社会主义法治国家。"[1]党的十八届四中全会决定提出，中国特

---

[1]《中共中央关于全面推进依法治国若干重大问题的决定》，人民出版社，2014，第4页。

色社会主义法治体系包括完备的法律规范体系、高效的法治实施体系、严密的法治监督体系、有力的法治保障体系和完善的党内法规体系。社会主义法治国家的目标客观上要求，必须坚持依法治国、依法执政、依法行政共同推进，坚持法治国家、法治政府、法治社会一体建设的全面依法治国任务格局。法治中国建设要实现科学立法、严格执法、公正司法、全民守法的目标，促进国家治理体系和治理能力现代化。

实现全面依法治国总目标，必须坚持中国共产党的领导，坚持人民主体地位，坚持法律面前人人平等，坚持依法治国和以德治国相结合，坚持从中国实际出发的原则。

2.全面依法治国的战略部署

立法层面：《决定》指出，"法律是治国之重器，良法是善治之前提。建设中国特色社会主义法治体系，必须坚持立法先行，发挥立法的引领和推动作用，抓住提高立法质量这个关键"[1]。要把"三公"原则贯穿于立法的全过程，完善立法体制机制，坚持立、改、废、释、纂并举，不断增强法律法规的及时性、系统性、针对性、有效性。在立法中还要把社会主义核心价值观贯彻始终，使每一项立法都符合宪法精神，反映人民意志，得到人民拥护。要健全宪法实施和监督制度，完善立法体制，深入推进科学立法、民主立法，加强重点领域立法，实现公民权利保障的法治化。

执法层面：深入推进依法行政，加快建设法治政府。《决定》指出："法律的生命力在于实施，法律的权威也在于实施。各级政府必须坚持在党的领导下、在法治轨道上开展工作，创新执法体制，完善执法程序，推进综合执法，严格执法责任。"[2]这就要求：必须依法全面履行政府职能，健全依法决策机制，深化行政执法体制改革，坚持严格规范公正文明执法，强化对行政权力的制约和监督，全面推进政务公开。通过上述具体举措，最终实现"建立权责统一、权威高效的依法行政体制，加快建设职能科学、权责法定、执法严明、公开公正、廉洁高效、守法诚信的法治政府"[3]的目标。

司法层面：保证公正司法，提高司法公信力。《决定》指出："公正是法治的生命线。司法公正对社会公正具有重要引领作用，司法不公对社会公正具有致命破坏作用。必须完善司法管理体制和司法权力运行机制，规范司法

①《中共中央关于全面推进依法治国若干重大问题的决定》，人民出版社，2014，第8页。
②《中共中央关于全面推进依法治国若干重大问题的决定》，人民出版社，2014，第15页。
③《中共中央关于全面推进依法治国若干重大问题的决定》，人民出版社，2014，第15页。

行为，加强对司法活动的监督……"①为此，要完善确保依法独立公正行使审判权和检察权的制度，优化司法职权配置，推进严格司法，保障人民群众参与司法，加强人权司法保障，加强对司法活动的监督，努力让人民群众在每一个司法案件中感受到公平正义。

守法层面：增强全民法治意识和法治观念，推进法治社会建设。《决定》指出："法律的权威源自人民的内心拥护和真诚信仰。人民权益要靠法律保障，法律权威要靠人民维护。"②因此，必须弘扬社会主义法治精神，在全社会形成守法光荣、违法可耻的社会氛围。建设社会主义法治文化，增强厉行法治的积极性和主动性。要推动全社会树立法治意识，推进多层次多领域依法治理，建设完备的法律服务体系，健全依法维权和化解纠纷的机制，使全体人民都成为社会主义法治的忠实崇尚者、自觉遵守者、坚定捍卫者。

队伍保障层面：加强法治工作队伍建设。《决定》指出："全面推进依法治国，必须大力提高法治工作队伍思想政治素质、业务工作能力、职业道德水准……"③因此，就要建设高素质法治专门队伍，加强法律服务队伍建设，创新法治人才培养机制，着力建设一支忠于党、忠于国家、忠于人民、忠于法律的社会主义法治工作队伍，为加快建设社会主义法治国家提供强有力的组织和人才保障。

根本保证层面：加强和改进党对全面推进依法治国的领导。《决定》指出："党的领导是全面推进依法治国、加快建设社会主义法治国家最根本的保证。"④加强和改进党对法治工作的领导，必须坚持依法执政，加强党内法规制度建设，提高党员干部法治思维和依法办事能力，推进基层治理法治化，深入推进依法治军从严治军，依法保障"一国两制"实践和推进祖国统一，加强涉外法律工作，把党的领导贯彻到全面推进依法治国全过程。

二、清廉与全面依法治国的关系

清廉与全面依法治国的关系着重体现在以下四个方面：党的领导是清廉建设的根本保证，法治政府是清廉建设的重点任务，法治社会是清廉建设的基础工程，法治文化是清廉建设的坚实基石。

---

① 《中共中央关于全面推进依法治国若干重大问题的决定》，人民出版社，2014，第20页。
② 《中共中央关于全面推进依法治国若干重大问题的决定》，人民出版社，2014，第26页。
③ 《中共中央关于全面推进依法治国若干重大问题的决定》，人民出版社，2014，第30页。
④ 《中共中央关于全面推进依法治国若干重大问题的决定》，人民出版社，2014，第33页。

依法行政是清廉政府建设的抓手。打造人民群众满意的廉洁政府是清廉法治建设的重点任务，也是当前全社会关注的焦点、热点和难点。坚持依法行政，建设法治政府，是实现"政府清廉"的必由之路。

依法行政使行政行为实现"规范化"。依法行政就是国家工作人员依据宪法和法律赋予的职责权限，在相应范围内对各项社会事务依法进行管理的活动。依法行政对行政权力运行的全过程，尤其是极易滋生腐败的各个领域进行了明确规定，将行政权力关进了制度"笼子"，使行政行为走上制度化轨道。用制度管人、管权、管事能够进一步规范行政机关及其工作人员的行政行为，保障政府各项工作在法定框架内合理有序地进行，从而可以从源头上杜绝滥用权力、以权谋私、权钱交易等行为的发生。

依法行政使行政过程实现"透明化"。依法行政通过政务公开让广大群众对行政行为的依据、程序和权力运用的范围、权限更加清楚明白。政府只能行使法律赋予的权力，能干什么、不能干什么，都由法律界定，所有行政行为都要于法有据、程序正当。依法行政将行政行为的依据和程序从"暗处"搬到"明处"，将权力的行使从"随意"转向"规范"，将行政过程置于全体公民的监督下透明化运行，从而可以从根本上杜绝暗箱操作、自由裁量和随意执法的现象。

依法行政使行政结果实现"责任化"，有权必有责，用权受监督。任何形式的监督，只有与责任联系起来，才能够取得实效。依法行政明确了出问题谁该负责、该负什么责的依据和裁判尺度，依靠行政问责机制让行政结果的责任人不会因人、因事、因地而发生变化。因此，加大了对滥用职权、失职渎职、决策失误、行政违法等问题的责任追究力度，从而可以从根本上杜绝行政结果难以认定、无法追究、无人负责情况的发生。

第二章　中国清廉法治建设的进程

中国清廉法治文化建设，是伴随着中国法治建设的不断推进而形成的。因此，系统研究清廉法治文化的发展，必须首先全面了解中国法治建设。

第一节　中国法治建设的历程

一、新民主主义革命时期的法制探索：革命根据地法制建设

为巩固革命根据地政权，中国共产党制定了《劳动法大纲》《井冈山土地法》《中华苏维埃共和国宪法大纲》《中华苏维埃共和国土地法》以及组织法、选举法、刑事法规、婚姻法等法律，形成了初步的革命法律体系。1947年1月，毛泽东指出："从新的观点出发研究法律，甚为必要。"[①]并把这样的法律称为"新民主主义法律"。在中国共产党的领导下，新民主主义革命彻底打破了旧的法律秩序，废除了旧制度，从而建立起体现自由、平等、人权，反映劳动人民意志和利益的全新法律制度。这一时期，革命法律体系初步形成，建立新民主主义法律，极大地丰富和发展了马克思主义法学理论。

二、社会主义革命和建设时期的法制发展：社会主义民主法制

（一）对具有中国特色的社会主义国家制度与政权体系进行架构

1949年9月通过的《中国人民政治协商会议共同纲领》明确规定了新中国的国家制度、政权机构以及根本任务。1954年9月第一届全国人民代表大会通过的《中华人民共和国宪法》，首次把人民民主专政的国体和社会主义

---

① 中共中央文献研究室：《毛泽东文集》，人民出版社，1996，第217页。

国家的基本制度以根本大法的形式固定下来，对国家的根本政治制度、政权组织系统作出了更为完备的规定，开启了社会主义民主法制的新纪元。

（二）创建了社会主义国家的法律制度

新中国成立后，制定了选举法、土地改革法、工会法、婚姻法、惩治贪污条例、惩治反革命条例等一系列重要法律条令。这些法律条令对于进一步推动从新民主主义时期到社会主义国家的过渡转变，进而建立起全新的法律体系与社会秩序都有重大意义。

三、改革开放和社会主义现代化建设新时期的法制转变：从"法制"到"法治"

（一）初步形成新时期社会主义法律体系的"四梁八柱"

党的十一届三中全会是社会主义法制建设史上具有里程碑意义的一次会议，会议明确了加强社会主义法制建设的总体目标和根本任务："为了保障人民民主，必须加强社会主义法制，使民主制度化、法律化，使这种制度和法律具有稳定性、连续性和极大的权威，做到有法可依，有法必依，执法必严，违法必究。"[①]这次会议掀开了改革开放新形势下社会主义国家法制建设的序幕，制定了中外合资经营企业法、合同法、著作权法等法律法规。新时期社会主义法律体系的"四梁八柱"已经初步形成，这为"依法治国"方略的提出和确立奠定了坚实的基础。

（二）提出依法治国方略

党的十五大将"依法治国"确立为中国共产党领导人民治理国家的基本方略，并科学界定了"依法治国"的基本内涵，明确了贯彻落实依法治国的基本原则，实现了由"法制"向"法治"的重大转变。1999年第九届全国人民代表大会通过的宪法修正案，以根本大法的形式确立了依法治国方略，标志着中国共产党治国方式、执政理念的重大转变，使社会主义国家的法治建设进入历史性飞跃的崭新阶段。

四、新时代的法治建设：全面推进依法治国

（一）全面依法治国的顶层设计

党的十八大明确指出，法治是治国理政的基本方式，要全面推进依法治

[①]《中国共产党第十一届中央委员会第三次全体会议公报》，https://www.hnr.cn/news/xwzt/szqh/lj/201311/t20131105_689277_1.html。

国，加快建设社会主义法治国家，特别强调宪法在治国安邦中的统帅作用，将依宪治国、依宪执政置于更加突出的地位。党的十八届四中全会在党的历史上首次以全会的形式专题研究部署全面依法治国问题，作出了全面推进依法治国的总目标、遵循原则以及根本任务的重大部署安排。这充分表明，党中央在新时代中国特色社会主义事业的战略布局中，更加注重依法治国的系统性、全局性推进，以更好发挥法治的统领性和规范性作用。

（二）纵深推进全面依法治国

党的十九大提出，深化全面依法治国实践，标志着法治建设的阶段性计划和任务已经完成，要从新的起点来凝聚法治共识，将全面依法治国向纵深推进。中央全面依法治国委员会第一次会议和中央全面依法治国工作会议明确了全面依法治国的指导思想、立场宗旨、发展道路以及工作布局，尤其是将习近平法治思想确立为全面依法治国的指导思想，开辟了马克思主义法治理论的全新境界，标志着马克思主义法治理论中国化的历史性飞跃，为坚定不移地走中国特色社会主义法治道路提供了理论保证。

（三）在法治轨道上全面建设社会主义现代化国家

党的二十大总结了新时代十年全面依法治国取得的历史性成就，对"坚持全面依法治国，推进法治中国建设"专门作了部署，并强调，要全面推进国家各方面工作法治化，从科学立法、严格执法、公正司法、全民守法四个方面进行了具体安排，表明了踏上新征程，要"有效发挥法治固根本、稳预期、利长远的保障作用"，在法治轨道上全面建设社会主义现代化国家。

第二节 中国清廉法治建设的发展

中国清廉法治建设集中在治贪反腐方面，经历了从廉政法治建设（萌芽、开拓、发展）到清廉法治建设的发展过程。

一、廉政法治建设的萌芽：民主运动式治贪

1949年至1978年是廉政法治建设的萌芽时期。新中国成立之初，为巩固新生政权，国家就开始积极进行反贪污反腐败运动，由此拉开廉政法治建设的序幕。

（一）奠定廉政法治建设的理论基础：专门性立法

这一时期，我国虽未出台刑法典，但有关贪污罪的立法工作在持续开展。1952年4月公布施行的《中华人民共和国惩治贪污条例》（以下简称《条例》），在第18条中规定了构成贪污罪的情形及其处罚条件，这是我国第一部反贪污条例。该法虽然被称为"条例"，在实践中却发挥着"法律"的功能，开启了新中国依法惩治贪腐的新征程。

（二）夯实廉政法治建设的现实条件：民主运动式治贪

在《条例》颁布实施之前，我国在惩治贪污犯罪行为时，主要是通过民主运动的方式即通过开展各类整风运动来进行的。1950年开始的整风运动，部分国家干部受腐蚀现象被揭发；1951年开展"三反""五反"运动后，党中央多次发出整风运动的指示，要求严厉打击各类腐败行为，并对整风运动取得的成效给予了充分肯定。

《条例》颁布之后，党中央并未严格依据《条例》的规定惩治贪污贿赂犯罪，而是在很大程度上仍然依赖诸如"整风"之类的民主运动方式进行反贪治理，如在1957年开展的整风运动，就明确指向"一整主观主义、二整宗派主义、三整官僚主义"。究其原因是当时法治观念尚未建立，司法实务部门在惩治贪污犯罪时，往往会根据当时党和国家政策的调整而作相应调整，政策成为治理贪污的主要依据。

尽管当时并未严格执行《条例》，但从实践中仍然可以看出党和国家惩治贪污贿赂犯罪的坚决态度，尤其是对刘青山、张子善的惩处更是确立了惩治贪腐的导向，为推动廉政法治建设的发展创造了现实条件，准备了相对成熟的实践基础。

二、廉政法治建设的开拓：从量变到质变

1979年至1996年，是廉政法治建设的开拓时期。这一时期，廉政法治建设立法工作得到迅速发展。1979年刑法的颁布施行是刑事法治发展的重要起点，对廉政法治建设具有里程碑意义。改革开放以来，随着经济政治等方方面面的发展变化，廉政法治建设也在开拓中不断发展并日趋成熟，实现了依法反腐由量变到质变的跨越。

（一）完善立法，重视依法反腐

1979年刑法首次对贪污贿赂犯罪作出规定，至此贪污贿赂罪的立法得以完善，具体体现如下：其一，明确了贪污贿赂罪的主体范围，即包括"国家

工作人员"和"受委托从事公务的人员";其二,将渎职罪单列一章,将受贿罪、行贿罪置于该类罪名中,作为具体的罪名呈现;其三,突出核心构成要件"利用职务上的便利",但并未对贪污、受贿的具体行为方式作出明确规定,这与当时"宜粗不宜细"的立法指导思想保持一致。

此外,1988年全国人大常委会通过的《关于惩治贪污贿赂罪的补充规定》(以下简称《补充规定》),较之1979年刑法和《条例》,《补充规定》中有关贪污贿赂罪的立法,是立法技术不断进步、走向成熟的集中体现。第一,对犯罪构成要件的描述更加明确,也更加注重可操作性。第二,《补充规定》采用了以数额定罪的立法设计,以数额为主线进行了刑期设置,且沿用至今。从整体上看,在立法技术不断走向成熟的背景下,《补充规定》摒弃了"宁粗毋滥"的立法精神,更加依赖通过完善立法来加强对贪污腐败现象的治理,实现了廉政法治建设质的飞跃。

(二)严格司法,依法反腐任重道远

伴随着社会主义市场经济的发展,腐败问题的范围逐渐扩大,由原来的公权力机构开始向私权力领域蔓延,商业贿赂日益成为当时的高频词。为适应这种变化,我国出台了《关于严惩严重破坏经济的罪犯的决定》,同时规定了公务腐败和商业腐败的罪名。司法实务部门也开始依法加大对贪污贿赂罪的惩治力度。人民法院对于情节严重、影响巨大的涉案行为人,在量刑时均从严从重处罚,甚至判处死刑。同期,《关于党内政治生活的若干准则》《人民检察院组织法》等规范性文件颁布实施,监察委员会、审计署正式成立,这些具体举措在反腐败斗争中都发挥了重要作用。

这个阶段在依法反腐时,法纪严明,态度坚决,后期已经极少出现因政策要求而违背法律明文规定对腐败案件查处的情形。但在司法实践中,不严格依法惩治的现象依然存在:同案不同判的情形屡次出现,对不属于犯罪的行为给予刑事处罚的现象时有发生,严重影响了廉政法治建设的步伐。

三、廉政法治建设的发展:中国特色社会主义反腐败法律体系的形成

1997年至2012年,是廉政法治建设的发展时期。1997年党的十五大召开,首次将"法治"载入党的纲领性文件,依法治国成为党治国理政的基本方略。党的十六大旗帜鲜明地提出"反对和防止腐败",党的十七大推动中国特色反腐倡廉建设道路的进程,表明了党惩治腐败的决心。与此同时,我国反腐败法治建设呈现体系化发展。

（一）确立我国反腐败法律体系基本框架：1997年刑法

这一时期，有关贪污腐败犯罪的立法不断完善。1997年刑法中关于贪污贿赂罪的立法已基本成形，再加上之后十次的修正案，就确立了一直沿用至今的贪污贿赂犯罪的立法体例和模式。

第一，从立法结构看，形成了较为全面、完善的贪污贿赂罪的法律体系。1997年刑法增设"贪污贿赂罪"一章，将贪污罪从侵犯财产罪中剥离出来，结合修正案，逐步将贪污罪、受贿罪、挪用公款罪等14个相关罪名囊括其中，呈现出整体性、系统性推进的态势。

第二，从罪状描述看，摸准了贪污贿赂犯罪的精髓要义。1997年刑法既描述了贪污贿赂犯罪的具体行为方式，也对其他行为模式留有余地，如贪污罪强调"利用职务上的便利"，既列举出了侵吞、窃取、骗取等多种手段，又以其他手段非法占有公共财物来兜底；对于受贿罪区分为"主动索贿"和"被动受贿"两种主要形式，对"被动受贿"增设"为他人谋取利益"的要件，这种粗细结合、收放有度的做法，合理框定了贪污贿赂罪的行为边界。

第三，从犯罪构成要件看，合理界定了犯罪主体的范围。对"国家工作人员"的范围不再以"国家干部身份"来确定国家工作人员，不搞"唯身份论"，而是以"依法从事公务"这一实质要素来判断主体资格，合理扩大了贪污贿赂罪的主体范围，规范了犯罪构成要件。

1997年刑法确立的贪污贿赂犯罪的立法体例和模式，逐渐发展为如今的反腐败立法格局和模式，就是因为前者充分考虑了贪污贿赂犯罪侵犯客体的一致性和系统性，与惩治和预防腐败的现实需求高度契合，从而有力助推了法治化反腐的中国模式趋于成熟定型。

（二）形成中国特色社会主义反腐法律体系

1997年刑法颁布实施后，又历经十几次修改，《中华人民共和国刑法修正案（九）》结合《最高人民法院、最高人民检察院关于办理贪污贿赂刑事案件适用法律若干问题的解释》，对贪污贿赂罪作出大幅调整：其一，对贪污贿赂罪的量刑依据进行了全面的、有针对性的变革；其二，对贪污贿赂罪的刑罚裁量进行了轻重有度的调整；其三，为切实体现"坚决反对和防止腐败"[1]的精神，加大了对行贿犯罪的处罚力度。

综上，在1997年刑法典的统领下，配之以刑法修正案以及相关规范性

---

[1]《全面建设小康社会，开创中国特色社会主义事业新局面——在中国共产党第十六次全国代表大会上的报告》，https://fuwu.12371.cn/2012/09/27/ARTI1348734708607117.shtml。

法律文件，基本形成了中国特色社会主义反腐败法律体系。这个阶段，依法治国理念得以发展，党和国家在治理贪污腐败犯罪时注重依靠和运用法制方式解决问题，充分发挥中国特色社会主义反腐法律体系的保障性作用。

四、廉政法治向清廉法治的转变：党内法规体系形成

2012年至今，是从廉政法治到清廉法治转变的时期。党的十八大以来，党内法规体系被纳入中国特色社会主义法治体系范畴，目前党内法规制度体系已经形成并日趋完善。党内法规在约束腐败苗头性问题和微腐败行为方面发挥的作用是显而易见的，它将依法依规惩治腐败与制度约束和教育引导紧密结合起来，推动形成不敢腐、不能腐、不想腐一体推进的机制，走出了一条中国特色反腐败之路，形成了法治化反腐败的中国模式。

（一）党内法规体系初步形成

党的十八届六中全会审议通过的《关于新形势下党内政治生活的若干准则》（以下简称《准则》）和《中国共产党党内监督条例》（以下简称《条例》），至此，党内法规已经形成了由《中国共产党廉洁自律准则》《关于新形势下党内政治生活的若干准则》《中国共产党巡视工作条例》《中国共产党纪律处分条例》《中国共产党问责条例》《中国共产党党内监督条例》共同构成的一整套体系，完善了反腐败斗争常态化制度。

（二）依法依规反腐进入常态化

《准则》不仅在第十二部分明确提出"建设廉洁政治，坚决反对腐败，是加强和规范党内政治生活的重要任务"，还在党员坚定理想信念、加强规范党内生活及加强权力监督、党内监督等方面作出了明确要求，表明对腐败零容忍的基本方略不会改变，仍然坚持把纪律和规矩挺在前面，对腐败问题"发现一起，查处一起"，意味着反腐败工作成为需要常抓不懈的常态化工作。

（三）党内监督同党外监督的关系进一步理顺

《条例》构建起"党中央统一领导，党委（党组）全面监督，纪律检查机关专责监督，党的工作部门职能监督，党的基层组织日常监督，党员民主监督"的一套完整的党内监督体系，并明确提出"党内监督和外部监督相结合"的方针，要求各级党委应当支持和保证同级人大、政府、监察机关、司法机关等对国家机关及公职人员依法进行监督，人民政协依章程进行民主监督，审计机关依法进行审计监督。同时，《条例》规范了党组织和国家机关

在监督工作中如何进行工作衔接等具体内容，使党内监督和外部监督在机制化上更加完善，在结合上更加紧密，确保反腐败从治标、治本两方面综合发挥作用。

（四）反腐败制度建设进一步完善

《条例》在总结前一阶段经验的基础上，提出很多"实招"。例如，领导干部应当按规定如实报告个人有关事项的要求由来已久，但是过去抽查核实比例偏低。而在《条例》中则明确规定，"有关部门应当加强抽查核实"。又如，《条例》中明确提出，中央政治局、中央政治局常务委员会在一届任期内实现中央巡视全覆盖。此外，过去大量腐败现象的发生，说明不受约束的权力很容易导致腐败，因而在《准则》的第十一部分专门论述"加强对权力运行的制约和监督"，要求必须扎紧制度的"笼子"。这些制度的完善，将对党员的教育和监督相结合，形成强大的党建合力。只要能够严格执行，对反腐败在制度化、法治化方面的增强将是前所未有的。

（五）确保依规依纪依法反腐

只要腐败问题产生的土壤和条件存在，同腐败分子的殊死搏斗就永远在路上。要铲除腐败滋生蔓延的土壤，坚决打赢反腐败斗争这场硬仗，关键要靠完善的法律法规制度，依法依规反腐治腐。要坚持把依法治国方略和依规治党原则有机统一起来，规范权力运行；统筹党内法规制度建设和反腐败国家立法，切实把权力关进法律法规制度"笼子"。坚持纪严于法、执纪执法相互贯通，审查调查违纪、职务违法、职务犯罪问题一体推进。反腐败、反"四风"、反特权多管齐下，阻断"风腐一体"源头，以零容忍的态度高压反腐，在全社会形成惩恶扬善、纠治并举的良性循环。

第三章　清廉法治文化

第一节　法治文化的内涵

法治文化是法治社会的精神要素和文化土壤，是建设社会主义法治国家的重要支柱。了解其内涵，是构建清廉法治文化的前提和基础。

一、法治文化的内涵

学理上一般认为，法治文化有广义和狭义之分。广义的法治文化主要指的是法治理念、法治精神及其支配下的法律制度和人们的行为方式；狭义的法治文化则只是针对法治观念、法治思维方式、法治价值取向的确立而言的。也有学者认为，法治文化既包含民主、平等、自由、公平、正义等价值，也包括法律制度结构和法律观念结构，以及自觉执法、守法、用法等行为方式。

笔者认为，法治文化就是在建立法治国家的过程中形成的一种文化形态和社会生活方式，其核心是法律制度结构和法治思维模式的确立，以及在此支配下人们自觉自愿执法、守法、靠法、用法的行为方式。从发展历程来看，法治文化包括中华传统法律文化和中国特色社会主义法治文化。

二、法治文化的特征

基于对法治文化内涵的界定，法治文化的主要特征体现如下：

（一）法治文化是"法治中国"应有的文化面貌

从建设法治国家的层面来看，我国法治建设的目标是建设法治中国。法治是一个国家的执政党治国理政的基本方式，同时也是成为一个法治国家的人民所信任、所依靠并日益习惯的生活方式和思维方式。建设"社会主义法治国家"，必然要求在落实法治国家、法治政府、法治社会建设的过程中，同步培育起相应的法治文化。建设"社会主义法治国家"的主体是全党全国人民，本质上是作为主体所享有的权利和应承担的相应责任。对于人民而言，只有通过法治，才能充分享有当家作主的权益，也只有通过法治，才能担负起作为国家主人的责任。

（二）法治文化充分彰显社会主义核心价值观

法治具有实现一个国家、一个民族整体价值观体系制度化、程序化、规范化的功能。法治是社会主义核心价值观的基本内容之一，也是实现"自由、平等、公正"的有力保障。中共中央办公厅、国务院办公厅印发的《关于培育和践行社会主义核心价值观的意见》提出"注重把社会主义核心价值观相关要求上升为具体法律规定，充分发挥法律的规范、引导、保障、促进作用"等要求，其中包含"文化法治化"和"法治文化化"两个方面的意思。所谓"文化法治化"，简而言之，就是把文化事业纳入法治化轨道，实现途径则需要通过不断深化文化体制机制改革来实现；所谓"法治文化化"，简而言之，就是法治本身要充分体现社会主义核心价值观的内涵和精神。从上述界定可以看出，二者虽然有区别，但相互之间具有不可分割的内在联系。

（三）法治文化是中华优秀传统文化走向现代化的新形态

法治文化作为一种政治文化类型，一直以来是与"人治文化"相对立的一对范畴。"人治文化"曾在我国长期的政治文化传统中被称为"权治文化"，它的形成和存在在当时有着深厚的社会基础、思想基础和风俗习惯。随着人类文明程度的不断提高，"人治文化"终究会渐渐失去其生存土壤，不能适应时代发展和实践要求，因而就亟须"法治文化"这种新型文化形态取而代之。法治文化的培育是一个长期、艰难、曲折的过程，需要在法治社会建设中通过法治理念、法治思维、法治信仰等的树立慢慢沉淀，使法治成为人们的一种生活方式，最终助推文化转型。

三、新时代法治文化的价值意蕴

法治文化的价值维度不同，价值意蕴则不同。清廉建设的文化基础更多涉及的是国家治理体系和治理能力现代化建设。因此，对该问题的探讨是站在国家治理体系角度进行的。

（一）新时代法治文化建设的实化价值

在国家治理中，道德约束的范围和作用是有限的，在有些领域是缺失的，"良法善治"则有效填补了该空白，能够成功避免因缺失道德约束机制而带来的种种尴尬，同时还克服了德治文化自身面临的"肌无力"窘况。可见，新时代法治文化建设离不开"良法善治"这个力量之源。新时代法治建设的任务之一，就是要把法治建设和德治建设更加紧密地结合起来，实现法律和道德相辅相成，为法治在文化层面提供思想基础；同时，实现法治和德治相得益彰，为新时代法治文化建设提供善治保障，以不断提高国家治理体系和治理能力现代化水平。

（二）新时代法治文化建设的优化价值

法治文化作为一种行为方式，在推进国家治理体系和治理能力现代化进程中具有积极意义，它能够提升治理主体的执行能力，降低治理的管理成本，优化内部的治理效能。新时代，随着高科技的突飞猛进，人们依法参与社会治理的渠道越来越多，对法治文化的了解也逐渐多起来，这种变化有助于提高人们对法治文化建设的认知，从而自觉参与到社会治理的过程中。法治文化所追求的，恰恰是要让法治思维、法治方法、法治精神和法治效果渗透于社会生活的方方面面，使人们在行为过程中能够按照法律的规定理性地规范自身行为，适度地约束即将超越界限的行为，从而形成整体安全、高效、和谐的法治文化环境。

（三）新时代法治文化建设的淳化价值

法治文化建设中所蕴含的思维、理念、意识、认知、信仰等因素对构建积极向上的社会治理生态环境具有敦厚的教化的价值导向作用，所谓"淳厚之化，通於神明也"说的正是这个道理。而构建治理生态系统，对国家治理体系和治理能力现代化能够发挥"兜底"的作用。法治文化建设能够将国家意识、公民意识、法治意识等因素有机地统筹起来，作为实现国家治理能力现代化的强大精神引领，引导人们树立遇事找法、解决问题用法的理念，培育维护公平正义靠法的思维方式，从而维护法治权威。

第二节　中华传统法律文化

中华传统法律文化经过夏、商、西周的"礼治"阶段，春秋至秦王朝的

"法治"阶段，西汉至清末的"礼法"结合阶段，以"礼法"为主导，同时兼顾各派学说，具有独特特征，本质上体现的是"礼法合一"的法治思想。

一、中国古代法律的象征——獬豸

獬豸，是中国古代传说中的一种断案神兽。相传，它的智商很高，懂得人言，知道人性，能辨是非曲直，当人们发生纠纷时，就用角去顶无理的一方，甚至会将罪大恶极的人用角顶死，让那些干了坏事、心怀鬼胎的人十分害怕。经过几千年的流传演绎，獬豸的形象差异很大，像马、牛、羊、鹿、狗、狮子、麒麟的都有。

此外，从古体法字"灋"中也可窥这种法律文化一斑。东汉许慎的《说文解字》解释为："灋，刑也。平之如水，从水。廌所以触不直者去之，从去。"包含的意思为：（1）法者，刑也。这说明，法与刑在中国古代是同义的。"刑"字直观地看，就是有刀置于右边，真可谓"磨刀霍霍向犯人"。（2）平之如水，从水。俗话说，"字从物象，法为水旁"，而不是金、木、火、土之类，表明古人给代表公平正义的"法"字找到的自然物象是"水"，唯有水最能反映公平正义——降雨会填平地面上的坎坷沟渠，河水从高处流下最终汇入平坦广阔的大海。法律要求人们待人处世要一视同仁、公允持平，"平之如水""一碗水端平"也就是这个意思。（3）"廌"所以触不直者去之，从去。这和前面说的獬豸是一以贯之的，獬豸冲着不正直、干坏事的嫌疑人顶过去，顶到谁谁就"去"了。

由此看来，"灋"字很有深意，水、獬豸、去三者合为一体，其含义是：一是代表古代国家强权，具有镇压反抗、威慑刑杀之意；二是希望法官明断曲直、惩恶扬善；三是要求对案件公平裁判，适用法律一律平等，如遇不法冥顽之徒，就应坚决惩处。在这个"法"字里，蕴含了古人追求公平正义的法律理念和社会价值观。

二、中华传统法律文化的基本特征

（一）"出礼入刑""德主刑辅"的国家治理模式

"礼"起源于中国古代社会的宗教仪式，进入阶级社会后被改造成体现等级秩序的行为规范，对当时的阶级社会影响非常广泛，它的主要功能可以概括为"别贵贱，序尊卑"。按照儒家思想的主张，一个君王治理国家，不能一味地采取严刑峻法，以"杀"去杀，刑事法律规范的规定必须以道德规范（礼）为基础，并按照伦理道德原则（礼）来评价立法、司法和执法的优劣。以道德调整为主，以法律（刑罚）调整为辅，从而维护良好的社会秩序。

（二）以和为贵，追求和谐的精神价值

儒家传统法律文化的核心是和谐的法律理念，和谐是中国文化的最高价值。儒家文化中的"仁爱、和谐、诚信、中庸""君子和而不同""和为贵""克己复礼""以诚待人""己所不欲，勿施于人"等思想主张，均体现的是追求和谐的理念。儒家认为，和谐与冲突相比，更能维持社会秩序，因而儒家非常重视和谐统一，提倡"调和""中庸"之道；追求社会整体的同一性和平衡性，以保持和维护社会政治秩序的正常运行。政治秩序的稳定是儒家所追求的最高目标。和谐理念体现在司法领域，人为贬抑诉讼、追求无讼成为当时的司法原则。在这种思想的影响下，千百年来，人们解决纠纷的最高标准就是"和为贵"，封建官吏在审判中更是以避免诉讼、注重调解、息事宁人为能事，由此形成了"盛世无讼""天下无贼"等儒家法律理想。

（三）"天理""国法""人情"相结合，注重调解纠纷的解决模式

我国古代社会主要是农业自然经济。人民大众由血缘关系聚族而居，由地缘关系邻里相望，相互关系盘根错节、枝蔓相连。在此社会经济和文化传统下，和睦相处既是大众共同需要，也是统治者的希望。在官府的大力支持下，古代普遍盛行宗族调解、相邻亲友调解、基层里保调解和县州府调解。这说明调处解决纠纷，既有群众基础，也是官府需要，朝廷圣谕、乡规民约和家族法成为我国古代社会解决大量民事和轻微刑事案件的重要途径。

（四）体恤民情、谨慎刑罚的人性化法律制度

在中国古代两千多年的封建法律制度当中，基于民本思维和德主刑辅国家治理的需要，在刑事法律当中也有不少体恤民情、轻判轻罚的人性化制度，这些可贵的法律特质和文明传统对当下中国的法治建设无疑是重要的历史参照。

第三节 社会主义法治文化

2021年4月，中共中央办公厅、国务院办公厅印发的《关于加强社会主义法治文化建设的意见》（以下简称《意见》），从总体要求、主要任务、组织保障三个方面，对加强社会主义法治文化建设进行了详细部署，《意见》是推进社会主义法治文化建设的主要依据。

社会主义法治文化是中国特色社会主义先进文化的重要组成部分，是社会主义法治国家建设的重要支撑。

一、社会主义法治文化建设的总体目标

《意见》明确要求，社会主义法治文化建设的总体目标是：通过不懈努力，我国"宪法法律权威进一步树立，尊法学法守法用法氛围日益浓厚，法治文化事业繁荣兴盛，法治文化人才队伍不断壮大，社会主义法治文化建设工作体制机制进一步完善。到2035年，基本形成与法治国家、法治政府、法治社会相适应，与中国特色社会主义法治体系相适应的社会主义法治文化，基本形成全社会办事依法、遇事找法、解决问题用法、化解矛盾靠法的法治环境"①。

二、建设社会主义法治文化的重大意义

新时代新征程，建设中国式现代化成为当下中国共产党的中心任务。中国式现代化是一种具有中国特色的新型文明形态，使得建设社会主义法治文化势在必行。缘由一，法治文化能够强化人们的法治习惯、法治观念和法治信仰，为中国式现代化建设提供价值支撑；缘由二，法治文化有助于领导干部运用法治思维和法治方式解决治国理政中遇到的问题；缘由三，法治文化具有启发人、感召人、引导人、规诫人和鼓舞人等功能，是营造尊法学法守法用法良好社会氛围的前提。综上所述，推进社会主义法治文化建设有助于夯实法治中国建设的社会基础，激发人们投身中国式现代化建设实践的热情和信心。

三、社会主义法治文化阵地建设的主要任务

《意见》明确提出，要建好用好各种法治文化阵地，提高利用率和群众参与度。建设一批以红色法治文化为主题的高质量法治宣传教育基地，注重发掘、研究、保护共和国红色法治文化，传承红色法治基因。把法治元素融入国家文化公园建设，融入国家重大文化建设项目，发挥示范带动作用。积极利用新时代文明实践中心，开展群众喜闻乐见的法治文化活动。努力打造各具特色的法治文化体验线路，形成一批深受人民群众喜爱的区域性法治文化集群。加强基层单位法治文化形象塑造，建设法治"微景观"，基本实现每个村（社区）至少有一个法治文化阵地。总体来说，强调发挥各类基层普法阵地在建设社会主义法治文化中的作用。

①《关于加强社会主义法治文化建设的意见》，人民出版社，2021，第3-4页。

第四章　习近平法治思想是清廉兰州法治建设的理论基础和根本遵循

习近平法治思想蕴含的廉政建设的重要论述，为推进新时代清廉地域建设提供了科学理论指导、行动指南和根本遵循，是清廉兰州法治文化建设的理论基础。

第一节　习近平法治思想中蕴含的清廉建设理念

一、习近平法治思想中的清廉建设内涵阐释

（一）中国共产党的领导是清廉建设的根本保证

党的十九大报告指出，"党政军民学，东西南北中，党是领导一切的"。这里的"一切"包括清廉建设在内。清廉建设是一项系统工程，不仅涉及立法、执法、司法、守法环节及保障方面的问题，而且还需要协调经济社会发展方方面面的关系，这种协调只有作为执政党的中国共产党才能够通过发挥总揽全局、协调各方的领导核心作用，统筹协调各方的关系。

（二）以人民为中心是清廉建设的根本立场

坚持以人民为中心是习近平法治思想的第二个核心要义，体现的是我国法治建设的根本立场，也说明我国清廉建设的基本属性就是人民性。清廉建设归根到底是为了人民、造福人民。为了人民、造福人民是清廉建设的逻辑起点，也是推进清廉建设的力量源泉，更是取得政治清明、政府清廉、干部清正、社会清朗成效的决定性因素。所以，要聚焦人民群众对清廉兰州建设的新要求、新期待，作出符合人民利益和实际的积极回应，将群众的呼声变

为建设清廉兰州的自觉行动。

（三）中国特色社会主义廉政法治道路是清廉建设的根本道路

中国特色社会主义廉政法治道路是中国特色社会主义法治道路在廉政领域的具体体现。习近平总书记指出："全面推进依法治国，必须从我国实际出发，同推进国家治理体系和治理能力现代化相适应，既不能罔顾国情、超越阶段，也不能因循守旧、墨守成规。"①这既是我国法治建设根本方向的要求，也是中国特色社会主义廉政法治建设的根本遵循，为清廉兰州法治建设指明了方向。我国廉政法治道路必须根植中国大地，具有中国特色。我国的廉政问题植根于我国的土壤，涉及我国的政治、经济、文化等方方面面，要解决这些问题，就必须立足我国国情，探索出一条符合我国国情的有中国特色的廉政法治道路。

（四）建设中国特色廉政治理体系是清廉建设的总体目标

中国特色社会主义法治体系是我国法治建设的总抓手，特点有二：第一，贯通国法和党规。建设中国特色社会主义法治体系，包括"形成完备的法律规范体系、高效的法治实施体系、严密的法治监督体系、有力的法治保障体系，形成完善的党内法规体系"②，首次把以党章为统领的党内法规体系纳入建设中国特色社会主义法治体系范畴，与以宪法为核心的国家法律法规有机结合起来，实现国法和党规的有效贯通。清廉建设的总体目标同样也要体现该贯通，建设中国特色廉政建设体系，实现国家法律和党内法规的有效衔接和贯通。第二，统筹德治和法治。坚持依法治国和以德治国相结合，"实现法律和道德相辅相成、法治和德治相得益彰"③是对我国法治体系内涵的深刻阐释，表明中国特色社会主义法律体系一方面体现刚性的法治要求，另一方面体现柔性的德治约束。廉政建设的主体是全社会，所针对的行为对象是国家公权力。这就要求，一方面要通过完善中国特色社会主义廉政法治体系，扎牢"不能腐"的党规国法制度；另一方面要发挥道德教化的作用，不断强化理论武装，进一步坚定理想信念，增强"不想腐"的自觉。

（五）统筹"两个大局"是清廉建设的重要基石

在建设社会主义现代化强国的征程中，我们面临百年未有之大变局和中

---

① 中共中央文献研究室：《习近平关于全面依法治国论述摘编》，中央文献出版社，2015，第31页。

② 《中共中央关于全面推进依法治国若干重大问题的决定》，人民出版社，2014，第4页。

③ 《中共中央关于全面推进依法治国若干重大问题的决定》，人民出版社，2014，第7页。

华民族伟大复兴的战略全局。国家层面的这"两个大局"决定了清廉建设必须统筹"国内法治和涉外法治"。廉政建设问题是世界各国都会遇到的重要课题，在世界多极化的大趋势下，国与国之间更需要就涉及跨境的有关廉政方面的问题进行合作。比如，涉案者及其涉案资金跨国流动时，仅凭某一国的力量很难成功追逃追赃，只有与涉案者当时所在国共同携手，才能够取得合法有效的证据，进而成功追逃追赃。因此，当前紧迫的任务便是将"法治的两个大局"尽快统筹起来，全面构建追逃追赃国际合作长效机制，为廉政建设长效机制夯实根基。

（六）德才兼备的高素质法治队伍是清廉建设的人才保障

国家法律和党内法规的实施，都离不开高素质的法治队伍。习近平总书记强调，要加强对法治工作队伍的理想信念、法治理念、专业素质、忠诚担当教育，建设德才兼备的高素质法治工作队伍。纵观我国的廉政队伍（纪检监察队伍），"在思想上和专业知识上与监察工作的要求不一定有很高的匹配度，容易带着以前的职业思维和专业思路办公，从而导致工作效率上的不达标"[①]。究其原因，主要在于在监察体制改革后，大多数工作人员转隶于检察院相关部门、行政监察机关、审计机关等部门，从履职的总体情况来看，确实离高素质的专业队伍的标准有差距。因此，要把强化政治素质放在首位，还要加强监察基础理论的学习，同时，还应在监察实践中，多总结好的经验和做法，真正做到理论素质强、实践本领硬。

（七）抓住领导干部这个"关键少数"是清廉建设的工作重心

依法治国要坚持抓住领导干部这个"关键少数"。一般来说，"关键少数"包括主要领导干部及其班子成员，是一个部门（单位）的"火车头"，其行为对该部门（单位）起着导向示范作用。在清廉建设中，"关键少数"同样发挥着"风向标"作用。因此，抓"关键少数"非常重要。首先，要抓领导干部的尊法学法、懂规遵规方面的管理培训，使其在守纪律讲规矩和尊崇党纪国法方面做表率。其次，要抓关于对领导干部的权力约束机制的建设，使公权力在制度轨道上运行。最后，要抓好领导干部的任用，一方面要严格落实《推进领导干部能上能下规定》的规定，重点解决干部能下问题，"将廉洁问题作为干部职务调整的情形之一"，进一步营造"能者上、优者奖、庸者下、劣者汰"的用人生态。另一方面要落实好《中共中央关于加强

---

① 张震、廖帅凯：《习近平法治思想中的监察法治思维体系论》，《重庆大学学报》(社会科学版)2021年第3期，第24-25页。

对"一把手"和领导班子监督的意见》，监督好领导干部这个"关键少数"。

二、习近平法治思想中清廉理念的主要特征

习近平法治思想中所蕴含的廉政建设的重要论述，也是其清廉法治理念的具体体现，凸显出政治性、科学性、系统性、实践性的特征。

（一）政治性

旗帜鲜明讲政治，是习近平法治思想的一大特点。在我国法治建设中，把准政治方向是首先要解决的问题。习近平总书记强调："全面依法治国这件大事能不能办好，最关键的是方向是不是正确、政治保证是不是坚强有力……"①清廉法治建设能不能搞好，政治方向能不能把准，归根到底要回答好清廉工作由谁领导、为了谁、走什么道路的问题。

回答好这个问题，就要根据不断变化的矛盾和中国实际，保持政治定力，在根本问题上坚持守正。其一，坚持中国共产党领导是中国特色社会主义制度的最大优势，也是我国清廉建设的最大优势，对廉政建设的走向起着掌舵领航的关键作用。其二，以人民为中心是中国共产党执政的价值所在，也是清廉建设必须坚持的政治立场。清廉建设只有秉持以人民为中心的理念，才能得到人民的支持，才能最终取得决定性胜利。其三，中国特色社会主义法治道路是中国特色社会主义道路在法治领域的具体体现，廉政道路则是法治道路在廉政领域的生动写照。这条道路，符合中国国情，贴近我国政治、经济与文化的发展实际，能够反映廉政建设的内在需要，指明清廉建设的方向，对我国的清廉建设起着固本强基、行稳致远的作用。

（二）科学性

习近平法治思想中的清廉理念的科学性主要体现为精准研判出"标本兼治"的廉政建设规律，可以说，"标本兼治"是习近平法治思想中廉政理念的精粹所在。习近平法治思想从当前中国的实际出发，在回应现实问题的同时，又对未来进行了蓝图规划，体现了现实性和前瞻性的高度统一。在应对腐败的问题上，习近平总书记给出了"标本兼治"的应对之策。

在"治标"层面，作出全面从严治党的战略部署，以中央八项规定开局破题，通过监察体制改革实现监察全覆盖，从"打虎"到"拍蝇"再到"猎狐"，构建起"不敢腐"的惩戒机制，力求铲除腐败问题滋生的源头。

①习近平：《中共中央关于全面推进依法治国若干重大问题的决定》，人民出版社，2014，第48-49页。

在"治本"层面，将"法治反腐"作为反腐倡廉的根本路径，挖掘腐败问题滋生的根源，铲除腐败产生的土壤，旨在构建制度的堤坝，以预防、阻拦腐败问题出现。将建设中国特色社会主义反腐败法治体系作为实现长效反腐目标的总抓手，将严格执行落实作为抓手，最终构建起"不能腐"的防范机制和政治生态。同时还强调德润人心，强化自律的软约束，即通过加强公职人员的理想信念教育，守住思想防线，力求筑牢"不想腐"的思想防线。这样，就将制度硬约束与道德软约束有机结合起来，标本兼治，一体推进"不敢腐、不能腐、不想腐"落地。"治标"与"治本"并行不悖、有机结合，是廉政建设的基本规律，二者相辅相成、不可偏废。治"标"为治"本"夯实基础，治"本"是治"标"的动力和归宿，二者共同作用，于"兼治"中实现廉政建设的目标，也体现出清廉理念的科学性。

（三）系统性

清廉建设是一项复杂精密的系统性工程，涉及国家各领域各方面各环节，贯穿立法、执法、司法、守法全过程，衔接国内法治与涉外法治，可以说关乎党政建设和国家治理。党的十八大以来，习近平总书记审时度势，将清廉建设的根本立场、根本道路、基本路径、总体目标、重要基石、人才保障、工作重点集于一体，显现出对清廉建设规划的整体性、系统性特质。

习近平法治思想"十一个坚持"的核心要义，是这个科学体系的"四梁八柱"，其蕴含的清廉理念是清廉建设的根本遵循。如前所述，在清廉建设中，我们要始终坚持走中国特色社会主义廉政法治道路，这条道路是以坚持党的领导为根本保证、以坚持以人民为中心为价值立场的唯一正确道路。建设中国特色社会主义廉政法治体系是廉政建设的总目标，需要建设一支德才兼备的高素质法治干部队伍，为法律法规高效实施提供人才保障。建立境外追逃追赃合作机制需要统筹推进国内治理和国外合作，紧抓"关键少数"，形成"头雁效应"。

（四）实践性

习近平法治思想来源于实践，其中所蕴含的廉政理念处处体现着实践要求。把廉政建设的理论与我国反腐败斗争的实际相结合，这是最直接地体现实践性。此外，将清廉建设的顶层设计和基层探索相互衔接起来，既体现了清廉建设的科学性，又彰显出清廉建设的实践特色。"问题导向、目标指向与精准发力是习近平法治思想的逻辑起点。"①比如，针对被查处的腐败分

①韩庆祥：《人民要论：坚持问题导向是党治国理政的鲜明特点》，《人民日报》2016年12月12日第7版。

子中主要领导的占比相对较高的现状，习近平总书记提出全面从严治党必须抓住领导干部这个"关键少数"；再比如，提到反腐败斗争时，指出"'老虎'要露头就打，'苍蝇'乱飞也要拍"[①]，"把好用权'方向盘'，系好廉洁'安全带'"[②]。这种形象生动的语言风格，反映出习近平总书记擅长将深奥的理论用非常形象的语言表达。此外，不管是党风廉政建设还是反腐败斗争，习近平总书记都强调要以"抓铁有痕、踏石留印"的劲头将国家方针政策落地、落实、落细。在国法的落实上，严格执法是廉政治理的核心，只有严格执行法律，法律法规才能发挥其应有的作用，才能起到廉政治理防线的作用[③]。习近平法治思想中反复强调建设德才兼备的高素质法治工作队伍，狠抓反腐倡廉法规制度的贯彻执行。在党纪的落实上，习近平总书记强调深入落实中央八项规定精神，坚持不懈纠正"四风"，为此，他多次举具体事例阐明党员在日常生活中容易萌生的贪腐苗头，句句切中要害，及时为党员打了一剂预防针，彰显出鲜明的实践品格。

第二节　法治兰州建设的实践探索

2022年，清廉兰州建设启动后，兰州市全面贯彻习近平法治思想，紧盯清廉兰州创建目标任务，坚持法治国家、法治政府、法治社会一体建设，为系统推进兰州实现高质量发展营造良好法治环境。

一、坚持党的领导，统筹推进法治兰州建设

（一）强化法治思维

认真学习贯彻党的二十大精神特别是关于法治建设的相关要求，坚持以习近平法治思想指导推动兰州市法治建设工作。市委理论学习中心组、市政府常务会议专题学习16次，全市举办专题讲座242场次、专题学习735次，组织开展"学习贯彻习近平法治思想"等专题调研2次，形成调研报告60余篇，向省上推荐优秀调研报告3篇。

①《习近平谈治国理政（第三卷）》，外文出版社，2020，第510页。
②《把好用权"方向盘"系好廉洁"安全带"》，https://www.gcdr.gov.cn/content.html？id=19420。
③周庆平：《反腐败的高压态势与硬环境建构》，《国家检察官学院学报》2014年第3期，第78页。

（二）科学统筹谋划

坚持把法治建设纳入全市经济社会发展总体规划，市委常委会会议、市政府常务会议多次专题研究法治政府建设工作，市委、市政府主要领导先后9次就法治建设工作作出批示。召开市委全面依法治市委员会会议、全市法治政府工作会议、依法治市办主任会议和各协调小组会议，定期听取法治建设有关工作情况汇报，研究出台《兰州市法治政府建设实施方案（2021—2025年）》等重要文件12件，统筹推进各项工作。

（三）落实法治责任

各级党委（党组）主要负责同志履行"法治建设第一责任人"职责情况述职实现全覆盖，并纳入年度综合考评。结合市情，研究设立市县两级法治建设议事协调机构日常办事机构，该做法得到省委依法治省办的充分肯定。

（四）强化考评督察

持续优化年度法治绩效考评工作，形成"三类三级"指标体系，突出重点及薄弱环节，加大考评分值权重，以考核指挥棒促进工作整体提升。加强法治督察，开展市县法治建设专项督察2轮次，组织自查整改3次，实现市县两级法治督察全覆盖。

二、坚持良法善治，不断提升完善制度体系

（一）深入宣传贯彻实施宪法

认真贯彻落实《甘肃省组织实施宪法宣誓制度办法》，规范有序开展宪法宣誓活动4场次100人次。深入开展宪法学习宣传教育活动80余场次，全面普及宪法知识，弘扬宪法精神。

（二）加强重点领域立法

聚焦改革急需、群众关切的突出问题，编制并实施市人大、市政府5年立法规划和年度立法计划，确定立法项目43件。制定修订地方性法规3件、政府规章3件，废止政府规章3件，召开立法论证会16次，立法计划全面完成。组织开展地方性法规清理工作3次。

（三）加强规范性文件审查管理

市委审查各类规范性文件102件，向省委报送备案党内规范性文件33件。市人大坚持"有件必备、有备必审、有错必纠"原则，备案审查规范性文件38件。市政府严把规范性文件的审查关、备案关、登记关，审查文件

353件，向国务院、省人大、省政府和市人大备案规章、行政规范性文件10件，报备率、及时率、规范率均达100%。成立兰州行政规范性文件合法性审核研究基地，开创"行政机关+高校"备案审查工作新模式。

（四）健全突发事件应对法治保障体系

完善《兰州市突发事件总体应急预案》，形成1个总体预案、48个专项预案、7个保障预案相互衔接、完整配套的应急预案体系。建立市委、市政府总值班室同应急、气象、水务、卫健等市级部门信息共享和应急联动机制，组建19支政企协同、统筹联动的应急救援力量。

三、全面履行职能，不断提升依法治理能力

（一）持续深化"放管服"改革

全力打造工程建设项目审批"最快城市"，构建一体化网上政务服务平台，实现市、县、乡、村四级政务服务网全覆盖。整合高频便民服务202项，累计服务近40万人次，集成整合疫情防控"场所码"功能，实现市域全覆盖。建成"多规合一"业务协同平台，协同363个市、县区行业管理部门，归集22个规划图层，实现全市域"一张蓝图"。编制政务服务事项实施清单6.5万项，编制公布《兰州市行政许可事项清单（2022年版）》。"码上监督"得到国务院职转办肯定，"小兰帮办"荣获"甘肃好品牌——最具影响力服务品牌"称号。

（二）着力优化法治化营商环境

制定《兰州市优化营商环境办法》《兰州市落实强省会战略进一步优化营商环境若干措施》等文件，对全市优化法治化营商环境作出总体安排。认真落实《助力园区企业发展十项措施》，开展"维护民企权益、优化营商环境"专项行动，常态化运行市县两级法治化营商环境问题投诉举报平台，不断提高企业的法律意识，增强法治思维。与沿黄6个省会城市实现商事登记"跨省通办"，开展"护航非公 送法进企"活动，选拔优秀律师组成志愿服务团队为企业开展常态化"法治体检"，"小兰之家"被评为智慧中国"2021高质量发展营商环境特色50强"。"证照改革、一网通办、智慧监管、政务透明、信用风险、单一窗口、数字化"7个领域入选创新代表城市，列入《城市营商环境创新报告》。

（三）加快推进市域社会治理

组建社区建设工作委员会，持续迭代升级"三中心一体指挥调度、社工

委线下联动共治、大平台线上集成服务"社会治理新体系。搭建"小程序+App+热线+平台"四位一体的"小兰帮办"社会治理平台，优化上线"帮您查"事项142项，推动劳动就业、医疗卫生、养老服务等政务服务事项下沉村社办理，实现"不来即享、基层可办"。以打造实体化小兰社会治理综合指挥中心为抓手，推动综治中心、三维数字管理中心、政务服务中心资源联动、并轨运行，实现社会治理力量联动、矛盾联调、平安联创。形成"一牵引抓总、三平台支撑、五机制保障"的运行模式和上下联动的问题双向解决渠道，已推动解决各类群众诉求6.3万余件。全力争创全国文明典范城市、青年发展型城市，建设"清廉兰州"。

四、规范权力运行，全力推进法治政府建设

（一）严格落实重大决策程序

严格按照相关规定，贯彻落实重大行政决策程序规定，尤其着重突出政府法律智囊参谋助手作用，凡是市政府常务会议有涉法议题的都进行合法性审查，凡是需要出具法律建议的各类涉法事务则依法依规出具，参加市政府各项重大事项研究协调会议，确保政府决策合法有效。

（二）推进严格规范公正文明执法

组织开展"行政执法规范化建设年"活动，严格落实行政执法"三项制度"以及相关配套措施，公示行政执法信息55.4万余条。对557个行政执法主体、13484名行政执法人员进行资格审查。从严加大行政执法监督力度，开展行政执法案卷评查工作2轮次，评查案卷1500余卷，对优劣卷在全市予以通报。全面推行多部门联合"双随机、一公开"监管，落实"互联网+监管"。组织全市行政执法人员开展综合法律知识网络培训，严格执行行政执法案件统计报告制度。积极推动行政柔性执法工作落地见效。

（三）深入推进行政复议体制改革

对标"五有"要求，全力推进行政复议体制改革，实现行政复议案件"统一受理、统一审理、统一决定、统一监督"。成立行政复议委员会、调解和解委员会以及专家咨询委员会，制定出台委员会议事规则等制度机制100余项，构建"1+3"领导体制和工作运行机制，改革成效得到省上的肯定。全市共受理行政复议案件310件，审结244件，纠错率较2021年下降12%，达到历史最低水平。

五、深化司法改革，确保司法公正高效权威

（一）持续深化司法责任制综合配套改革

坚持台账化管理，深入推进并按时序完成省级271件、市列22件改革任务。市法院自主研发的办案负荷精算和审判业务绩量化评价软件，被最高院评为"智慧法院"典型案例。市检察院与有关单位联动探索创新，建立了公益性诉讼工作体系和西部省份区域性司法协作工作机制。

（二）持续深化为民办实事活动

市级政法各单位围绕"努力让人民群众在每一个司法案件中都能感受到公平正义"①主题，推出一系列务实活动。法院系统扎实推进"学雷锋志愿者服务月""察民情排民忧、访企业解困难""法护青春"以及"庭审现场变警示教育课堂"等实践活动；检察机关推出"八大行动三十三项举措"，持续开展检察为民办实事活动，实现"群众信访件件有回复"；公安机关推出"户政服务新十条""主动出击反电诈、竭力守护群众'钱袋子'、打击养老诈骗"等专项行动；司法行政机关积极开展"法律援助惠民生""法治体检"等活动，形成一批富有市域特色的"兰州方案"。

（三）深入开展执法司法规范化建设

市法院试点开展四级法院审级职能定位改革，对疑难复杂案件，全面开展提级管辖工作。推进繁简分流，简易程序适用率81.3%，平均审限缩短14天，服判息诉率91.6%。市检察院坚持"最有利于未成年人原则"，严惩性侵害、校园暴力等侵害未成年人犯罪。制发督促监护令73件，促进"甩手家长"依法带娃。市公安局对涉网犯罪保持高压态势，结合"净网2022"等专项行动，坚持电诈犯罪打击治理双轮驱动，电诈案件发案同比下降25.6%，破案数同比提高3.9倍。市司法局积极推进社区矫正工作机构和社区矫正监管中心"两个全覆盖"，全面落实执法规范化、工作标准化、管理信息化"三化建设"，社区矫正重新违法犯罪率始终控制在0.1%以下。

六、强化普法宣传，不断深化民主法治建设

（一）着力提升全社会法治意识

全面总结"七五"普法工作，推报6家单位、9名个人获全省普法先进。

①习近平：《从全局和战略高度推进全面依法治国》，载中共中央文献编辑委员会编《习近平著作选读(第二卷)》，人民出版社，2023，第385页。

扎实推进"八五"普法规划，有效开展"法律八进"活动，积极打造黄河法治文化带。借助各类普法平台，如"小兰说法""金城法云""法润黄河少年"等，线上线下开展普法宣传活动，编发《解答百姓最关心的100个法律问题》等宣传资料5万余份。坚持创新载体，在《兰州日报》《兰州晚报》开办专题专栏，在"兰州发布""爱兰州"等客户端广泛推送知识图解、微视频等新媒体产品，建立一批"法治大讲堂"，在全社会营造尊法学法守法用法的浓厚氛围。

（二）健全公共法律服务体系

紧盯"两快两全"目标，强化法律服务"智能化"模式，建成覆盖市、县、乡、村四级的公法服务体系。持续深化"一村（居）一法律顾问"制度，线上线下解答群众法律咨询1.2万人次。不断拓展公共法律服务中心功能，将宣传、咨询、调解、法律援助、社区矫正等服务事项融为一体。据统计，全市各类实体和热线平台共接待各类法律咨询1.5万余人次，办理法律援助案件2898件、公证案件3.2万件、司法鉴定案件9319件、仲裁案件280件。深化"法治惠企""万所联万会"等活动，助力民企发展。

（三）强化法治乡村建设

实施村（居）"三大工程"创建活动，即实施"法律明白人"培养、农村学法用法示范户培育、民主法治示范村（社区）创建。自开展活动以来，共培养"法律明白人"3756人，培育学法用法示范户339个，创建全国民主法治示范村（社区）13个、全省民主法治示范村（社区）142个，强化了法治乡村建设成效。

虽然我市法治建设工作取得了积极成效，但仍然存在一些差距和不足：一是法治建设水平在区域和部门间存在不均衡现象，部分县区依法行政基础工作相对薄弱；二是行政执法不规范现象仍然存在，需进一步精细化推行行政执法"三项制度"；三是亮点示范培树还需不断加强，打造特色鲜明的法治建设品牌的能力尚待提升。

我们将坚持以习近平新时代中国特色社会主义思想为指导，全面学习贯彻党的二十大精神，以积极争创全国法治政府建设示范市为突破口，全力统筹推进法治国家、法治政府、法治社会建设，为落实强省会行动战略、系统推进兰州高质量发展提供坚实的法治保障。

第五章　清廉兰州法治文化建设的重点举措

第一节　加强党的领导是清廉法治建设的根本保证

我国社会主义的性质决定了我国社会主义法治必须以坚持党的领导作为根本保证，这也是全面推进依法治国的题中应有之义。相应地，清廉兰州法治文化建设必须以坚持和加强党的领导为根本保证。

一、坚持党的领导与依法治国相统一是清廉法治文化建设的政治前提

（一）党的领导与社会主义法治具有一致性

党的领导是中国特色社会主义最本质的特征，是社会主义法治最根本的保证。坚持党的领导，是建设中国特色社会主义法治体系、建设社会主义法治国家的根本保障，是开辟和发展中国特色社会主义法治道路的一条基本经验，是我们党和国家前途所在、命运所系。只有把党的领导贯彻到依法治国的全过程和各方面，才能确保法治中国建设沿着中国特色社会主义正确方向前进。

党的领导和社会主义法治是一致的，社会主义法治必须坚持党的领导，党的领导必须依靠社会主义法治。在全面推进依法治市的进程中，我们需要充分发挥各级党委总揽全局、协调各方的领导核心作用，同时健全党委领导依法治省的相关制度和工作机制。为此，我们需要在以下方面作出具体努力：坚持党委的统一领导、各方的分工协作以及社会的广泛参与，加强对全面推进依法治市的组织领导和统筹协调。党委应定期听取法治建设工作的汇报，同时在法治建设中支持和引导工会、共青团、妇联等人民团体和社会组织，使其充分发挥积极作用。党政主要负责人有责任切实履行法治建设的第

一责任人职责。此外，我们要充分发挥基层党组织在全面推进法治建设过程中的战斗堡垒作用，着力增强基层干部的法治观念和法治为民的意识，同时提升其依法办事、依法履职的能力和水平。

（二）不断加强和改进党的领导，提高依法执政水平

党的领导权不是法外权力，执政必须依法。要不断加强和改进党的领导，提高党的依法执政水平。党的领导必须依靠社会主义法治，要求把法治作为党治国理政的基本方式，提高依法执政能力和水平。各级党委要按照"三统一""四善于"的要求，既坚持党总揽全局、协调各方的领导核心作用，确保党的主张贯彻到全面推进依法治省的全部实践之中，又要改进党的领导，自觉在宪法法律范围内活动，以法治的理念、法治的体制、法治的程序开展工作。要完善依法决策机制，发挥政策和法律各自的特点和优势，促进党的政策和国家法律互联互动。

党员干部，尤其是党的领导干部，应当在遵守法律、依法办事和依法履职方面发挥表率作用。通过引入任前法律知识考试、党委中心组学法、述职述法等制度，确保他们深刻理解法律的红线不可逾越、法律的底线不可触碰。在实践中，他们不能违法行使权力，更不能"以言代法、以权压法、逐利违法、徇私枉法"①。为了督促党员干部运用法治思维和法治方式深化改革、推动发展、化解矛盾、维护稳定，我们需要通过制度性安排来强化相关监督。同时，我们必须加强反腐倡廉的党内法规制度建设，真正在全体党员中树立起敬畏法律、崇尚法治的牢固意识。

（三）依照宪法法律和党规党纪从严管党治党

党的十八届四中全会指出，注重党内法规同国家法律的衔接和协调，提高党内法规执行力，运用党内法规把党要管党、全面从严治党落到实处，促进党员、干部带头遵守国家法律法规。

在现实社会当中，各级党组织和党员干部都会受到宪法法律和党规党纪两种规范的约束，因此，无论是治国理政还是管党治党，都要进一步认识和处理宪法法律和党规党纪的关系。

第一，宪法、法律和党规、党纪在本质上是一体的。宪法赋予党治国理政的责任和使命，因此，党必须在法治的轨道上推动国家治理。党不仅领导制定宪法和法律，同时也制定党规党纪以规范自身行为。虽然党规党纪和法

---

①中央宣传部、中央依法治国办组织：《习近平法治思想学习纲要》，人民出版社、学习出版社，2021，第16页。

律的调整对象与适用范围不同，强制力也有所不同，但本质上是相统一的，均旨在正确治理国家，确保国家正常运行，使人民安居乐业。

第二，党规党纪必须与宪法法律相衔接。我国宪法和相关法律明确规定，宪法具有最高的法律效力。《中国共产党章程》规定，党的活动必须在宪法和法律的框架内进行。因此，在制定和执行党规党纪时，务必坚持法治思维，加强对宪法和法律的理解，严格按照法律规定履行职责。

第三，依照宪法、法律和党规、党纪全面从严治党。治国必须从治党开始，治党务必严谨有序。党员遵守宪法和法律是党规党纪的基本要求。从行为标准来看，党规党纪对党员的要求比法律更为严格，党的先进性决定了党规党纪严于国家法律。对于违反党规党纪的行为，必须按照党纪予以相应的处分。如果同时触犯法律，还应根据法律进行进一步的惩处，决不能以纪律替代法律。

二、推进依法治国必须坚持党的领导是清廉法治文化建设的本质特征

（一）"共同推进"＋"一体建设"：加强和改进党对全面推进依法治国领导的战略布局

针对全面依法治国的战略布局，习近平总书记明确给出了答案："坚持依法治国、依法执政、依法行政共同推进，法治国家、法治政府、法治社会一体建设。"[①]这一布局中，治国也好、执政也好、行政也罢，前提条件都是必须"依法"，并且在行进中要同向同行、步调一致，实现"共同推进"。同时，在共同推进中，国家、政府、社会建设的目标都是"必须纳入法治化轨道"，而实现法治化的进程中是要融为一体、系统推进的。我国法治建设的目标是建设法治中国，实现全面依法治国，即坚持党的领导是前提，坚持依法办事是准则，保证党的基本路线、方针政策不折不扣地贯彻落实是目的。依法治国必然要求执政党在执政过程中要做到依法执政，处理好党和法的关系，善于将党的政策通过法定程序及时转化为国家意志，上升为法律，从而能够有效地成为全社会成员的普遍行为准则。这种执政是实现依法治国前提和最基本的保证。依法行政要求政府在行使国家公权力的过程中要彻底解决不作为、乱作为等行为，加大法律对行政的监控力度，做到政府依照法律规定依法行使公权力，全社会依法办事，且做到尊

①习近平：《从全局和战略高度推进全面依法治国》，载中共中央文献编辑委员会编《习近平著作选读（第二卷）》，人民出版社，2023，第383页。

重法律的尊严和权威。

（二）三个"统一"：加强和改进党对全面推进依法治国领导的基本原则

习近平总书记指出："必须坚持党领导立法、保证执法、支持司法、带头守法，把依法治国基本方略同依法执政基本方式统一起来，把党总揽全局、协调各方同人大、政府、政协、审判机关、检察机关依法依章程履行职能、开展工作统一起来，把党领导人民制定和实施宪法法律同党坚持在宪法法律范围内活动统一起来……"①这三个"统一"，明确了党在推进全面依法治国中的地位，强调了党在立法、执法、司法、守法四个层面发挥的全局作用，同时明确了党在领导这四个环节如何实现的基本思路。在法治建设中，要认真领会准确把握这三个"统一"，充分体现坚持党的领导在我国法治建设中的定位、地位和作用。

（三）四个"善于"：加强和改进党对全面推进依法治国领导的行为准则

习近平总书记在处理党的领导和全面依法治国的关系时明确提出四个"善于"，即"善于使党的主张通过法定程序成为国家意志，善于使党组织推荐的人选通过法定程序成为国家政权机关的领导人员，善于通过国家政权机关实施党对国家和社会的领导，善于运用民主集中制原则维护中央权威、维护全党全国团结统一"②。这四个"善于"中，党的主张成为国家意志、党组织推荐的人选成为国家政权机关的领导人员，都必须通过法定程序来实现，在宪法中表述为"维护宪法权威，就是维护党和人民共同意志的权威。捍卫宪法尊严，就是捍卫党和人民共同意志的尊严。保证宪法实施，就是保证人民根本利益的实现"③。仔细分析就会发现，这也是三个"统一"的具体体现。

三、把党的领导贯穿到全面推进依法治国全过程是清廉法治文化建设的路径选择

（一）坚持法治思维，实现治理能力现代化

坚持全面依法治国、建设社会主义法治国家，切实保障社会公平正义和人民权利，是我国国家制度和治理体系的一大显著优势。在全面推进依法治

①《中共中央关于全面推进依法治国若干重大问题的决定》，人民出版社，2014，第5页。
②《中共中央关于全面推进依法治国若干重大问题的决定》，人民出版社，2014，第5-6页。
③习近平：《在首都各界纪念现行宪法公布施行30周年大会上的讲话》，人民出版社，2012，第4页。

国进程中，党员干部是重要组织者、推动者、实践者，要把全面依法治国的显著优势转化为治理效能，这就要求党员干部树立尊崇法治的信仰，维护法治权威，努力实现治理能力现代化。党员干部要通过多样的形式带头学法、尊法，以提高法律素质、树立法治思维、提高法治能力，不断增强依法行政的能力。

（二）坚持依法治党，实现权力运行法治化

邓小平同志指出："没有党规党法，国法就很难保障。"[①]目前，中国共产党已经形成了一整套以党章为统领的严格的党内法规体系，涉及管党、治党、党的建设等各个方面。因此，实现权力运行法治化，首先，要充分发挥党章这个党内根本大法在管党治党中的根本作用，不断提高领导干部依规治党的能力和水平，以维护党章的严肃性；其次，党员干部要牢固树立党章意识，切实做到以党章规定为行为准则和规范，遵守党的纪律没有特权，执行党的纪律没有例外；再次，要加强监督权力的运行，全面推广建立权力清单制度，确保权力行使到哪里，监督就跟进到哪里；最后，对于各级党组织来说，要把党章作为党的活动和党的建设的根本遵循，做到令行禁止，确保全党统一意志、统一行动、步调一致向前进。

（三）坚持依宪执政，实现治国理政规范化

宪法是国家的根本大法，依法治国的根本是依宪治国、依宪执政。宪法是党的主张和人民意志相统一的体现，是治国安邦的总章程。《中华人民共和国宪法》第五条中明确规定："任何组织或者个人都不得有超越宪法和法律的特权。"任何组织和个人的行为都不能超越宪法和法律的规定，必须接受宪法和法律的制约。对于执政党来说，同样要坚决维护宪法的权威和尊严，不能凌驾于宪法法律之上。党规国法的有机配合还意味着必须实现两者的有效对接。党的十八大以来，《中国共产党党内法规制定条例》《中国共产党党内法规和规范性文件备案审查规定》等党内"立法法"颁布，随之出台了一批党内法规，并形成了党内法规体系，这一体系对党内法规建设进行了统筹规划、顶层设计，明确了党内法规的指导思想、工作目标、基本要求、主要任务和落实要求，以实现治国理政规范化、法治化。

---

①《邓小平文选（第三卷）》，人民出版社，1994，第147页。

第二节　加快建设法治政府是清廉兰州法治文化建设的重点任务和主体工程

一、健全政府机构职能体系，推动更好发挥政府作用

（一）推进政府机构职能优化协同高效

不断完善机构设置，优化职能配置，使机构设置更加科学、职能更加优化、权责更加协同，推动各部门依法全面正确履行职责。完善经济调节、市场监管、社会管理、公共服务、生态环境保护等职能，厘清政府和市场、政府和社会的关系，推动有效市场和有为政府更好结合。强化制定实施发展战略、规划、政策、标准等职能，更加注重运用法律和制度遏制不当干预微观经济活动的行为。构建简约高效的基层管理体制，实行扁平化和网格化管理。推进编制资源向基层倾斜，鼓励、支持从上往下跨层级调剂使用行政和事业编制。

（二）深入推进"放管服"改革

分级分类推进行政审批制度改革，持续推进简政放权，优化各类行政审批流程，全面清理、规范备案、认定、认证等管理措施。全面推行审批服务"马上办、网上办、就近办、一次办、自助办"，全面推行"五简五办五集成"新模式，统筹推进全市数字政府建设，制定全市统一的政务服务标准，形成"一事一评""一次一评"工作规范。大力整治各类变相审批，清理规范中介服务审批，推行行政审批告知承诺制，降低各类资质资格许可准入门槛。有序推进"证照分离"改革全覆盖，探索实现"一证准营"、跨地互认通用。推进投资领域行政执法监督，全面改善投资环境。全面落实证明事项告知承诺制，加强证明事项的互认共享，方便群众和企业办事，使政务服务改革持续走在全国前列。

推动政府管理依法进行，把更多行政资源从事前审批转到事中、事后监管上来。健全以"双随机、一公开"监管和"互联网+监管"为基本手段、以信用监管为基础、以重点监管为补充的新型监管机制，完善包容审慎监管方式，推行差异化管理模式，做到无风险不打扰、中低风险提醒辅导、高风险重点管理。以重点行业、重点领域为重心，尽快建立行业信用监管制度，将事前、事中、事后监管环节全面有机衔接，提高"放管服"的法治化程度和水平。

加快建设服务型政府，不断提高政务服务效能。聚焦重大招商引资项目落地、惠企政策落实、群众满意度提升等重点问题，持续加快审批速度，扩大"不来即享"覆盖面，延伸服务链条，完善首问负责、一次告知、一窗受理、自助办理等制度。大力推行"一件事一次办"，提供更多套餐式、主题式集成服务。加快推进"互联网+政务服务"建设。优化整合提升各级政务大厅"一站式"服务功能，全面实现政务服务事项全域通办、就近能办、异地可办。加快推进跨层级、跨地域、跨系统、跨部门、跨业务的协同管理和服务，强化市县乡村四级服务体系，打通信息"堵点"，填补信息"空白点"。

（三）持续优化法治化营商环境

深入实施《优化营商环境条例》，及时总结优化营商环境可复制可推广的经验做法，制定符合地方实际的法规规章。依法平等保护各种所有制企业产权和自主经营权。依法严厉打击侵犯企业合法权益的违法犯罪。持续开展清理执行积案、涉企"挂案"专项行动。加强政企沟通，在制定修改法规规章和行政规范性文件过程中充分听取企业和行业协会商会的意见，特别是民营企业、劳动密集型企业、中小型企业的意见，主动了解企业所需、困难所在，保障企业和行业协会商会在制度建设中的知情权、参与权、表达权和监督权。

二、健全行政决策制度体系，不断提升行政决策公信力和执行力

（一）强化依法决策意识

牢固树立依法决策意识，严格遵循法定权限和程序作出决策，确保决策内容符合法律法规规定。行政机关主要负责人作出重大决策前，应当听取合法性审查机构的意见，注重听取法律顾问、公职律师或者有关专家的意见。把遵守决策程序、做到依法决策作为对政府部门党组（党委）开展巡视巡察和对行政机关主要负责人开展考核督察、经济责任审计的重要内容，防止个人专断、搞"一言堂"。

（二）严格落实重大行政决策程序

严格执行《兰州市人民政府重大行政决策程序规定》，重大行政决策应当全面履行公众参与、专家论证、风险评估、合法性审查、集体讨论决定等法定程序。畅通法律专家参与重大行政决策、合法性审查的渠道，提高专家论证质量，充分发挥风险评估功能，确保所有重大行政决策都严格履行合法性审查和集体讨论决定程序，从源头上提高依法决策水平。推行重大行政决策事项年度目录公开制度。涉及社会公众切身利益的重要规划、重大公共政

策和措施、重大公共建设项目等，应当通过召开听证会等形式，加大公众参与力度，深入开展风险评估，认真听取利益相关群体的意见建议，增强公众参与实效。拓展民意表达渠道，及时回应群众的意见建议和诉求关切，建立健全决策过程记录和材料归档制度。

（三）加强行政决策执行和评估

完善行政决策执行机制，在决策中明确执行主体、执行时限、执行反馈等内容。建立健全重大行政决策跟踪反馈制度，通过发放问卷调查表、实地走访、查阅资料、召开座谈会、个别谈话等多种形式进行全程跟踪。对于重点改革任务、重大工程项目等重要决策事项，决策机关应当主动向社会公开任务目标、执行措施、监督方式、责任分工、实施步骤，拓宽公众参与监督的渠道。依法推进决策后评估工作，将决策后评估结果作为调整重大行政决策的重要依据。重大行政决策一经作出，未经法定程序，不得随意变更或者停止执行。对实施后明显未达到预期效果的重大行政决策，依照法定程序进行修改或者废止。严格落实重大行政决策终身责任追究制度和责任倒查机制，对超越法定权限、违反程序以及出现重大失误、恶劣影响的，依法严格追究责任。

三、健全行政执法工作体系，全面推进严格规范公正文明执法

（一）加大重点领域执法力度

加大食品药品、公共卫生、自然资源、生态环境、安全生产、劳动保障、城市管理、交通运输、金融服务、教育培训等关系群众切身利益的重点领域执法力度。坚持突出重点、预防为主、主动出击、查防并举的原则，分领域梳理群众反映强烈的突出问题，开展集中专项整治。对潜在风险大、可能造成严重不良后果的，加强日常监管和执法巡查，从源头上预防和化解违法风险。认真落实《甘肃省行政执法能力三年提升行动方案》的各项具体要求，进一步规范基层行政执法行为。畅通违法行为投诉举报渠道，对举报严重违法违规行为和重大风险隐患的有功人员依法予以奖励和严格保护。

（二）完善行政执法程序

全面严格落实行政执法公示、执法全过程记录、重大执法决定法制审核制度，明确执法主体、执法程序、执法事项，厘清监管事权，依法进行监管。统一行政执法人员资格管理，统一行政执法案卷、文书基本标准，提高执法案卷、文书规范化水平。全面落实行政裁量权基准制度，细化量化各行政执法行为的裁量范围、种类、幅度等并对外公布。梳理、规范和精减执法

事项，凡没有法律法规规章依据的一律取消。规范涉企行政检查，着力解决涉企现场检查事项多、频次高、随意检查等问题，减少对企业的不必要干扰。按照行政执法类型，制定完善行政执法程序规范。严格落实告知制度，依法保障行政相对人陈述、申辩、提出听证申请等权利。除有法定依据外，严禁采取要求特定区域或者行业、领域的市场主体普遍停产停业的措施。行政机关内部会议纪要不得作为行政执法的依据。

（三）创新行政执法方式

广泛运用说服教育、劝导示范、警示告诫、指导约谈等方式，努力做到宽严相济、法理相融，加大行政指导、行政奖励、行政建议等柔性执法方式的应用，使行政相对人于法理中感受刚性约束的力度，从而对法律及其执行行为和方式产生敬畏之心；于情理中体会说服教化的温度，从而对执法行为产生认同感，增强执法效果。全面推行行政柔性执法，还需要随时向社会公布免予处罚、从轻或者减轻处罚的清单，让全社会知晓柔性执法所针对的具体行为。实现精准监管、智慧监管，推动大数据、云计算、人工智能、区块链等现代科技手段与行政执法活动深度融合，提升行政执法现代化水平。建立行政执法案例指导制度。定期发布指导案例，加强以案释法。

（四）深入推进"互联网＋"监管执法

积极推进智慧执法，加强信息化技术、装备的配置和应用，推行行政执法App掌上执法，探索推行以远程监管、移动监管、预防控制为特征的非现场监管手段，解决人少事多的难题。全面梳理现有涉企现场监管事项，通过取消、整合、转为非现场监管等方式，压减重复或不必要的监管事项。

四、健全行政权力制约和监督体系，促进行政权力规范透明运行

（一）突出党内监督主导地位，形成监督合力

坚持将行政权力制约和监督纳入监督体系全局统筹谋划，突出党内监督主导地位。推动党内监督与人大监督、民主监督、行政监督、司法监督、群众监督、舆论监督等各类监督有机贯通、相互协调。积极发挥审计监督、财会监督、统计监督、执法监督、行政复议等监督作用。进一步完善审计结果运用机制，推动审计监督与纪检监察、巡视巡察相结合。自觉接受纪检监察机关监督，对行政机关公职人员违法行为严格追究法律责任，依法依规给予处分。

（二）加强和规范政府督查工作

依法组织开展政府督查工作，重点对党中央、国务院重大决策部署落实

情况，上级和本级党委政府重要工作部署落实情况，督查对象法定职责履行情况，本级政府所属部门和下级政府的行政效能开展监督检查，保障政令畅通，督促提高行政效能、推进廉政建设、健全行政监督制度。积极发挥政府督查的激励政策作用，坚持奖惩并举，强化政府督查结果运用，对成效明显的按规定加大表扬和激励政策力度，对不作为乱作为的依规依法严肃问责。进一步明确政府督查的职责、机构、程序和责任，增强政府督查工作的科学性、针对性、实效性。做好政府督查与其他监督方式的有效衔接，推动实现督查增效和基层减负。加强督查统筹，从严控制督查频次和时限，优化督查方式，实行"多督合一"，防止越权督查、多头督查现象的出现。

（三）持续推进政务公开

加强信息公开规范化、标准化、信息化建设。要坚持以公开为常态、不公开为例外，用政府更加公开透明赢得人民群众更多理解、信任和支持。加大主动公开力度，对群众关心的民生问题，如上学、就业、养老、医疗等，要及时公开；对涉及企业切身利益的相关利好政策，要及时全面主动公开；对决策、执行、管理、服务和结果各流程、各环节，要做到法律要求主动公开的内容必须全部公开到位。全面提升政府信息公开申请办理工作质量，依法满足人民群众合理信息需求，充分利用新媒体及时回应群众和社会关切。鼓励各级政府及部门通过各种活动、各种方式，对印发及公开的重要政策文件进行解读，提高市场主体和社会公众对经济社会发展各类政策和改革举措的知晓度与认同度，全面提升政府公信力。

（四）加强对行政执法的制约和监督

充分发挥行政执法监督统筹协调作用，构建市县乡全覆盖的比较完善的行政执法协调监督工作体系。全面落实行政执法责任，严格按照权责事项清单分解执法职权、确定执法责任。加大对执法不作为、乱作为的追责力度。推动形成数字监管新格局。加强和完善行政执法机关处理投诉举报、行政执法考核评议等制度建设。完善社会监督机制，构建行政执法社会监督员对口联系制度，组织社会监督员广泛参与专项执法监督、执法案卷评查等监督活动。

（五）加快推进政务诚信建设

坚持政府重信用、讲诚信，保持政策连续稳定，依法作出的规划、行政决定等不得随意改变。持续推进社会信用体系建设，完善政策落实兑现制度。建立政务诚信监测治理机制，建立健全政务失信记录制度，对违约毁约、拖欠账款、拒不履行司法裁判等失信者，将其失信信息纳入市级社会信用信息平台，通过"信用中国（甘肃兰州）"网站等公开平台依法依规向社会公开。建立健全政府失信责任追究制度，加大失信惩戒力度，重点治理债务融资、政府采购、招标投标、招商引资等领域的政府失信行为。

第三节　加快建设法治社会是清廉兰州法治文化建设的基础工程

一、树立全民法治观念

树立全民法治观念是清廉法治社会建设的前提和基础。

（一）深入学习宣传习近平法治思想

习近平法治思想是清廉兰州法治文化建设的理论基础和根本遵循，要把学习贯彻习近平法治思想作为清廉兰州法治工作的重中之重，推动习近平法治思想入脑入心。建立领导干部带头学习机制，推动领导干部带头学习践行习近平法治思想，提高领导干部在履职尽责中运用法治思维和法治方式的能力。开展形式多样的学习培训活动，把习近平法治思想纳入学校教育，作为法治教育的重点课程，通过学习会、报告会、研讨会、培训班等多种形式，线上与线下相结合，推动习近平法治思想进教材、进课堂、进头脑。组织一批专家学者开展习近平法治思想巡回宣讲，加强宣传解读，帮助干部群众系统掌握习近平法治思想"十一个坚持"的核心要义，进而树立法治信仰。

（二）推动宪法宣传教育常态化

大力宣传依宪执政、依宪治国等理念，持续推动宪法"八进"活动（进企业、进农村、进机关、进校园、进社区、进军营、进网络、进宗教场所），推动宪法实施，全面落实宪法宣誓制度，丰富国家宪法日活动内容和载体。加强关于国旗、国歌、国徽等国家标志的相关法律法规的学习，强化国家认同。将宪法宣传教育与社会主义核心价值观教育、党史学习教育紧密结合，树立正确价值导向。还要把宪法纳入领导干部学法清单，利用线上线下培训学习方式，增强领导干部的宪法意识。

（三）持续提升公民法治素养

充分发挥领导干部的带头示范作用。进一步落实国家工作人员学法用法制度，推动落实会前学法、法治培训、宪法宣誓、旁听庭审、领导干部任前法治考试和应知应会法律法规清单等制度，完善考核评估机制，将各级党政主要负责人履行推进法治建设第一责任人职责情况列入年终述职内容，推动述法工作与年终述职考核同步部署、推进。

进一步落实各类法治教育培训。加强青少年法治教育，加快构建大中小一体化法治教育体系，配齐配强法治课教师、法治辅导员队伍，完善法治副校长制度，进一步构建政府、司法机关、学校、社会和家庭共同参与的青少年法治教育新格局。加强对特殊群体的法治宣传教育，增强他们的法治意识，提高他们依法维权意识和能力。加强各行各业各领域从业人员的法治培训，提高社会各阶层依法办事意识和依法治理能力。

大力推行道德教育。在全社会弘扬社会主义核心价值观，大力推行社会公德、职业道德，倡导助人为乐、孝老爱亲等美德善行，增强法治道德底蕴，强化人民群众法治实践养成。

（四）健全完善普法责任制

健全普法工作机制。健全完善"谁执法谁普法""谁管理谁普法""谁服务谁普法""谁主管谁负责"的工作机制，坚持法治宣传教育与法治实践相结合，把案（事）件依法处理的过程变成普法公开课。落实国家机关普法责任制提醒告知制度、普法责任清单发布制度等，推动建立普法责任制履职评议制度和考核奖惩机制，探索引入第三方评估普法成效机制，加强对议事协调机构普法工作的检查和指导。

二、加强权利保护

（一）健全公众参与重大公共决策机制

制定与人民生产生活和现实利益密切相关的经济社会政策和出台重大改革措施，要充分体现公平正义和社会责任，畅通公众参与重大公共决策的渠道，采取多种形式广泛听取群众意见，切实保障公民、法人和其他组织的合法权益。在没有法律和行政法规依据的前提下，不得设定减损公民、法人和其他组织权利或者增加其义务的规范。落实法律顾问、公职律师在重大公共决策中发挥积极作用的制度机制，为党委和政府科学决策、依法决策提供参谋意见。健全企业、职工、行业协会商会等参与涉企法律规章及政策制定机制，依法平等保护企业、职工合法权益。在农村推广协商议事制度，形成民事民议、民事民办、民事民管的多层次基层协商格局，提升民主决策管理能力。

（二）保障行政执法中当事人的合法权益

规范行政执法行为，完善执法程序，改进执法方式，尊重和维护人民群众合法权益。严格执行行政执法"三项制度"，强化严格规范公正文明执法，切实维护人民群众的合法权益。推行"两轻一免"柔性执法，制定"两轻一免"清单并向社会公布，对新产业新模式新业态探索开展柔性监管、智慧监管。建立人民群众监督评价机制，促进食品药品、公共卫生、生态环境、安全生产、劳动保障、野生动物保护等关系群众切身利益的重点领域执法力度不断加大、执法效果不断提高。开展农资打假专项治理、农产品质量安全监管、黄河流域禁渔等专项执法行动。推进政府信息公开，涉及公民、法人或其他组织权利和义务的行政规范性文件、行政许可决定、行政处罚决定、行政强制决定、行政征收决定等，依法予以公开。

（三）引导社会主体履行法定义务

权责一致，是法的基本要求。强化规则意识，倡导契约精神，维护公序良俗，引导公民理性表达诉求，自觉履行法定义务、社会责任、家庭责任。引导、推动企业和其他组织履行法定义务、承担社会责任，促进社会健康有序运行。强化政策引领作用，为企业更好履行社会责任营造良好环境，推动企业与社会建立良好的互助互信关系。支持社会组织建立社会责任标准体系，引导社会资源向积极履行社会责任的社会组织倾斜。

三、依法治理网络空间

网络空间并非法外之地，网络法律制度的建立健全必不可少；培育、引导、规范管网、用网的法治意识，是信息化时代迫在眉睫的紧迫任务。

（一）完善网络法律制度

网络立法在我国起步较晚，虽然目前我国已制定了网络安全法、个人信息保护法、数据安全法等法律，但是仍然存在治网的法律盲点；也出台了有关网络信息和网络安全方面的行政法规，如未成年人网络保护、宗教信息服务、互联网信息服务等法规，但是仍不够健全。下一步，要让这些法律法规切实落地，以满足全面推进网络空间法治化的现实要求。对法律法规还未框进去的部分，或者原则性内容，要适时制定配套的实施细则，如网络信息服务、互联网新闻信息服务单位管理细则等。要严格执行《违法违规网络账号所在平台实施罚款处罚工作规范》《网络平台违法不良行为台账处理工作规范》，探索建立适合兰州市实际的处罚机制。此外，网络空间的管理离不开专业队伍，所以要加强网络执法队伍建设，加大网络执法人员的培训力度，完善网络执法主体资格制度。

（二）培育良好的网络法治意识

深入开展网络安全宣传周等网信普法宣传活动，加大对网络安全法、个人信息保护法、数据安全法、网络信息内容生态治理规定等互联网法律法规的学习宣传力度，不断提升全民网络安全意识和网络安全技能。完善全市网络举报协同处置工作机制，加强互联网违法和不良信息举报受理处置一体化体系建设，增强举报实效。深入开展网络专项整治行动，坚决依法打击谣言、淫秽、暴力、迷信等有害信息在网络空间传播蔓延的行为。引导网民参与网络治理，深入开展系列主题活动，实现网络法治宣传教育进机关、进校园、进企业、进村社，提高网民的网络法治意识和法治观念。

（三）保障公民依法依规安全用网

要依法依规切实全面落实网络安全责任制。首先，各责任主体要明确各自的职责，主管部门在管辖权限范围内的安全用网方面负有监管责任，必须全方位、无死角监管到位；主办和使用单位承担主体防护责任，必须承担起安全用网防护的主体责任；承担行业和企业履行技术防护责任，要让这些责任主体在明确其职责的基础上各司其职，切实履行好监管、督促、指导职责。推进建设集监测预警、分析研判、管控处置、指挥通信于一体的综合系统，形成统一高效的网络安全风险报告和研判处置机制，做到关口前移，随时检查隐患，修补漏洞。落实数据安全责任，严格规范收集使用用户身份、通信内容等个人信息行为，加大对非法获取、泄露、出售、提供公民个人信息等违法犯罪行为的惩处力度。加强对网络空间违法犯罪行为的监控能力建设，依法查处网络违法犯罪行为。

第四节　着力培育法治文化是清廉兰州法治文化建设的坚实基石

"国皆有法，而无使法必行之法。"（《管子·七法篇》）大力倡导培育社会主义法治文化，对全面推进依法治国具有全局性、先导性、基础性、决定性的作用。法治文化于法如水之源头，法治文化欠缺，法就只能是无源之水。法治精神、法治意识、法治观念三位一体，对人们来说，若内化于心、外化于行，则能形成良好的法治文化氛围，进而对人们产生广泛而深远的影响。

一、扎实推进社会主义法治文化建设

（一）治理之道：着力加强社会主义法治文化建设

习近平同志指出，要"提高全体人民特别是各级领导干部和国家机关工

作人员的宪法意识和法制观念，弘扬社会主义法治精神，努力培育社会主义法治文化"①。由此可见，清廉建设仅有完善的法律制度是不够的，还必须通过建设法治文化，在全社会树立起法治意识、法治观念、法治信仰、法治思维，以文化熏陶增强法治力量。

1.主线：培育和弘扬社会主义核心价值观

我国社会主义核心价值观以"倡导富强、民主、文明、和谐，倡导自由、平等、公正、法治，倡导爱国、敬业、诚信、友善"为基本内容，这"三个倡导"包括国家层面的价值目标、社会层面的价值取向、个人层面的价值准则。社会层面的价值取向本身就包含法治内容，自由、平等、公正这三个词在社会主义核心价值观中的意蕴与法治文化是一致的。在我国法治文化建设过程中，立法、执法、司法、守法各个环节贯穿融入了社会主义核心价值观的意蕴，使法律法规的规范性和价值导向性相结合起来。

2.关键：培育全社会的法治信仰

法治信仰的培育，需要全社会的共同努力，尤其需要加强法治宣传教育，让法治理念深入人心。截至目前，我国已经实施完成了七个五年普法规划，取得了较为明显的效果，全社会的法治观念有所增强。目前正在实施第八个五年普法规划，结合实践，在加强法治宣传教育时，还需进一步健全完善宣传教育机制，主要包括：第一，完善"谁主管谁普法""谁执法谁普法"的责任机制。第二，把法治教育纳入国民教育体系，科学设置针对青少年的法治教育内容，完善青少年法治教育工作机制。第三，进一步健全领导干部学法用法制度，加大领导干部培训中有关法律法规课程的比重，对新出台的法律法规要及时引进课堂；逐步推行领导干部网上学法用法考法，增强法治意识和法治观念。

3.重点：使法治文化深入人心

法治文化要深入人心，离不开有效的传播平台和载体，形式丰富多彩的法治文化阵地恰恰扮演了这种角色。所以，当前要进一步充分利用法治文化阵地：一要通过建设法治文化长廊、市民公园法治文化角和小区文化墙等，拓展法治文化实体阵地，营造浓厚的法治文化氛围。二要借助网站、微信、微博等新媒体平台，推进"互联网+法治文化"工程，开展网上法治宣传活动，打造覆盖广泛的传播平台。三要利用重大时间节点开展形式多样的法治文化活动，寓教于民。四要打造法治文化精品，鼓励创作以社会

①习近平：《在首都各界纪念现行宪法公布施行30周年大会上的讲话》，人民出版社，2012，第10页。

主义法治建设为主题的文学、戏剧、曲艺、影视作品，进一步增强法治宣传教育的感染力。

（二）入心之策：推进法治文化阵地建设

立足清廉兰州建设实际，紧密结合"八五"普法规划目标任务，坚持以点带面、示范引领，多措并举推进各类特色法治文化阵地建设，以期形成市、区县、镇（街道）三级法治文化景观全面开花的良好局面，实现从法治"盆景"到法治"风景"的转变，不断增强法治文化的影响力、渗透力和感染力，凝聚起建设清廉兰州的强大精神动力。

1.品牌引领，打造"标杆式"法治文化阵地

以"黄河清风"普法品牌为发力点，深入挖掘兰州的清廉历史渊源，将传统"廉"文化与法治文化相融合，打造独具兰州特色的民法典主题公园、"黄河清风"法治文化主题公园。定期组织法律志愿者通过集中宣传、法治文艺汇演等形式开展普法活动，扩大普法覆盖面，擦亮"黄河清风"普法品牌。

2.整合资源，建设"专题性"法治文化阵地

与党建、廉政、双拥、安全生产、禁毒、人防等相结合，按照合力共建、资源共享、法治惠民的原则，因地制宜建设专题性法治广场、法治基地。依托法治宣传阵地，通过专题解读讲好法治故事、普及法律知识、展示法治文化成果，让群众在休闲娱乐中受到法治的熏陶。

3.彰显特色，拓展"个性化"法治文化阵地

协调各乡镇（街道）通过挖掘本地特色人文和历史资源，因地制宜推进法治文化进农村、进社区，打造一批集法治文化熏陶、休闲娱乐观赏等功能于一体的新型法治文化传播阵地，突出古镇清廉文化、历史名人清廉事迹，打造清廉法治文化纪念馆，建成法德文化广场。在少数民族居住相对集中的区域，以民族法、宗教法治宣传为重点，开辟特色法治文化宣传基地。

4.立足需求，筑牢"实用化"法治文化阵地

按照"一村（社区）一法治文化阵地"要求，协调各乡镇（街道）主动出击，为村（社区）配齐法治宣传设施，确保法治文化阵地覆盖达标。展板以《中华人民共和国宪法》《中华人民共和国民法典》为重点，围绕人民群众日常所需，结合法治事件、社会热点，传播法律知识，寓教于乐，打造基层法治文化"实用阵地"，使法治宣传更加"接地气"。

二、发扬中华优秀传统法律文化精神

我国传统的法治文化在许多方面体现了中华民族特有的心理和气质，深

刻影响着中国人的法律心理与行为。任何社会离开其固有的法律传统，其存在根基就是不牢固的。在清廉兰州法治文化建设过程中，必须继承和发扬数千年传统法律思想的精华，深入发掘传统法律思想的当代价值。

（一）"唯以法治"与依法治国

法家思想的集大成者韩非子提出"治民无常，唯以法治"（《韩非子·心度》），意思是说，治理民众没有什么常规可循，只有用"法治"手段才管用。韩非子主张厉行法治，他认为，一国的君王在治理国家时，应当制定公开且明确的奖惩制度，不论是谁，只要违法犯罪，都必须依法定罪量刑。纵观我国古代以韩非子为代表的法家的法律思想，其法律主张可概括为二：第一，"实行法治是人性的必然产物"①。人的本性就是"好利恶害"，不管是圣人还是平常百姓，都摆脱不了这四个字的羁绊。第二，在一个国家的治理中推行法治，是历史发展的趋势。法治与人治的区别就在于，人治则"千世乱而一治"，法治则"千世治而一乱"。意思就是说，与人治相比较，法治更有利于社会的长期稳定。

法家推崇的"唯以法治"的法治思想，对新时代推进全面依法治国仍具有借鉴意义。党的十八届四中全会指出："依法治国，是坚持和发展中国特色社会主义的本质要求和重要保障，是实现国家治理体系和治理能力现代化的必然要求，事关我们党执政兴国，事关人民幸福安康，事关党和国家长治久安。"②当前，我国已经迈入全面建设社会主义现代化国家新征程，国家各项工作必须纳入法治化轨道，就必须通过科学立法、严格执法、公正司法、全民守法，实现各项工作的规范化、科学化，更好发挥法治固根本、稳预期、利长远的作用。

（二）"民惟邦本"与法治为民

中国政治思想的一大特色就是"民惟邦本"，意思是立国安邦必须以人民群众为根本，也称为民本思想。古代传统的民本精神，主要体现在"民惟邦本，本固邦宁"（《尚书·五子之歌》）、"民以君为心，君以民为本"（《礼记·缁衣》）等理念中。这些理念，无论是提及人民是国家的根本，人民群众队伍稳定了国家才能稳定，还是提及老百姓以君王为中心，君王要以老百姓为根本，都涉及怎么样处理好老百姓、国家、君主三者之间的关系

---

①马弋涵：《中华优秀传统法律文化的精华及现代价值》，载黄易宇、武伟生主编《中华文化与法治国家建设》，学习出版社，2016，第253页。

②《中共中央关于全面推进依法治国若干重大问题的决定》，人民出版社，2014，第1-2页。

问题。剖析我国古代的民本思想就会发现，古代的这些民本思想，是当时抑制专制君主暴虐无道、残害百姓的思想武器。这些思想中蕴含着的某些价值追求，与我国法治的根本立场非常接近，因此，"民惟邦本"的民本思想就成为构建我国全面依法治国理念非常重要的历史基础。

以人民为中心的价值理念是习近平法治思想的价值立场，也是我国法治建设的重要原则之一。我国宪法明确规定："中华人民共和国的一切权力属于人民。"人民依然是全面推进依法治国的主体和力量源泉。因此，我国的法治建设，必须坚持人民主体地位，必须高扬法治为民的大旗，在立法活动中能够体现科学性、民主性，在执法实践中能够严格依法行政，在司法实践活动中能够托好托牢公平正义的天平，以保障人民根本利益为出发点和落脚点，真正做到法治建设为了人民、保护人民。

（三）"法不阿贵"与公平正义

我国古代倡导的重要执法原则之一便是公正执法。"法不阿贵，绳不挠曲。法之所加，智者弗能辞，勇者弗敢争。刑过不辟大臣，赏善不遗匹夫。"（《韩非子·有度》）这句话是对公正执法的最好诠释，法律不偏袒有权有势的人，墨线不向弯曲的地方倾斜。法令该制裁的，智者不能逃避，勇者不敢争辩。惩罚罪过不避开大臣，奖赏善行不漏掉平民。此外，"法尚公平"和"执法持中"等理念，都提出了在适用法律时怎样才能实现公平正义的问题。

作为一种自古以来的朴素价值观，公平正义不仅应当在社会主义现代化法治中鲜明地体现出来，而且必须得到有效的维护。公平正义是法治的生命线，也是我国法治追求的终极价值目标。立法、执法、司法活动体现公平正义，对社会公正具有重要引领作用，任何一个环节表现出些许不公，都会对社会公正产生致命的影响，正如习近平所言"100-1=0"，即"一个错案的负面影响足以摧毁九十九个公正裁判积累起来的良好形象。执法司法中万分之一的失误，对当事人就是百分之百的伤害"[①]。好在我们党对此有清醒的认识，党的十八大以来，我们党始终把公平正义作为一个非常高的价值追求，始终"牢牢把握社会公平正义这一法治价值追求，努力让人民群众在每一项法律制度、每一个执法决定、每一宗司法案件中都感受到公平正义"[②]，努力守住公正的法治生命线。

---

① 《习近平法治思想学习纲要》，人民出版社、学习出版社，2021，第31页。
② 《习近平法治思想学习纲要》，人民出版社、学习出版社，2021，第31页。

（四）"德主刑辅"与多元治理

礼法合一、"德主刑辅"是一个具有中国特色的治国理念，也是中华传统法律思想中长期占据主导地位的理念，统治者治理国家要以"礼"为规范，以道德教化为主要手段，以刑罚为必要补充以及辅助手段。此外，"明德慎罚""明刑弼教"也具有异曲同工之妙。我国古代的统治者普遍认为，"礼""法"对治国同等重要，不可偏废。严刑峻法起到的作用是使人基于畏惧"法"即刑罚而不敢触犯刑律，但道德教化却可以使人基于对自身违反"礼"的行为产生的羞耻感而不愿触犯刑律。"法"惩治的只能是行为结果发生之后的行为，而道德教化却可以在犯罪行为实施之前预防犯罪行为的发生。这两者相比较，很显然，道德教化更有利于维护社会秩序。

鉴于此，我国的社会规范体系所包含的规范性法律文件和其他社会规范，都对我国社会关系具有调整和约束作用。同时，我国的法治文化建设也融入了社会主义核心价值理念，以法治体现道德理念；把社会主义核心价值观要求体现到法律法规之中，以道德滋养法治精神，从而实现法律法规的规范性与价值导向的有机结合。

（五）"无讼是求"与调解制度

中华优秀传统文化中，"调处息争，无讼是求"的思想长期存在，在发生纠纷时，不主张利用诉讼法律来解决问题，而是利用传统的伦理道德等观念来调节协调。从某种程度上来说，"以和为贵"也是这种思想的体现。人们认为，争讼是矛盾冲突的体现，无讼才能和谐。可见，追求社会和谐的普遍法律心理，使整个中国社会形成了一种以诉讼为耻、无讼为德的心理。换言之，无讼是中国古代法治建设的价值取向，调处是实现息讼、无讼的重要手段。崇尚息事宁人的"无讼"并不能从真正意义上实现最终的社会和谐状态，但是在客观上确实减少了案件受理的数量，因此成为当时维护社会和谐的一种重要方式。

当代社会，随着我国法治化程度的不断提高，加上利益矛盾纠纷呈现出多元化、复杂化的新特点，越来越多的人选择通过诉讼的法律救济途径来处理各类纠纷，因此，传统的"无讼是求"思想就受到了很大冲击。与此同时，在利益诉求多元化的今天，我国调解制度通过第三方介入的方式，在化解当事人之间的矛盾纠纷时，本着公平公正的原则进行调节，充分体现了当事人的意思自治，节约了司法资源，促进了社会和谐稳定。

习近平总书记指出："我们把制度建设贯穿党的各项建设，与时俱进完善党章，聚焦加强党的领导和党的建设推进制度创新，形成比较完善的党内法规体系，搭建起党和国家监督体系'四梁八柱'，把权力关进制度的笼子，为新时代党的建设提供了根本性、全局性、稳定性、长期性保障。"①制度文化以制度的建构科学化和执行效能化为根本指向，进而影响制约制度的执行。随着清廉制度建设水平的不断提升和各领域清廉制度的不断完善，为更好发挥制度对保持清正廉洁和预防腐败的作用，将清廉制度建设深入到文化层面，势在必行。

清廉制度文化建设是清廉文化建设的重要保障，也是清廉城市建设的内在核心。以清廉制度文化建设促进清廉文化建设，本质上就是对清廉文化建设的进一步丰富和完善，进而不断提升清廉文化建设制度体系的执行力，借由制度文化建设夯实清廉文化建设基础。因此，清廉制度文化建设不仅仅是单纯的关于清廉制度的制定、执行，更需要高度重视清廉制度文化建设，从治理需要推进到文化层次，通过制度文化的重构与转变，关注制度内在文化意蕴，即在清廉制度制定、执行等过程中，注重人的心理、观念、意识、态度等主观层面，实现思想引导与意识塑形，逐渐使清廉制度所约束的主体能够

---

①习近平:《健全全面从严治党体系 推动新时代党的建设新的伟大工程向纵深发展》,《求是》2023年第12期。

第三编　清廉制度文化建设

认同清廉制度的价值理念和规范要求，并将外在的清廉制度规范转化为内在的自我约束，营造出人人敬畏制度、自觉遵守制度和处处维护制度的氛围，进一步促进制度的有效运行，增强全社会对清廉制度的认同与自觉遵守，夯实清廉制度建设基础，推进国家治理体系和治理能力现代化，推进中国式现代化行稳致远。

第一章　清廉制度文化建设之义

第一节　清廉制度文化建设的相关概念

一、制度

"制度"在汉语表达与使用中可进行拆分解读，其中"制"表示节制、限制，"度"则表示尺度、标准，因此，结合起来可理解为节制人们行为的尺度。"制度"一词被广泛应用于社会学、政治学及经济学的范畴之中。"从最一般的意义上来说，制度是指社会系统各要素实现相互联结的机制"①。在中国，"制度"一词最早出自《易·节》："天地节，而四时成。节以制度，不伤财，不害民。"孔颖达疏："王者以制度为节，使用之有道，役之有时，则不伤财，不害民也。"《礼记》也记载："故天子有田以处其子孙，诸侯有国以处其子孙，大夫有采以处其子孙，是谓制度。"这些论述展现了当时社会不同阶层处理事务已有一定的规则及有章可循的制度文化。北宋王安石在《取材》中有言："所谓诸生者，不独取训习句读而已，必也习典礼，明制度。"这些表述均将制度的核心价值聚焦于一定历史发展条件下所形成的法令、礼俗等规范。社会科学关于制度的理解研究较为宽泛，既包括了法令、习俗，也泛指以规则或运作模式等规范个体行动的一种社会结构；同时，这些规则所蕴含的社会价值，运行时所展现出的社会秩序，也会凸显一定历史时期的治理特征。

20世纪60年代兴起的新制度经济学的研究重点是将制度因素引入经济学领域，进而解释长期经济变迁的原因。康芒斯将制度定义为"集体行动控

①宋周尧:《国家治理现代化背景下的制度文化建设探讨》,《黑龙江工业学院学报》(综合版)2021年第21期,第17页。

制个体行动的工具"①。道格拉斯·C.诺斯认为："制度是社会的游戏规则，更规范地讲，它们是为人们的相互关系而人为设定的一些制约。制度分为三种类型，即正式规则、非正式规则和这些规则的实施机制。正式规则，又称正式制度，是指政府、国家或统治者等按照一定的目的和程序有意识创造的一系列政治、经济规则及契约等法律法规，以及由这些规则构成的等级结构，在纵向上包括了宪法、成文法、普通法、规则规范和个别契约等，不同层级的制度对人们的生活及行为的约束力等产生不同的影响；非正式规则亦称非正式制度，是人们在长期实践中无意识形成的，包括价值信念、伦理规范、道德观念、风俗习惯及意识形态等因素，具有持久的生命力，并构成世代相传的文化的一部分；实施机制是为了确保上述规则得以执行的相关制度安排，它是制度安排中的关键一环。这三部分构成了完整的制度内涵，是一个不可分割的整体。非正式制度对正式制度起促进或阻碍作用，影响正式制度的执行效果。"②

在邓伟志团队主编的《社会学词典》中并未单独界定制度，而是聚焦在社会制度，将其定义为："社会的经济、政治、法律、文化等制度的总称。规定社会的性质和面貌，包括社会的政治制度、经济制度、法律制度、文化制度等，是社会各种力量交互作用的产物，通常具有较为完整的规范体系、组织体系和工具系统。一切社会制度都是历史的产物。"③

综上，我们可以将制度理解为：制度的制定主体，即国家机关、企事业单位、社会组织等，为维护组织秩序，实现组织目标，保障组织工作，按照法律及相关政策，结合实际形势而制定的具有规范性、指导性以及一定约束力的应用文体，常见的形式有法规、章程、公约等。

二、制度文化

制度与文化存在相互联系、相互依存、相互作用的关系。制度与文化的界限与区别，无论是在理论层面还是在日常生活中，都存在较大分歧。制度文化的理论研究侧重于制度的观念层面④、规则层面⑤以及规则层面与文化层

---

①康芒斯：《制度经济学(上)》，于树生译，商务印书馆，1983，第7页。

②道格拉斯·C.诺斯：《制度、制度变迁与经济绩效》，刘守英译，三联出版社，1994，第3页。

③邓伟志：《社会学辞典》，上海辞书出版社，2009，第22页。

④车洪波、郑俊田：《中国当代制度文化建设》，中国商务出版社，2004，第102页。

⑤熊铁基：《从制度文化的建设到精神文化的发展——汉唐文化史研究之一》，《华中师范大学学报》1990年第3期，第96页。

面的一致性①等，但始终是围绕制度的价值理念以及蕴含的文化思想进行探讨的。《社会学辞典》对制度文化的定义是"国家或民族文化中的一种重要文化现象"②，是组织和个体观察世界、理解世界和改造世界的一种全方位、包围性的角度和切口，也可以简单地理解为制度中蕴含的价值取向及制度执行过程中展现的文化属性。无论是社会组织制度、政治制度、法律制度、婚姻制度、亲属制度等，在不同地区均展现出不同的文化内容，这是制度执行导向的根本所在。也有学者认为，制度文化是指人们关于制度的建构、对象化及演进的价值观念、认知结构和心理状态③。从静态看，制度文化包括了制度所承载、演进及执行中反映出来的价值取向和行为准则，表现在对制度的评价、态度及认知等方面；从动态看，制度文化包含了制度建构、制度生成、制度认同、制度执行等。

　　研究制度文化，从小切口，即狭义的制度文化定义入手，是较为合理且有效的一种分析方法，避免了广义制度文化的无所不包、过于宽泛、无从着力的研究困境。研究制度文化，始于制度文本中所蕴含的价值理念和制度执行时所体现的文化内涵，终于制度文本的核心要义，即人们对制度实施的价值观念与态度等。

　　中国古代先哲对制度的约束力很早就有较为正确的认识，如"法能刑人而不能使人廉；能杀人而不能使人仁"④。简单地说，制度自身蕴含着一定的文化，同时制度又在一定程度上塑造文化。制度建构及其认同性的获得有赖于文化，同样，制度一旦形成，对文化也具有反作用。制度通过鼓励、压制、奖励、惩罚等方式向人们传达行为信息，调整和改变人们的文化观念，久而久之，制度传达的行为信息便内化为人们的心理，积淀为人们的文化观念，进而成为文化的一个组成部分⑤。制度文化主要体现为制度发挥外在效力时所形成的内驱动力。正如马林诺夫斯基所说："文化是在特定环境内，人类机体和群体为了基本需求的满足和生活水准的逐步提高而充分适应环境

①曾小华：《文化·制度与社会变革》，中国经济出版社，2004，第240-241页。

②邓伟志：《社会学辞典》，上海辞书出版社，2009，第22页。

③宋周尧：《国家治理现代化背景下的制度文化建设探讨》，《黑龙江工业学报》2021年第3期，第17页。

④李敖：《礼记·康济录·盐铁论》，天津古籍出版社，2016，第392页。

⑤任洁：《唯物史观视野中的文化于制度变迁的关系研究》，中国社会科学出版社，2010，第23页。

所逐渐发展出的体系。"①文化对制度的塑造是一个连绵不绝的过程,人的欲望在制度的规范下不断以新的条件被满足,但是又受到新的条件的束缚。制度更新应变具有一定局限性,而制度文化一旦形成则具有普适性,内在的敬畏与遵从自觉性将一定程度上弥补制度漏洞,促使个人主动用制度文化约束自己。

三、廉政制度文化建设

"廉政"一词最早出现在《晏子春秋·问下四》:"廉政而长久,其行何也?"②"廉"在古代含义较为多元,其中一层是聚焦在正确对待财物及名利的态度,如《吕氏春秋》其中关于"忠廉"有云:"临大利而不易其义,可为廉矣。"《周礼》以"六廉"开篇,"廉善,廉能,廉敬,廉正,廉法,廉辩",直指为官者必须具备的能力与品德。"政",是指社会大众之事和治理国家的事务。孔子认为"政者正也",其内在要求是"公正和清正",即为政之道在于光明磊落、正直清白、一心为公。随后,"政"的演变逐步具有了关于政治、政府、政权方面的政治内涵。由此可见,中国文化传承的"廉政"思想是以"廉"重德、以"政"重能,继而在"廉政"互促中,实现政治清明、政府清廉、干部清正。《伦理学大辞典》中对"廉政"的解释是:廉洁的政府、廉明的政治和廉洁的从政行为的总称。可见,廉政是一种政治伦理术语,旨在划定政治道德范畴,为官者要促使国家风清气正,自身廉洁奉公,杜绝贪污盗窃、以权谋私、索贿受贿、奢侈浪费等腐败行为。

尽管关于廉政概念的厘定有多种,但其内在核心是规范权力的行使,特别是公权力的行使。廉政最根本的显著特征及目标就在于公正用权,严格遵从权力的本来属性行使权力,而非借由权力进行谋私或损害公共利益,或居其位但不作为,造成权力的异化或退化等,产生诸多腐败行为。

当下,廉政制度文化建设在实践层面较为权威的制度建设是中共中央办公厅印发的《关于加强新时代廉洁文化建设的意见》,该意见开宗明义地指出:"党中央高度重视廉洁文化建设,强调反对腐败、建设廉洁政治,是我们党一贯坚持的鲜明政治立场,是党自我革命必须长期抓好的重大政治任务。全面从严治党,既要靠治标,猛药去疴,重典治乱;也要靠治本,正心修身,涵养文化,守住为政之本。必须站在勇于自我革命、保持党的先进性

---

① 马林诺夫斯基:《科学的文化理论》,黄剑波译,中央民族大学出版社,1999,第127-128页。

② 徐喜林:《中国特色反腐倡廉基础理论研究》,中国方正出版社,2013,第75页。

和纯洁性的高度，把加强廉洁文化建设作为一体推进不敢腐、不能腐、不想腐的基础性工程抓紧抓实抓好，为推进全面从严治党向纵深发展提供重要支撑。"[1] "加强新时代廉洁文化建设，要坚持以习近平新时代中国特色社会主义思想为指导，全面贯彻党的十九大和十九届历次全会精神，增强'四个意识'、坚定'四个自信'、做到'两个维护'，不忘初心、牢记使命，坚持思想建党和制度治党同向发力，坚持依法治国和以德治国相结合，以理想信念强基固本，以先进文化启智润心，以高尚道德砥砺品格，惩治震慑、制度约束、提高觉悟一体发力，推动廉洁文化建设实起来、强起来，不断实现干部清正、政府清廉、政治清明、社会清朗。"[2]

四、清廉制度文化建设

清廉制度文化建设可以理解为与清廉相关的制度所蕴含、演变、发展、推进的文化建设，包括清廉制度在文本生成以及具体执行过程中折射出的价值取向和行为准则等[3]。从历史维度可将"清廉中国"建设界定为中国特色社会主义廉政文化建设的一个新节点。2018年9月28日，原中央纪律检查委员会研究室主任李雪勤在中国社会科学院中国廉政研究中心召开的《反腐倡廉蓝皮书中国反腐倡廉建设报告NO.8》新闻发布会上率先把清廉中国与反腐败的国家战略结合起来。

从实践层面看，党的初心使命是清廉制度文化建设的价值源泉，党员干部的自觉自律是清廉制度文化建设的关键保障，人民群众的监督与期待是清廉制度文化建设的持续动力。毛泽东、邓小平、江泽民、胡锦涛、习近平都有关于建设清廉制度的论述，其中较多表述为廉政建设，如2013年1月22日中国共产党第十八届中央纪律检查委员会第二次全体会议通过的《中国共产党第十八届中央纪律检查委员会第二次全体会议公报》明确指出："加大预防腐败工作力度，加强反腐倡廉教育和廉政文化建设，强化对权力运行的制约和监督，研究并实施体制机制制度创新，推进反腐倡廉法规制度建设。"[4]

---

① 《中共中央办公厅印发〈关于加强新时代廉洁文化建设的意见〉》，https://www.gov.cn/
　 zhengce/2022-02-24/content_5675468.htm。
② 《中共中央办公厅印发〈关于加强新时代廉洁文化建设的意见〉》，https://www.gov.cn/
　 zhengce/2022-02-24/content_5675468.htm。
③ 张建富：《中国共产党廉政制度文化建设研究》，博士学位论文，中央党校（国家行政学院）
　 政治学系，2021，第256页。
④ 《习近平在十八届中央纪委二次全会上发表重要讲话》，https://www.ccdi.gov.cn/special/
　 schy/qhjd_schy/201401/t20140113_16911.html。

在反腐败斗争的不断深入推进及实践后期，党和国家着力于"构建一体推进不敢腐不能腐不想腐的长效机制"①，进而通过体制机制的强制约束力，将权力放在制度的笼子内，规范权力运行。随着反腐败斗争向纵深发展，清廉制度也需要在文化层面不断推进。党的十八大以来，党风政风建设不断深入，反腐败取得巨大成就，清廉建设逐步推进。2019年7月，浙江省委出台关于清廉浙江建设的有关决定，并制定一系列相应的清廉发展的战略目标；全国各地区和有关部门也在通过一系列的举措不断深入推进清廉制度建设，为清廉中国的实现奠定基础。2022年3月30日，兰州市出台《中共兰州市委关于推进清廉兰州建设的意见》，随后每年制定清廉兰州建设重点工作任务，举全市之力深入推进清廉兰州建设。

五、廉政制度文化建设与清廉制度文化建设的关系

廉政制度文化建设与清廉制度文化建设紧密相关。从理论层面看，清廉制度文化建设与廉政制度文化建设在制度约束主体、实施范围、发展目标上存在包含与被包含的关系。从制度约束主体看，廉政制度文化建设主体主要指向党政机关、企事业单位及与其具有利益关系的相关主体，而清廉制度文化建设则更为宽泛，涉及党政机关、市场主体、社会组织、社会大众等，可以说是全社会共同参与、人人有责。从实施范围看，廉政制度文化建设聚焦于各类党政组织，而清廉制度文化建设是以固定场域进行的全方位制度建设，如清廉浙江建设中的清廉义乌等。从发展目标看，廉政制度文化建设目标聚焦于党政干部这一"关键少数"，多侧重于政治清明，落实在干部清正及政府清廉，进而促进社会清朗，内在是一种因果关系；而清廉制度文化建设是干部清正、政府清廉、政治清明、社会清朗，是干部、政府、政治及社会四位一体，系统性地进行清廉建设，是并列推进的过程。

第二节 清廉制度文化建设的思想渊源

清廉制度文化的形成思想渊源可从中国传统文化、西方制度文化有关理念以及马克思主义经典论述进行探寻。

---

① 李钦振：《法规建设这十年|构建一体推进不敢腐不能腐不想腐的长效机制》，https://www.ccdi.gov.cn/yaowenn/202207/t20220727_207537.html。

一、中国传统的清廉制度文化

关于清廉的最早论述是在《晏子春秋·问下四》中，景公向晏子请教"廉政而长久，其行何也"，大致意思是，如若保持政治清廉且长久运行，应该具备什么样的品质。晏子以水为喻进行阐释：水清，则流过的地方也是清澈的；水被污染，也会污染流经的地方或者物体，即想要长久廉政，应清澈如水。唐朝时期有著名的"四善二十七最"官员考核办法，四善即"一曰德义有闻，二曰清慎明著，三曰公平可称，四曰恪勤匪懈"。"清慎明著"就是重点考核官员为政是否清廉。宋朝时期的包拯在《乞不用脏吏疏》中说："廉者，民之表也；贪者，民之贼也。勿以官小而不廉，勿以事小而不勤。"宋朝的周敦颐不仅写出了象征清廉的传世经典《爱莲说》，他本人也是"至廉""清尚"的代表。清朝的张聪贤在《官箴》中说，"吏不畏吾严而畏吾廉，民不服吾能而服吾公；公则民不敢谩，廉则吏不敢欺；公生明，廉生威"，这就是在赞美清廉。

纵观中华五千年文明蕴藏着的丰富而深刻的清廉文化，从上古时代虞舜告诫官员"直而清，简而廉"，到孙中山先生提出"天下为公"思想，再到现在习近平总书记关于全面从严治党的重要论述，可见"廉"作为一种道德观念和为政思想，强调为政者要修正德，而正德的根本就在于"廉"，具体体现在以民为本、为政以德、修身自律、尚廉知耻四个方面。

一要以民为本。《尚书》中提出"民惟邦本，本固邦宁"的民本思想，将人民安宁与国家安定紧密联系在一起。孟子的"民为贵，社稷次之，君为轻"以及荀子的"君者，舟也；庶人者，水也。水则载舟，水则覆舟"等论述均深刻阐释了人民之于国家的重要意义。人心向背决定国家能否长治久安，民心是最大的政治。

二要为政以德。圣贤孔子说的"为政以德，譬如北辰，居其所而众星共之"，"其身正，不令而行；不正，虽令不从"[1]，"道之以政，齐之以刑，民免而无耻，道之以德，齐之以礼，有耻且格"[2]，以及孟子所论述的"徒善不足以为政，徒法不能以自行"[3]，均是在告诫治国理政重在以德服人，率先垂范。儒家思想的经典论述一方面强调要用礼法、礼仪来规范人的行为，另一方面主张"德主刑辅"，即以道德教化为主、法治为辅，认为只有善心

---

①杨伯峻：《论语译注》，中华书局，2017，第192页。

②杨伯峻：《论语译注》，中华书局，2017，第15页。

③《孟子·离娄上》，王瑞译注，四川人民出版社，2019，第139页。

或只有法度都是行不通的，必须"善"与"法"紧密结合，即现在我们所大力倡导的以德治国与依法治国有机统一。

三要修身自律。中国传统文化十分重视立德修身，孔子所言"自天子以至于庶人，壹是皆以修身为本"①就是强调从政者要从自身做起，要有高尚的道德自觉，通过自我剖析、自查自纠、自我克制来提高道德修养，重视道德修养的自觉性。儒家把"修身立德、正人正己、完善人格看作做人、做官的前提和基础，人生理想价值，是从自身的道德修养开始"②，然后进一步去实现齐家、治国、平天下的高远目标。

四要尚廉知耻。中国传统文化中时常将"廉"与"耻"一起论述，认为知耻则能廉，清廉亦是知耻的表现之一。如《管子·牧民》中的"礼义廉耻，国之四维"；宋代理学家朱熹所言"耻便是羞恶之心，人有耻则能有所不为""人须知耻，方能过而改"③（朱熹，《朱子语类》卷十三）；康有为所倡导的"风俗之美，在养民知耻"④（康有为，《孟子微》卷六），都意在传达人要有辨别之心，分得清该做与不该做的事情，这也是清廉的一种表现。

二、西方清廉制度文化

很多西方思想家从政治学、法学等视角论述了清廉制度，最早可追溯到古希腊哲学家、科学家亚里士多德。他的《政治学》中有以廉立国、选官、育民及促廉等论述。法国启蒙思想家孟德斯鸠认为："一切有权力的人都容易滥用权力，这是万古不易的一条经验。有权力的人们使用权力一直到遇有界限的地方才休止。"⑤美国当代政治学家亨廷顿的"现代化腐败"理论是一个经典理论。此外，20世纪初兴起于西方的制度经济学派，如凡勃伦、康芒斯、密切尔及后来的奥利弗·E.威廉姆森、布坎南、科斯等学者的思想也十分具有代表性。他们在剖析人、制度与经济活动的特征与关联时，对清廉也有很多论述。自20世纪90年代以来，从文化视角研究清廉也成为西方研究的一个新趋势，如瑞典诺贝尔经济学奖获得者冈纳·缪尔达尔的"腐败的民俗学"概念等。

---

①罗安宪：《大学 中庸》，人民出版社，2017，第2页。

②张国臣：《社会主义廉洁文化建设论》，人民出版社，2011，第7-8页。

③李春秋：《中国传统伦理精华（下册）》，同心出版社，1993，第68页。

④刘配书、陈昌才：《治国理政箴言》，北京联合出版公司，2015，第116页。

⑤孟德斯鸠：《论法的精神（上册）》，张雁深译，商务印书馆，1961，第154页。

三、马克思主义清廉制度文化

中国共产党是以马克思主义为指导的先进政党，马克思主义经典理论中的清廉思想，也是中国共产党汲取清廉制度文化建设的主要源泉之一。

马克思、恩格斯在科学社会主义的创立过程中，对腐败及消除腐败有诸多研究及论述。他们认为，腐败在国家出现时就成为"从社会中产生但又自居于社会之上并且日益同社会相异化的力量"①，"官吏既然掌握着公共权力和征税权，他们就会作为社会机关而凌驾于社会之上。从前人们对于氏族制度的机关的那种自由的、自愿的尊敬，即使他们能够获得，也不能使他们满足了；他们作为同社会相异化的力量的代表，必须用特别的法律来取得尊敬，凭借这种法律，他们享有了特殊神圣和不可侵犯的地位"②。由此可以看出，社会少数群体、特殊阶层拥有特权造成公共权力的异化，从而把国家和国家机关"由社会公仆变为社会主人"。因此，要想消灭腐败，就必须消灭私有制，以用公有制为基础的共产主义取而代之，"共产党人可以把自己的理论概括为一句话：消灭私有制"③。

马克思、恩格斯认为无产阶级政党的本性是大公无私的，"过去的一切运动都是少数人的，或者为少数人谋利益的运动。无产阶级的运动是绝大多数人的，为绝大多数人谋利益的独立的运动"④，共产党是无产阶级的先锋队，"他们没有任何同整个无产阶级的利益不同的利益"⑤。无产阶级及其政党把消灭私有制以及包括腐败在内的社会各种不公正现象作为自己的基本目标，建立以公有制为基础的国家政权。同时，由于受种种因素的影响，无产阶级政党和国家内部也不可避免地会出现腐败现象和不正之风。恩格斯指出："看来，一个大国的任何工人政党，只有在内部斗争中才能发展起来，这是符合一般辩证发展规律的。"⑥因而，必须与之进行斗争，防止腐败不仅要对内还要对外进行严格监管。

《中国共产党章程》明确指出，"中国共产党是中国工人阶级的先锋队，同时是中国人民和中华民族的先锋队，是中国特色社会主义事业的领导核心"，"党除了工人阶级和最广大人民群众的利益，没有自己特殊的利益"，

---

①《马克思恩格斯选集（第四卷）》，人民出版社，2012，第187页。
②《马克思恩格斯选集（第四卷）》，人民出版社，2012，第188页。
③《马克思恩格斯选集（第一卷）》，人民出版社，2012，第414页。
④《马克思恩格斯选集（第一卷）》，人民出版社，2012，第411页。
⑤《马克思恩格斯选集（第一卷）》，人民出版社，2012，第413页。
⑥《马克思恩格斯选集（第四卷）》，人民出版社，2012，第551页。

党的宗旨是全心全意为人民服务，"除了法律和政策规定范围内的个人利益和工作职权以外，所有共产党员都不得谋求任何私利和特权"，这一系列论述都凸显了我们党传承无产阶级政党的特征和目标，坚决抵制腐败现象的决心。

第三节　清廉制度文化建设的内涵和特征

"建设"一词内在蕴含着积极变革、不断完善和精进改革的意义，是主体对客体发挥主观能动性的一种积极的实践活动。清廉制度文化建设的本质是清廉制度建设主体为适应清廉社会现实变化及自身制度演进，为实现新的清廉制度目标所进行的人为的以文化为主导的积极干预①。

一、清廉制度文化建设的内涵

清廉制度文化建设是我们党夯实党风廉政建设的根基，是推进反腐败工作的重要组成，是以清廉制度建设为基础，在清廉制度的制定、教育、实施等过程中，以清廉文化涵养清廉风尚，促进党员干部及社会各类组织、个体将清廉制度内化为行动价值引导，在实践中遵守清廉制度、践行清廉文化的具体实践。由此，我们要营造全社会自觉敬畏清廉制度、崇尚清正廉洁、维护公平正义的社会氛围。

制度文化本质在于用制度来"化"人，能否发挥效力的核心因素是人的主观能动性。制度文化是规章制度的刚性作用与个体内生动力的协同推进，具体执行中需要从"外在规范"转化为"内在约束"，使制度价值理念和规范思维"入脑入心"，进而促进人在行动上"自觉"，即出于主动、自愿，而不是慑于制度威严被动地遵守制度的规范要求。在实践中，常从正面以制度制定、制度宣传、制度执行等引导推进，同时辅以违反制度行为的处理进行警示教育。

二、清廉制度文化建设的特征

基于对清廉制度文化的内涵分析及相关理论的梳理，清廉制度文化建设的特征可以总结为以下四个方面：

一是历史性。文化在继承发展中本身具有历史性特征，清廉制度文化也

---

① 刘娜：《中国共产党当代政党文化建设研究》，中国经济出版社，2017，第30页。

体现着鲜明的时代特征。马克思曾指出:"人们自己创造自己的历史,但是他们并不是随心所欲地创造,并不是在他们自己选定的条件下创造,而是在直接碰到的、既定的、从过去承继下来的条件下创造。"①中国共产党自成立以来,其不同历史发展阶段的清廉制度文化也呈现出不同的时代特征。百年沧桑,筚路蓝缕,奋斗中既有清正廉洁的优秀干部,也有迷失方向、走错路、犯错误的干部。党的建设中也存在诸多历史性的清廉制度文化建设的记忆。例如在建党之初,中共一大通过的《中国共产党党纲》中就明确规定了党的纪律内容②,体现出高度重视纪律建设的特征。

二是实践性。文化生成和发展源于实践。清廉制度文化既源于传统文化思想,也源于广大党员干部、群众的现实生活,同时时刻制约和影响着从政人员的行为实践,随着社会实践的发展而发展。人类开展的社会实践,其内在的指引是人的意识,即人的主观能动性,表现为自觉。而一切自觉的活动并非凭空而来,恰恰是在实践中的认知与感悟所引发的,正如清廉行为的实践活动既表现在清廉文化观念、价值取向等指导个体行动,又体现在清廉文化思想营造的氛围促进清廉制度执行,保障清廉建设的全过程,反之则易出现"制度挂在墙上,腐败滋生在人心"等一系列恶劣影响。

三是人民性。清廉制度文化建设是中国共产党作为执政党治国理政的一条红线,也是党践行全心全意为人民服务的宗旨意识的制度体现。党领导一切的政治定位客观上决定了党在清廉制度文化形成和发展中居于主导位置,党的初心使命决定了党务必要服务于人民群众。因此,推动清廉制度文化建设,是实现和维护广大人民群众的切身利益、践行以人民为中心的发展理念的重要途径。

四是长期性。文化发展规律具有一定持久性和连续性,若要在一定群体中传播、继承、持续发挥影响作用,也是需要较长时间的沉淀与深化的。清廉制度文化会随着实践的发展而不断变化,但它反映的内在价值是相对稳定的。党的性质宗旨的长期性决定清廉制度文化建设的内在价值选择也必定是长期稳定的。党员是清廉建设的核心力量和主体,因此,清廉制度文化建设是较为稳定且持续地赓续清廉基因、传承清廉精神的过程。

---

① 《马克思恩格斯选集(第一卷)》,人民出版社,2012,第669页。

② 张英伟:《新民主主义革命时期党的纪律建设纪略》,https://fanfu.people.cn/n/2015/0526/c64371-27057483.html。

第四节　清廉制度文化建设的原则和意义

一、清廉制度文化建设的原则

清廉制度文化建设，既尊崇文化建设的一般规律，也基于清廉制度文化的独有特点，展现其特定原则。

（一）循序渐进原则

清廉建设任务的长期性与艰巨性必然要求清廉制度文化建设要循序渐进、持之以恒、久久为功。理论是实践的先导，认识是制度推进的前提，因此，首先要通过学习和理解，深化对制度文化建设的认知与感悟。要明确清廉制度中的权力与责任，更要明确一系列制度的内在深意，同时要汲取清廉实践展现的文化力量，增强清廉制度对人的主观世界进行改造的作用，在敬畏和认同的基础上，促进制度内化于心、践之于行。由此可见，清廉制度文化建设与清廉制度建设并不完全一致，清廉制度文化建设并非只是制度规范的文本展示，而是漫长的、需要一步一个脚印、持之以恒地不断转变与提升的循序渐进的过程。

（二）质效为先原则

清廉制度文化建设的效果是可感知、可评价的，浙江省率先实践，建立了一套"清廉浙江"公众感知评价体系，不仅较为有效地对浙江风清气正与否、反腐倡廉成效等进行评估，而且建立了具有符合中国特色、反映中国民众对清廉质效的直接体验的评价机制，这在一定程度上摆脱了西方制度及意识形态所把持的制度话语控制。清廉制度文化不仅服务于政治与政府，更需要以人民满意为尺度进行衡量。

（三）广泛参与原则

文化的无边界与广泛性决定了文化不是个体所独有，而是时常服务于社会大众或群体组织。区别于廉政制度文化建设的主体——党员干部，清廉制度文化建设的主体是社会每个成员，是包括全社会的清廉社会共同体。无论是党政干部，还是市场主体，抑或各类组织或个体，都需要在工作生活中以清廉文化为内心底线为人处世，小到个体诚信，大到公共权力行使，都亟须秉持清廉之心。人性本具有趋利避害的特质，倘若一人失清廉，其周边人或因得利趋之，则很容易形成"多米诺骨牌"效应，"晕染"一片的清廉环境。在人民群众的实践与认识中饱含着清廉文化的智慧，而人民群众的监督是我们党总结的长久发展的"密钥"。因此，清廉制度文化建设是人人有责、人人尽责、人人坚持的共同理念。

二、清廉制度文化建设的意义

任何社会现象与理论问题的出现，其深层次的根源皆在于文化，制度亦是如此。英国政治学家密尔在《代议制政府》中指出："制度的精神所产生的效果比制度的任何直接规定要大，因为正是由它形成国民性格的。"①因此，从文化视角探讨清廉制度建设具有重要的理论意义及实践意义。

（一）理论意义

从理论研究层面来看，廉政文化研究已经取得较多成果，清廉制度文化建设相较于廉政制度文化建设起步较晚，是近年来在一些地区的有益探索。清廉制度文化建设涉及的主体更大、内容更为丰富、应用场域更为广泛，是彰显城市文化底蕴的内在机理，是衡量城市发展潜力的关键指标，是城市治理体系和治理能力现代化的重要支撑，因此有必要做进一步研究。

清廉制度所蕴含的制度文化，既会长期潜移默化地约束人的思想与行为，也会不断汇聚于城市文化底蕴。城市的发展历程及城市的人民所具有的性格特质与处事方式，常常也展现出城市独有的人文气质，流露于城市的自我展现。小到文化的代际传递、旅游者的主观体验，大到招商引资、文旅发展、人口迁徙，都在彰显城市的文化特质。城市的发展不仅是自发地前进，也受城市政策规划的主观作用影响。不同主政者的治理理念与方略，具体执行者的素质与风格以及普通群体参与社会事务的方式方法，也均体现着城市治理体系与能力的高低。将清廉制度文化建设中法治化、现代化的诸多元素融入治理日常，在治理中有效运用法治思维与法治方式，是推进城市治理体系与治理能力现代化的重要支撑。因此，清廉制度文化建设是承前启后的主题文化探索，建在当代，利在长远。

当前，部分人或组织的一些腐败思想观念短期内还难以根除，而具有现代化特征的清廉制度文化尚未形成一定气候，清廉制度出台数量与反腐败成效也并不必然成正比关系。习近平总书记也曾用"稻草人"的形象比喻阐释制度的刚性作用并非万能。清廉制度的执行关键在于清廉制度所承载的清廉制度文化是否深入人心，能否有效影响人的思想与行为。因此，深入探究清

①密尔：《代议制政府》，汪瑄译，商务印书馆，1982，第139页。

廉制度文化建设具有十分重要的理论意义。

（二）实践意义

从实践层面来看，目前反腐倡廉已进入深水区，遇到诸多阻碍，工作开展难度不断加大，根本原因在于清廉制度文化建设难以适应当前清廉制度建设的发展需要，进而影响了清廉制度的作用发挥。因此，需要进一步从文化视角探索提升制度建设层次和水平的可行性路径。

完善的法律、法规和各项规范是国家和社会管理的重要手段，但是仅靠制度并不能解决一切现存及潜在的问题。制度的刚性约束力是有限的，需要辅之以文化的软约束，需要从制度文化这一更为深刻长远的角度促进清廉制度建设，实现清廉文化建设与清廉制度建设的互相促进，以"软""硬"兼施的方式，促进在全社会中形成自觉认同与遵守制度的文化氛围，创造有利于制度执行和制度效果提升的文化环境。

第五节　清廉制度文化建设的主要途径

恩格斯曾指出："一个伟大的基本思想，即认为世界不是既成事物的集合体，而是过程的集合体……"①清廉制度文化建设也是一个清廉制度文化制定、教育、执行以及认同的过程集合体。

一、清廉制度文化的制定

清廉制度出台时，受制于个体在认知水平、价值取向、行为习惯等方面的差异，很难立竿见影产生预期效果，因此需要一定的外在强制力加以引导及约束，然后慢慢被接受认可，此时制度效力发挥则主要依据个体的内在理性价值观念的引导和内心自觉。这一转化过程，取决于清廉制度制定的质量。清廉制度建设要符合以下几点要求：一是要符合党的性质宗旨和全面从严治党的基本要求；二是要科学合理，遵循社会发展的内在规律；三是在形式上客观严密，保证清廉制度完整、准确、具备可操作性等；四是要注重开放与协同。

二、清廉制度文化的教育

清廉制度教育是清廉制度文化得以持续发挥效力的重要途径，也是清廉

①《马克思恩格斯选集（第四卷）》，人民出版社，2012，第250页。

制度具体落实的前提和基础。清廉制度的制定范围更为宽泛，参与主体多元且复杂，需要在清廉制度建立并颁布后，增加宣传、教育，扩展社会认知，提高对清廉制度的遵守与执行水平。

清廉制度执行主体中的党政干部、企事业单位是践行的关键因素，只有通过加强对这一群体的教育宣传，促进他们对清廉制度精神的融会贯通，明确清廉制度的具体要求，把握内在价值，增加认同，进而维护清廉制度的法定权威，做到自觉践行。而其他社会公众则需要更为丰富多样的方式，借助新媒体、各类宣传渠道及方式，开展更为漫长且深远的渐进式教育。

清廉制度的学习教育形式包括自学与讲授，也可通过现场观摩、体验式、沉浸式等教学方式的创新，增加对践行清廉制度案例的了解。在实践中，清廉制度本身就具有教育引导功能。清廉制度长期的约束性和引导性，在潜移默化中会不断影响个体行为的思维方式，逐渐形成一定的思维定式，进而促使行为主体在清廉制度执行中与清廉制度主流精神保持一致，久久为功，形成对清廉制度的"基本倾向"，而后逐渐融入个人价值取向与行为习惯，实现清廉制度文化的教育目标。

三、清廉制度文化的执行

清廉制度执行主要体现在个体行动中，而"个体行动者或个体组织的选择行为，均受到其他行动者及组织的深刻影响"[1]。清廉制度通过具体的制度内容，对各类行为进行约束或激励，不断改变行为主体的偏好、热情、抉择及能力发挥，使人逐渐顺应主流价值的规范。同时，必要的奖惩制度可促使行为主体权衡执行清廉制度的收益与代价，作出更加理性、合法的选择。清廉制度的执行不仅潜移默化地改变着个体的习惯，而且会直接或间接地转变组织或社会整体思维。行为主体对清廉制度的长期坚持，一以贯之地执行，会形成个体的习惯，在社会交往中，影响其工作同事或传递至共同生活的家人，进而会逐渐增强一个组织或群体对清廉制度的执行力。

四、清廉制度文化的认同

清廉制度文化的认同是最为重要的环节，也是赋予清廉制度文化生命力与真正价值的关键环节。清廉制度认同是在行为主体对清廉制度文化的倾向性共识和认可的基础上，不断理解、认可、融合、执行和内化而实现的，进

①江必新、王红霞：《国家治理现代化与制度构建》，中国法制出版社，2016，第44—45页。

而能够支配个体的思维方式和价值取向①。倘若清廉制度文化尚未被认同，则只是挂在墙上或存在于纸上的文本，没有丝毫生命力与实际价值。当清廉制度文化尚未被接受时，强制行动往往产生巨大的执行成本，只有内化后的执行才会彰显且促进社会的发展。

只有人们把外在的制度规范看作是有价值的，是符合自己内在需要的，并转变为自觉遵守的一种行为模式时，制度才可能会真正"获得价值"②。也就是说，行为个体充分认可了清廉内容，并依据清廉制度要求规范自我行为，从而实现从对清廉制度的被动遵从到主动坚守。"内化"实际上是文化价值取向和角色期望被结合进入人格系统的过程，因而也可理解为规范所体现的价值转化为个人本身的内在需求的过程。这一过程是个体对规范的自愿遵守，并进一步演化成个人习惯和行为模式。

清廉制度文化的核心在于清廉文化认同，具体体现在：一是价值认同，即清廉制度的执行是对清廉内在价值的认可与尊崇；二是情感认同，就是从情感上把制度看作对自己有益，主动认可、接纳清廉制度；三是行为认同，行为主体以清廉思维方式和习惯自觉地执行制度规定。

---

①杨锦芳、肖雯：《文化润泽高墙：云南省丽江监狱文化建设探索》，知识产权出版社，2013，第109页。

②裴泽庆：《农村基层党内民主研究》，博士学位论文，中共中央党校政治系，2008，第216页。

第二章 清廉制度文化建设之史

中国历朝历代都十分重视清廉制度文化建设，并传承延续着中国传统文化中的道德教化等。传统清廉文化既是中国共产党清廉制度文化建设的历史前提，又是现实基础。中国共产党成立后，清廉制度文化在党风廉政建设和反腐败斗争实践中日益形成、积累、沉淀和发展。在党的革命、建设、改革及新时代的不同历史时期，我们党为了有效防治各种腐败现象，保持党的先进性和纯洁性，从思想教育、建章立制、问责处分等方面，引导党员干部自觉遵守清廉制度规定，严格执行清廉法规制度，对违反制度规定的行为进行严厉惩治。

第一节 古代清廉制度文化建设

中国古代关于清廉制度文化建设大致划分为两个方面：一方面是较为规范的、史料较为清晰的官僚体系制度中监察制度演进所展现的内在文化取向；另一方面可以总体归为社会清廉文化建设，包括社会风气、民俗文化、德行品性等。

一、先秦时期的监察制度

早在战国时期就开始出现监察制度，例如担任文献史籍的御史官等就有监察的职责。到秦代，监察制度已逐步发展为历代政治制度不可或缺的部分。公元前221年，秦始皇统一中国，建立起封建专制主义的中央集权制度，其中就明确设置了相对独立的监察制度。"在中央层面实行三公九卿制度，'三公'分别为丞相、太尉和御史大夫，其中御史大夫负责监察百官。在地方设立郡县制，并在每个郡设置监御史，主要职责是代表皇帝监察地方官吏。由此，秦形成了中央和地方两级监察体系。秦朝的监察制度重点在中央层面，主要目的是用御史大夫的监察权来制约丞相的行政权。"①

二、汉代的监察制度

汉代承袭秦制，但比秦制更严密。在西汉，中央仍设御史大夫、御史中丞，负责中央的监察；在地方，西汉初年废除监御史，由丞相随时委派"丞相史"开展监察。东汉时，御史台称为宪台，设御史中丞作为长官并扩大其职权。同时，把全国分成13个监察区，包括1个司隶（中央直辖区）和12个州，每州设置一个刺史，负责监察地方政情、受理案件、考核官吏等工作。

三、魏晋南北朝时期的监察制度

到魏晋南北朝时期，各朝的监察机构名称不同，但体制基本延续汉代的制度形式。魏晋时，皇帝直接掌握全国性的监察机构；南梁、后魏、北齐的御史台（亦称南台）和后周的宪台，仍以御史中丞为主官，北魏称御史中尉。但发展过程中，监察长官权势增大，出现监察机构徇私舞弊等行为，遂对其权力进行制衡。晋以后，御史中丞下设殿中御史、检校御史、督运御史等，分掌内外监察之权。此时，地方取消固定的监察机构，代之以不定期派出巡察御史负责监察地方官员的做法。历史上较为有名的"闻风奏事"制度也孕育于这个时期，并逐步发挥监察作用。

四、隋唐时期的监察制度

到隋代时，中央的监察机构仍为御史台，长官御史中丞改为御史大夫，下设治书侍御史2人为副；改检校御史为监察御史，共12人，专执掌外出巡察。至唐代，监查制度愈发严密，御史台为中央最高监察机构，并下设台院、殿院、察院，构成了"一台三院"②的监察体制。

五、宋代的监察制度

宋代的监察制度基本沿袭了唐朝"一台三院"的制度，在地方则设置与知州地位相同的通判（称监州），作为皇帝在地方的耳目，随时向皇帝报奏

---

① 沈东方：《中国古代治理智慧④　监察制度：古代国家治理体系的重要一环》，https://www.ccdi.gov.cn/toutiao/201911/t20191105_203780.html。

② 沈东方：《中国古代治理智慧④　监察制度：古代国家治理体系的重要一环》，https://www.ccdi.gov.cn/toutiao/201911/t20191105_203780.html。

地方官员的情况。不过，宋朝也随着中央集权制度的发展，对监察制度作出一些调整。"从宋开始，谏院与御史台都掌握了监察权，谏官可以弹劾，而台官也兼行谏议之权。这一制度使监察权实现高度集中，在明清时期也有沿用。"①

六、元代的监察制度

在元代，监察制度的重大发展是保留中央设御史台，但在江南和陕西特设行御史台，作为中央御史台的派出机关。对于地方，则划分22道监察区，各设肃政廉访使，监察地方官吏。"元代统治者仿照行省制，先后建立了四个行御史台，实行大区监察体制。行御史台作为中央御史台的派出机构，主要任务是加强对地方的镇抚和监督，还起着沟通中央与地方监察网络的桥梁作用。"②这一系列变化的缘由之一在于元朝疆域十分辽阔，中央务必要加强监察，以确保对地方的管制。

七、明代的监察制度

到明代，都察院代替原有的御史台，负责监察百官。都察院内置各道监察御史，明朝时期设13道。监察御史的官阶虽然只是七品，但是其实际权力较大，可以"大事奏裁，小事立断"。同时，明朝废宰相设六部，在吏、户、礼、兵、刑、工六科各设置了类似前朝谏官的给事中一职，形成了独立于都察院的另一套监督体系，与都察院合称"科道并行"。"这种交叉分工的双重监督体制很大程度上避免了监察空白，有利于明清政府在官吏的选拔、任用、考核环节实施监督。"③

八、清代的监察制度

清代基本沿袭明朝监察制度。中央仍然沿用都察院，并扩建为15道监察御史，职清末增加为22道。清雍正时期，原并列于都察院设置的监察六部的给事中不再独立，而是并入都察院，由此形成了六科给事中和22道监察御史共同监察和弹劾京内外官吏的局面。清朝的监察较之前朝代最显著的

---

① 沈东方：《中国古代治理智慧④　监察制度：古代国家治理体系的重要一环》，https://www.ccdi.gov.cn/toutiao/201911/t20191105_203780.html。

② 沈东方：《中国古代治理智慧④　监察制度：古代国家治理体系的重要一环》，https://www.ccdi.gov.cn/toutiao/201911/t20191105_203780.html。

③ 沈东方：《中国古代治理智慧④　监察制度：古代国家治理体系的重要一环》，https://www.ccdi.gov.cn/toutiao/201911/t20191105_203780.html。

特点体现在组织的完全统一、权力的集中上。

九、小结

中国封建社会历代的监察制度的主要目的是监督约束官吏、协调统治阶层内部矛盾、加强中央集权、强化皇权等，以服务于封建统治阶级，故而承载的清廉制度文化也是服务于皇权及封建统治者意志①。

清廉制度文化建设在社会方面包括社会风气、民俗文化、德行品性等方面，诸多思想载于文学作品与史料中，常被后世引用承袭。比如，早在屈原的《楚辞·招魂》中就有"朕幼清以廉洁兮，身服义而未沫"。东汉学者王逸为之注释，"不受曰廉，不污曰洁"，大致意思说，一个人如果不接受他人馈赠的钱财礼物，清白人品没有受到玷污，就是廉洁。再比如，汉代桓宽《盐铁论·疾贪》中的"夫欲影正者端其表，欲下廉者先其身"，西汉韩婴《韩诗外传》中的"智者不为非其事，廉者不求非其有"，西汉刘安《淮南子·诠言训》中的"矩不正，不可为方；规不正，不可为圆"，西汉刘向《说苑·敬慎》中的"身处膏脂，不能以自润；禄已厚而慎不敢取"以及《后汉书·张衡列传》中的"愿竭力以守义兮，虽贫穷而不改"，隋代教育家、思想家王通写的"廉者常乐无求，贪者常忧不足"，唐代陆贽写的"伤风害理，莫甚于私；暴物残民，莫大于贿"，唐代姚崇《辞金诫》中的"慎则祸之不及，贪则灾之所起"，宋代朱熹《四书章句集注》中的"宁亡己之财，而不忍伤民之力"，宋代苏轼写的"苟非吾之所有，虽一毫而莫取""功废于贪，行成于廉"，宋代苏舜钦《无锡惠山寺》中的"清泉绝无一尘染，长松自是拔俗姿"，《明史·周起元传》中的"公廉爱民，丝粟无所取""吏不廉平，则治道衰"，清代常国翰《挽彭玉麟联》中的"淡泊凤盟心，问从古勋臣，几似此位禄弗居，荷天下艰危重任；朝廷真曲体，到饰终盛典，犹不忍恩施逾格，负我公廉洁初衷"，等等。

在博大精深的诗词文化中，清廉也是文人墨客常吟诵的关键词。例如，唐代李商隐的《咏史》："历览前贤国与家，成由勤俭破由奢。何须琥珀方为枕，岂得真珠始是车？运去不逢青海马，力穷难拔蜀山蛇。几人曾预南薰曲，终古苍梧哭翠华。"宋代包拯的《书端州郡斋壁》："清心为治本，直道是身谋。秀干终成栋，精钢不作钩。仓充鼠雀喜，草尽兔狐愁。史册有遗训，毋贻来者羞。"元代王冕的《墨梅》："不要人夸好颜色，只留清气满乾

①周翔、刘明乐：《我国古代监察制度的发展演进及其历史价值》，《巴蜀史志》2023年第3期，第44—47页。

坤。"明代于谦的《石灰吟》:"千锤万击出深山,烈火焚烧若等闲。粉骨碎身浑不怕,要留清白在人间。"明代况钟的《拒礼诗》:"清风两袖朝天去,不带江南一寸棉。惭愧士民相饯送,马前洒泪注如泉。"清朝郑燮的《予告归里画竹别潍县绅士民》:"乌纱掷去不为官,囊橐萧萧两袖寒。写取一枝清瘦竹,秋风江上作钓竿。"此类诗还有很多。

可见,无论是思想家、政治家,还是诗词贤人,都以清廉作为处世为人的一项重要标准,众多论述也都体现出以民为本、为政以德、修身自律、尚廉知耻的清廉制度文化。

第二节　新民主主义革命时期清廉制度文化建设

在新民主主义革命时期,党面临着自身队伍力量弱小、外部革命环境险恶等诸多影响生存的问题,但始终高度警惕腐败,重视清廉制度建设。

一、纪律为先,纪法为纲

1921年,党的一大提出"接受党员要特别谨慎,严格审查"以及党的纲领规定"地方委员会的财务、活动和政策,应受中央执行委员会的监督"[①]。1922年,党的二大通过的《中国共产党章程》,将"纪律"单列一章,明确规定了党组织和党员应遵守的行为准则。1926年,中央扩大会议发出题为《中共中央扩大会议通告——坚决清洗贪污腐化分子》的通告,其中明确指出:"最显著的事实,就是贪污的行为,往往在经济问题上发生吞款、揩油的情弊。这不仅丧失革命者的道德,且亦为普通社会道德所不容。此种分子近来各地均有发现,大会为此决议特别训令各级党部,迅速审查所属同志,如有此类行为者,务须不容情的洗刷出党,不可令留存党中,使党腐化,且败坏党在群众中的威望。"[②]毛泽东在《湖南农民运动考察报告》中也明确提出了无产阶级要动员起来建立"廉洁政府"的理念。1927年,党的五大成立了中央监察委员会,这是党的历史上最早设立的纪律检查机构。"中央监察委员会的诞生,就像一把利剑,承担起维护党的纪律和党组织纯洁性的重

①中共中央文献研究室、中央档案馆:《建党以来重要文献选编(1921—1949)第一册》,中央文献出版社,2011,第2、24页。

②中共中央文献研究室、中央档案馆:《建党以来重要文献选编(1921—1949)第三册》,中央文献出版社,2011,第348-349页。

任。"①土地革命战争时期，苏区政权成立了审计机构——财政审查委员会，设立了群众性监察机构——工农检察委员会，建立了一套监察制度和财政经济领域的审计监察制度，初步形成了反腐败的制度规范②。1933年，中华苏维埃共和国临时中央政府主席毛泽东、副主席项英共同签署这一时期最有代表性的反腐败法规制度《中央执行委员会二十六号训令——关于惩治贪污浪费行为》，"这是党历史上第一部比较系统规范的惩办性法规条例，使苏区政府的反腐败斗争有章可循、有法可依，对腐败分子产生了巨大的威慑作用"③。1937年8月，毛泽东在《为动员一切力量争取抗战胜利而斗争》中，明确提出"铲除贪官污吏，建立廉洁政府"④。

抗日战争时期，第一个较为完善的针对惩治贪污的法律文件是1939年颁布的《陕甘宁边区惩治贪污条例（草案）》。依据条例规定，对于"贪污腐化罪的严明执法，不仅沉重地打击了新贪官污吏和新劣绅邪恶势力，而且对后来的边区政权机关廉政为民和廉政法制建设都产生了深远的作用和影响"⑤。

1940年2月1日，毛泽东在延安举行了一次演讲，主要内容是对汪精卫的声讨与批判，在演讲中，毛泽东说："陕甘宁边区是全国最进步的地方，这里是民主的抗日根据地。这里一没有贪官污吏，二没有土豪劣绅，三没有赌博，四没有娼妓，五没有小老婆，六没有叫化子，七没有结党营私之徒，八没有萎靡不振之气，九没有人吃磨擦饭，十没有人发国难财，十没有人发国难财，为什么要取消它呢？"⑥这种清正淳朴之风，是中国共产党取得革命胜利的重要支撑。1941年，《陕甘宁边区施政纲领》明确规定："厉行廉洁政治，严惩公务人员之贪污行为，禁止任何公务人员假公济私之行为，共产党员有犯法者从重治罪。"⑦后来，《陕甘宁边区政务人员公约》中明确规定："公正廉洁，奉公守法。这是边区政务人员必须具备的品格。在品格道德上要成为模范，为民表率。要知法守法，不滥用职权，不假公济私，不要私

---

① 徐嘉：《党史中的纪律　党的五大选举产生第一个中央监察机构》，https://www.ccdi.gov.cn/toutiao/202006/t20200627_220843.html。

② 杨绍华：《把权力关进制度的笼子里：中国特色廉政制度创新研究》，中国方正出版社，2013，第69页。

③ 杨绍华：《把权力关进制度的笼子里：中国特色廉政制度创新研究》，中国方正出版社，2013，第69页。

④ 《毛泽东选集（第二卷）》，人民出版社，1991，第355页。

⑤ 杨永华：《中国共产党廉政法制史研究》，人民出版社，2005，第95页。

⑥ 《毛泽东选集（第二卷）》，人民出版社，1991，第718页。

⑦ 《毛泽东文集（第二卷）》，人民出版社，1991，第335页。

情，不贪污，不受贿，不赌博，不腐化，不堕落。"①此外，还颁布《陕甘宁边区简政实施纲要》等规章制度，提出了在全体政务人员中深入进行民主集中制与政纪的教育，规定了反对贪污腐化的内容。

解放战争时期，各解放区结合整党运动，为反贪污浪费制定了如《东北解放区惩治贪污暂行条例》《晋冀鲁豫边区惩治贪污暂行办法》等一系列制度；通过严禁党员干部经商，加强了对干部的财务管理，以切断腐败源头。同时，加强军队纪律建设，1946年7月，中共中央印发《注意加强部队纪律教育》，提出"任何部队，在每一次行动前，必须进行一次公开的全体的纪律教育"②。1947年10月，中国人民解放军总部重新颁布《三大纪律八项注意》的训令。此后又制定城市政策，严格入城纪律，同国民党统治区的贪污腐败形成鲜明对比。

二、重视教育，筑牢防线

1931年11月，中央苏区第一次党代表大会通过的《党的建设问题决议案》提出，一切违反苏维埃法律对于革命有损害行为的党员，必须比非党员工农分子受更严厉的革命纪律制裁，这尤其是在红军及其他武装组织中更加重要。无论是党员干部还是高级领导干部，都必须严格遵守一系列清廉制度的要求和规定。边区政府时期，毛泽东就提出边区应该是"抗日的民主政治模范区"的主张，要求"以为人民服务为宗旨，以无私忘我的工作和廉洁勤俭的作风赢得人民的信任和支持"③。《陕甘宁边区施政纲领》第五条确立了政权的"三三制"原则。1944年，学习《甲申三百年祭》的教育活动，使广大党员干部进一步明确腐败与灭亡的关系，从而自觉接受人民监督，高度警醒自我，严厉抵制腐败思想。

三、依法执纪，严惩腐化

早在中央苏区时期，毛泽东就指出："与贪污腐化作斗争，是我们共产党人的天职，谁也阻挡不了！"④革命年代，我们党不仅与各类敌对势力进行斗争，更与贪污腐败坚决斗争，坚持人人平等、不分亲疏与功绩的原则，都严格执行党的纪律。

①杨永华：《中国共产党廉政法制史研究》，人民出版社，2005，第209页。
②《毛泽东文集（第四卷）》，人民出版社，1996，第154页。
③杨永华：《中国共产党廉政法制史研究》，人民出版社，2005，第244页。
④杨宪福：《毛泽东领导理论与实践》，山东大学出版社，2017，第90页。

四、群众参与，民主监督

毛泽东十分重视发动群众性的政治运动来治理贪污腐化，每次运动的矛头集中在贪污腐化、官僚主义、以权谋私等问题上[①]。1931年，中央临时政府通过群众检举贪污运动，促进中央苏区清廉建设取得显著成效。群众的广泛参与，对党内领导干部及党员的规范用权、作风建设发挥重要作用，可以说形成了较为全面的监督。

新民主主义革命时期，中国共产党的各类清廉制度结合民主监督，充分发挥群众力量，有效推进清廉制度文化建设，为后期清廉文化制度建设奠定了基础。

第三节 社会主义革命和建设时期清廉制度文化建设

新中国成立后，我们党积极防止和克服消极腐化现象和不良倾向，全党先后开展了整党整风运动和"三反""五反"运动，通过思想强化教育，严肃反贪纪律，不断改进作风，整顿队伍，逐步夯实拒腐防变基础。虽然清廉制度文化建设在"文化大革命"期间遭遇挫折，但总体是处于不断前进的状态。

一、巩固新生政权，构建清廉制度体系

新中国成立前夕通过的《中国人民政治协商会议共同纲领》（以下简称《共同纲领》）中要求："中华人民共和国的一切国家机关，必须厉行廉洁的、朴素的、为人民服务的革命工作作风，严惩贪污，禁止浪费，反对脱离人民群众的官僚主义作风。"[②]1949年11月成立的中央及各级党的纪律检查委员会，明确规定了纪委的职权，明确了处分违犯纪律的党员、加强纪律教育、使党员干部严格遵守党纪等内容[③]。这一体系的建构，凸显出我们党大力推进清廉建设的制度化。1952年4月，中华人民共和国第一部系统性的反

---

①郑福林、周占军：《毛泽东反腐防变理论与实践研究》，吉林人民出版社，2003，第194页。

②中华人民共和国大典编修指导委员会：《中华人民共和国大典》，中国经济出版社，1994，第48页。

③中华人民共和国大典编修指导委员会：《中华人民共和国大典》，中国经济出版社，1994，第52页。

腐反贪法规《中华人民共和国惩治贪污条例》阐述了贪污的概念、采取的刑罚措施、惩治所依据的基本原则等，这些规定成为此后几十年来关于如何惩治腐败的主要法律依据。1954年，第一届全国人民代表大会通过《中华人民共和国宪法》，其中第九十七条规定："中华人民共和国公民对于任何违法失职的国家机关工作人员，有向各级国家机关提出书面控告或者口头控告的权利。"①该规定体现了国家机关工作人员必须接受群众的监督的要求。

此外，党和政府制定颁布了《惩戒违法失职公务员暂行条例》《关于处理小贪污分子的五项决定》《关于处理贪污浪费问题的若干规定》《关于"五反"运动中成立人民法庭的规定》等一系列法规，为初步形成新中国惩治和预防腐败制度框架、在党员干部群体中形成自觉遵守各项制度的良好氛围打下了基础。虽然各项具体的廉政制度还没有建立，但是已初步构建了由根本制度、党内规章、纪检监察制度、审判制度、刑事法律、行政规章、财经制度等构成的反腐制度体系②。

二、重视廉洁自律，领导干部以身作则

党的八大第一次提出反对个人崇拜的思想，并在《中国共产党章程》总纲中指出："按照党的民主集中制，任何党的组织都必须严格遵守集体领导和个人负责相结合的原则，任何党员和党的组织都必须受到党的自上而下的和自下而上的监督。"在第五十三条明确指出："党的中央和地方监察委员会的任务是：经常检查和处理党员违反党的章程、党的纪律、共产主义道德和国家法律、法令的案件；决定和取消对于党员的处分；受理党员的控诉和申诉。"③

第一代党和国家领导人在勤政廉政、艰苦奋斗方面带头执行"三大纪律""八项注意"，主动减少生活开支，和人民群众勠力同心，为全党全社会营造了以廉为荣的良好风尚。毛泽东在革命胜利后为自己定下了与亲友交往"三原则"："恋亲，但不为亲徇私。念旧，但不为旧谋利。济亲，但以公济私。"④

---

① 倪延年：《中国新闻法制通史（第五卷·史料卷下）》，南京师范大学出版社，2015，第62页。
② 王传利：《新中国成立初期反腐制度建设论析》，《政治学研究》2014年第6期，第41—44页。
③《中国共产党章程》（一九五六年九月二十六日中国共产党第八次全国代表大会通过），
　 https://www.12371.cn/2012/10/25/ARTI1351156898801133.shtml。
④ 丁晓平：《毛泽东家风》，人民出版社，2019，第5页。

三、严惩贪污腐化，发挥纪法震慑作用

全面执政后，我们党更加坚决、严明地惩治腐败、浪费等行为。无论职位高低、权力大小，一旦违反法律纪律，均严惩不贷。这一时期影响力较为深远的是对刘青山、张子善二人贪污腐败案件的处理，当时有人认为刘、张二人之前工作有突出贡献，也在我们党内拥有重要影响，因此希望从轻处理。但是，毛泽东同志却严厉地说："正因为他们两人的地位高，功劳大，影响大，所以才要下决心处决他们。只有处决他们，才可能挽救二十个，二百个，二千个，二万个犯有各种不同程度错误的干部。"①类似案件对全党和全社会产生了巨大震慑，使党员干部深刻认识到贪污腐败的巨大危险性。

四、受错误思想影响，制度建设出现停滞

20世纪50年代后期，受"左"倾思想的影响，社会对于民主、法治存在错误的认知与理解，党的九大、十大取消了党的监察机关，致使党和国家内部的监督制度和机制遭到破坏，纪律约束力受挫，清廉思想推进出现停滞。

第四节 党的十一届三中全会时期至党的十八大时期 清廉制度文化建设

党的十一届三中全会以后，发展成为时代主题，我国开始了轰轰烈烈的改革开放，不断推进建设社会主义现代化。在总结历史的经验与教训的基础上，在思想上进行了拨乱反正，清廉制度文化建设趋向制度化、规范化，体现出新的特点。

一、恢复完善制度

1978年12月，十一届三中全会恢复党的监察体系，成立了党的纪律检查委员会，重点开展对党员的纪律教育以及监察纪律的执行质效的工作。1979年6月，邓小平指出，"民主和法制，这两个方面都应该加强，过去我们都不足。要加强民主就要加强法制。没有广泛的民主是不行的，没有健全的法制也是不行的"，"民主要坚持下去，法制要坚持下去。这好像两只手，

---

① 中共中央文献研究室：《毛泽东传（第三册）》，中央文献出版社，2011，第1180页。

任何一只手削弱都不行"①。

我们党在对外开放和大力发展经济的背景下开展清廉工作，面临更为复杂的局面和繁重的任务。针对改革开放初期制度不完善的现状，颁布了一系列规范和约束党员干部行为的重要法规，以《关于党内政治生活的若干准则》为代表的大量党风廉政方面的制度，在一定意义上对于恢复和巩固党以制度反腐的传统起到很大作用②。1979年11月制定了《中共中央、国务院关于高级干部生活待遇的若干规定》，随后制定出台了《中共中央、国务院关于打击经济领域中严重犯罪活动的决定》（1982年4月）、《中共中央、国务院关于严禁党政机关和党政干部经商、办企业的决定》（1984年12月）、《中共中央、国务院关于禁止领导干部的子女、配偶经商的决定》（1985年5月）、《中共中央纪律检查委员会关于坚决查处共产党员索贿问题的决定》（1987年6月）等规章制度。

党的十三届四中全会后，党和国家先后颁布了《中国共产党党员领导干部廉洁从政若干准则（试行）》《中国共产党纪律处分条例（试行）》《关于党政机关县（处）级以上领导干部收入申报的规定》《关于实行党风廉政建设责任制的规定》等党风廉政建设法规制度以及《中华人民共和国行政监察法》等国家法律。这些制度涵盖行政的审查批准、资金的监督管理、干部的选任等内容，进一步净化了权力生存的土壤。

党的十六大和十七大期间，颁布实施《中国共产党党内监督条例（试行）》《中国共产党巡视工作条例（试行）》《关于实行党政领导干部问责的暂行规定》及配套文件，修订发布《中国共产党纪律处分条例》《中国共产党党员权利保障条例》《中国共产党党员领导干部廉洁从政若干准则》等党内重要法规，制定《关于加强廉政文化建设的意见》。同时，通过民主生活会、述职述廉、诚勉谈话、党内询问和质询、党员领导干部报告个人有关事项等制度，优化巡视机构，在《中华人民共和国刑法修正案（七）》和《中华人民共和国刑法修正案（八）》中明确反腐败的有关规定，初步形成清廉的法规制度体系，夯实清廉制度文化建设的法治基础。

二、加大教育力度

十一届三中全会后，制度成为党促进社会主义现代化建设、优化党风和

①《邓小平文选（第二卷）》，人民出版社，1994，第189页。
②李斌雄、黄红平：《新中国成立以来反腐廉政制度变迁及其历史经验》，转引自《中国廉政制度创新研究》，中山大学出版社，2012，第69页。

社风的重要抓手，将思想教育与制度建设有机结合，共同推进反腐败斗争走向深入。

邓小平强调教育对法制建设的重要性，"加强法制重要的是要进行教育，根本问题是教育人"①。江泽民指出："制度建设必须同思想建设结合起来。只有提高大家的思想觉悟，加强党性修养，好的制度才能得到贯彻执行。"②胡锦涛指出："防治腐败，必须既通过教育引导使人自觉从善，又通过制度约束使人不能为恶，既通过思想道德建设提高恪守制度的自觉性，又通过制度建设增强思想道德建设的有效性。"③

党的十六大以后，我们党以开展共产党员先进性教育活动和推进社会主义核心价值体系建设为依托，在全党上下广泛开展学习廉政勤政方面的先进典型和警示教育活动，树立社会主义荣辱观，加强廉政文化建设，督促党员领导干部加强党性修养，常修为政之德、常思贪欲之害、常怀律己之心。

三、强化制度执行

党的十一届三中全会以后，我们党根据《关于党内政治生活的若干准则》等制度规定及要求，严肃处理了一批严重败坏党风、违犯党纪的案件。邓小平指出："越是高级干部子弟，越是高级干部，越是名人，他们的违法事件越要抓紧查处，抓住典型。"④1982年2月到1986年7月底，全国在打击严重经济犯罪活动中，受党纪处分的党员 67613 人，其中被开除党籍的25598 人⑤。同时，党纪国法对任何人都是公平的，因此领导干部特别是高级干部不仅要身先士卒，带头廉洁自律，更要承担起对自己亲属和子女的清廉文化的教育与培育的责任。

进入新世纪以后，党和国家从源头预防和惩治腐败，坚决查办违纪违法案件，始终保持惩治腐败高压态势，依照法纪，以严惩不贷的工作作风坚决维护了党纪国法的严肃性与震慑力。

---

①《邓小平文选（第三卷）》，人民出版社，1993，第163页。

②中共中央文献研究室：《十三大以来重要文献选编（中）》，人民出版社，1991，第811页。

③《胡锦涛文选（第三卷）》，人民出版社，2016，第46页。

④《中央纪律检查委员会向党的第十三次全国代表大会的工作报告（一九八七年十月三十日）》，
　　https://www.scopsr.gov.cn/zlzx/ddh/ddh17_3972/ddh170/201811/t20181121_329053.html。

⑤《中央纪律检查委员会向党的第十三次全国代表大会的工作报告（一九八七年十月三十日）》，
　　https://www.scopsr.gov.cn/zlzx/ddh/ddh17_3972/ddh170/201811/t20181121_329053.html。

第五节　党的十八大以来清廉制度文化建设

党的十八大以来，以习近平同志为核心的党中央把思想建党和制度治党有机结合，促进依规治党和依法治国在思想与实践上的高度统一，进一步推进党风廉政建设和反腐败斗争，清廉制度建设的步伐加快、力度加大，形成了较为完备的清廉制度体系。

一、健全完善的制度体系

党内法规是党的中央组织，中央纪律检查委员会，党中央工作机关和省、自治区、直辖市党委制定的体现党的统一意志、规范党的领导和党的建设活动、依靠党的纪律保证实施的专门规章制度。党章是最根本的党内法规，是制定其他党内法规的基础和依据。为了规范党内法规制定工作，提高党内法规质量，中央颁布《中国共产党党内法规制定条例》（2019年予以修订），并出台《中国共产党党内法规和规范性文件备案审查规定》《中国共产党党内法规执行责任制规定（试行）》等规定。2023年，全国人大常委会进一步修正《中华人民共和国立法法》，这对于规范立法活动、提高立法质量和健全国家立法制度起到重要推动和保障作用。

习近平总书记指出："反腐倡廉法规制度建设，关键是制约和监督权力。"[1]关于党内法规制度体系，其基本体系包括了以党章为根本，以党的组织、党的领导、党的自身建设和党的监督保障为主体的四个方面的法规制度体系[2]。现已实现党的领导和党的建设各方面党内法规制度的全覆盖，构建起较为完善的党内法规体系的"四梁八柱"（见图1），实现依法治党和依规治党相辅相成、互相促进、互为保障的有机统一。截至2024年3月，全党现行有效党内法规共3890部，其中党中央制定的中央党内法规221部，中央纪律检查委员会以及党中央工作机关制定的部委党内法规202部，省、自治区、直辖市党委制定的地方党内法规3467部[3]。审计是党和国家监督体系的重要组成部分，是推进国家治理体系和治理能力现代化的重要力量，党的十八大以

---

① 中共中央纪律检查委员会、中共中央文献研究室：《习近平关于严明党的纪律和规矩论述摘编》，中国方正出版社、中央文献出版社，2016，第63页。

② 《中国共产党党内法规体系》，《人民日报》2021年8月4日第1版。

③ 张劲：《持之以恒推进依规治党——新时代党内法规制度建设》，《党建》2024年第6期，https://www.dangjian.cn/lxzg/2024/06/03/detail_202406036791437.html。

来，党中央不断深化审计制度改革，构建起集中统一、全面覆盖、权威高效的审计监督体系，党的十九大和十九届三中全会决定改革审计管理体制，组建中央审计委员会，这一系列制度体系的完善助力清廉制度建设更加系统化。

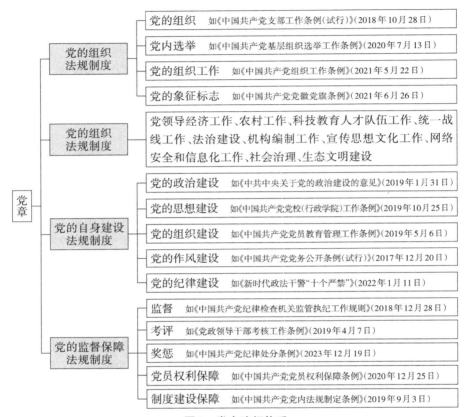

图1 党内法规体系

资料来源：中共中央办公厅法规局《中国共产党党内法规选编（2017—2022）》，法律出版社，2024。

中央纪律检查委员会在第二次全体会议上的工作报告指出："纪检监察体制改革是完善党和国家监督体系的重大战略，是纪检监察工作规范化、法治化、正规化建设的内在要求。要坚持问题导向、目标导向、结果导向，一体深化推进党的纪律检查体制改革、国家监察体制改革、纪检监察机构改革，健全统筹推进'三项改革'的领导体制和工作机制。"①由此可见，党中

①李希：《深入学习贯彻党的二十大精神　在新征程上坚定不移推进全面从严治党——在中国共产党第二十届中央纪律检查委员会第二次全体会议上的工作报告》，https://www.xinhuanet.com/2023-02/23/c_1129391494.htm。

央高度重视推进党的纪律检查体制改革、国家监察体制改革、纪检监察机构改革的领导体制和工作机制建设，并且要求各地区应不断完善派驻监督体系机制，推进派驻机构、派出机构全面运用监察权，进而促进纪检监察机关的力量和资源整合，实现高质量发展①。

二、增强自觉自律意识

习近平总书记强调："要养成纪律自觉，教育引导广大党员、干部特别是领导干部严格按党章标准要求自己，知边界、明底线，把他律要求转化为内在追求，自觉以身作则，发挥表率作用。"②实践中，理想信念是自觉自律的内在指引，执行党规党纪是外在自觉，只有将清廉文化内化于心，将清廉制度外化于行，才能真正将清廉展现为自身的修养与道德。自觉自律是党员干部发自内心地对制度尊崇，并在行动中严格践行。即使没有显性的监督，即监督人员或其他监督技术，人也会依据自身的素质与修养，明晰制度边界、法律要求，不越矩，做到严守纪律，抵制腐败。

三、严肃执纪问责

习近平总书记强调："执行党的纪律不能有任何含糊，不能让党纪党规成为'纸老虎'、'稻草人'，造成'破窗效应'。凡是违反党章和党的纪律特别是政治纪律、组织纪律、财经纪律的行为，都不能放过，更不能放纵。"③习近平总书记进一步指出："制度不在多，而在于精，在于务实管用，突出针对性和指导性。如果空洞乏力，起不到应有的作用，再多的制度也会流于形式。牛栏关猫是不行的！要搞好配套衔接，做到彼此呼应，增强整体功能。要增强制度执行力，制度执行到人到事，做到用制度管权管事管人。制定制度要广泛听取党员、干部意见，从而增加对制度的认同。要坚持制度面前人人平等、执行制度没有例外，不留'暗门'、不开'天窗'，坚决维护制度的严肃性和权威性，坚决纠正有令不行、有禁不止的行为，使制度成为硬

①徐梦龙：《深入推进纪检监察体制改革》，https://www.ccdi.gov.cn/toutiaon/202303/t20230304_250377.html。
②习近平：《在第十八届中央纪律检查委员会第六次全体会议上的讲话》，人民出版社，2016，第18页。
③中共中央纪律检查委员会、中共中央文献研究室：《习近平关于党风廉政建设和反腐败斗争论述摘编》，中央文献出版社、中国方正出版社，2015，第44页。

约束而不是橡皮筋。"①

　　制度是否被执行，是制度生命力所在，倘若空有制度，无人问津、无人执行，制度则毫无意义。在党的十九大报告中，习近平总书记在明确建设法治中国、平安中国、健康中国、数字中国、美丽中国等国家战略的同时，深刻指出："要通过不懈努力换来海晏河清、朗朗乾坤。"党的二十大报告进一步指出："完善党的自我革命制度规范体系。坚持制度治党、依规治党，以党章为根本，以民主集中制为核心，完善党内法规制度体系，增强党内法规权威性和执行力，形成坚持真理、修正错误，发现问题、纠正偏差的机制。"②自党的十八大以来，我们党在反腐败斗争上的力度之大前所未有，成效也是有目共睹。腐败蔓延势头得到坚决遏制，并在实践中不断探索，依法构建国家监察体系（见图2），进一步深化了不敢腐、不能腐、不想腐方针方略的一体推进。

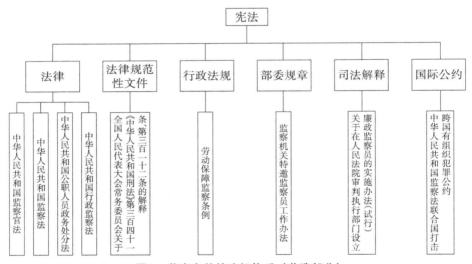

图2　监察有关的法规体系（节选部分）

四、深化巡视巡察

　　"巡视是党章赋予的重要职责，是党内监督的战略性制度安排。1990年，

①习近平:《在党的群众路线教育实践活动总结大会上的讲话》，https://www.xinhuanet.com/politics/2014-10/08/c_1112740663_3.htm。

②《高举中国特色社会主义伟大旗帜　为全面建设社会主义现代化国家而团结奋斗——在中国共产党第二十次全国代表大会上的报告》，https://cpc.people.com.cn/n1/2022/1026/c64094-32551700.html。

十三届六中全会决定，中央和省区市党委可根据需要派出巡视工作小组。1996年，中央纪委第一次开展巡视。党的十六大提出建立和完善巡视制度，十七大把这项制度写入党章。"①党的十九大上，习近平总书记指出巡视工作要把"深化政治巡视"作为首要要求。党的十九大对党章进行修订，"在组织制度中专列一条对巡视巡察工作作出规定，以党内根本大法确立了巡视在全面从严治党中的战略作用、在党内监督制度中的战略地位"②。党承载的历史使命是"为中国人民谋幸福、为中华民族谋复兴"，因此这也构成新时代党的领导高度重视巡视制度的历史渊源与思维逻辑，构成我们党自我革命、全面从严治党的战略安排，巡视制度在不断深入优化的过程中已然成为我们党促进清廉制度文化的涵养、完善清廉制度建设的重要保障。巡视工作也已成为国之利器、党之利器。

📖 拓展阅读

"天下之患在于土崩，不在于瓦解，古今一也。何谓土崩？秦之末世是也。陈涉无千乘之尊，尺土之地，身非王公大人名族之后，无乡曲之誉，非有孔、墨、曾子之贤，陶朱、猗顿之富也，然起穷巷，奋棘矜，偏袒大呼而天下从风，此其故何也？由民困而主不恤，下怨而上不知，俗已乱而政不修，此三者陈涉之所以为资也。是之谓土崩。故曰天下之患在于土崩。"③这一论述，后被《史记》等史学资料引用，以此来警示历朝历代的统治阶层务必要高度重视基层社会治理，抵制腐败现象，巩固政权根基。

---

① 《坚持方针　用好利剑》，https://www.ccdi.gov.cn/special/xsjw/series7/201801/t20180102_160781.html。

② 《新时代巡视利剑作用更加彰显——十九届中央第一轮巡视工作综述》，https://baijiahao.baidu.com/s？id=1607500618878290956&wfr=spider&for=pc。

③ 徐乐：《言世务书》，载李效来、唐汉主编《毛泽东读批〈资治通鉴〉》，红旗出版社，1998，第114页。

第三章　清廉兰州制度文化建设之基

第一节　法治是清廉兰州制度文化建设的核心

法治思维和法治方式是清廉制度文化建设的底线与红线，是约束人性利己、贪欲的最有力的方式。法治的强制性、预期性、稳定性是最适宜作为清廉制度文化建设的底色，并以此为基础不断延伸扩展。

一、法治思想是清廉制度文化建设的内在机理

无论是古代先哲对于法治文化的论述，还是当下习近平总书记关于法治思想的论述，都应成为清廉制度文化建设的坚实基础。我国推进中国式现代化的重要特质之一是人口的巨大现代化，十四亿多人口，五十六个民族，如此广袤的地域，丰富多元的文化基础，实现国家、政令、市场等各方面的统一，均面临巨大考验，但是法治这一准绳具有稳预期利长远的优势，因此，清廉制度文化建设的普适性的基础核心就在于法治。

2014年10月20日，习近平总书记在《关于〈中共中央关于全面推进依法治国若干重大问题的决定〉的说明》中论述法治与治国理政方面的意义时指出："法律是治国之重器，法治是国家治理体系和治理能力的重要依托。"①他在党的十八届四中全会第二次全体会议上的讲话进一步指出："小智治事，中智治人，大智立法。治理一个国家、一个社会，关键是要立规矩、讲规矩、守规矩。法律是治国理政最大最重要的规矩。推进国家治理体系和治理能力现代化，必须坚持依法治国，为党和国家事业发展提供根本性、全局性、长期性的制度保障。我们提出全面推进依法治国，坚定不移厉

---

① 《习近平新时代中国特色社会主义思想专题摘编》，党建读物出版社、中央文献出版社，2023，第275页。

行法治，一个重要意图就是为子孙万代计、为长远发展谋。"①

📖 **拓展阅读**

古代先哲的诸多论述深刻地体现着对法治的推崇以及法治建设的重要意义。如战国时期商鞅认为："为国也，观俗立法则治，察国事本则宜。不观时俗，不察国本，则其法立而民乱，事剧而功寡。此臣之所谓过也。"（《商君书·算地第六》）②《韩非子·问辩》中"言无二贵，法不两适"大意是，除诏令外，不能有第二种尊贵的言辞；除法律外，没有第二种适宜的行事准则，所有不符合法令的言行都必须禁止。

二、法治体系是清廉制度文化建设的有形载体

"立善法于天下，则天下治；立善法于一国，则一国治。"③（王安石，《周公》）立法是推进法治建设的首要环节，通过法治体系的立改废释的综合推进，一方面不断完善法治体系，即优化完善法律、行政法规以及地方性法规，另一方面不断完善社会规范体系，即优化完善市民公约、乡规民约、行业规章、团体章程等，从而为依法治国提供坚实的制度支撑和基本依据。要重视法治实践，在法律的具体实施过程中，要依法办事和依法履职，做到依法行政和公正司法，保障宪法法律的权威性，促进法治发展；要高度重视各类监督制度的有效执行，促进党内、人大、民主、行政、司法、审计、社会、舆论等各方面多层次全方位的监督在实践中务实管用，而非流于形式，减少制约监督效力发挥的不利因素，为法治整体环境提供保障。

📖 **拓展阅读**

2023年第12期《求是》杂志刊登习近平总书记重要论述《健全全面从严治党体系 推动新时代党的建设新的伟大工程向纵深发展》，其中明确指出："我们把制度建设贯穿党的各项建设，与时俱进完善党章，聚焦加强党的领导和党的建设推进制度创新，形成比较完善的党内法规体系，搭建起党和国家监督体系'四梁八柱'，把权力关进制度的笼子，为新时代党的建设

---

① 中共中央文献研究室：《习近平关于全面依法治国论述摘编》，中央文献出版社，2015，第12-13页。

② 《习近平著作选读（第一卷）》，人民出版社，2023，第302页。

③ 《习近平著作选读（第一卷）》，人民出版社2023，第303页。

提供了根本性、全局性、稳定性、长期性保障。"①

三、法治队伍是清廉制度文化建设的执行主体

　　清廉制度文化建设的具体实施者是各类组织及行为个体，而法治队伍是最为关键及重要的组成部分。清廉制度文化建设的主体之一是广大党员干部，他们肩负社会清廉制度建设的监督与维护职责。正如古人所说，"有美意，必须有良法乃可行。有良法，又须有良吏乃能成"②。因此，打造清廉制度建设队伍的基础是打造一支知法、懂法、守法、护法的纪律严明的干部队伍，这样才能更好地为清廉城市建设执法、用法保驾护航。习近平总书记指出："坚持建设德才兼备的高素质法治工作队伍。全面推进依法治国，首先要把专门队伍建设好。加强理想信念教育，深入开展社会主义核心价值观和社会主义法治理念教育，推进法治专门队伍革命化、正规化、专业化、职业化，确保做到忠于党、忠于国家、忠于人民、忠于法律。"③干部队伍法治化有助于夯实干部清廉文化的根基，因此，干部队伍要时刻以法治思维和法治方式严格要求自己，执行法律，按章办事，依据制度开展工作。

📖 拓展阅读

　　习近平总书记在2020年11月16日中央全面依法治国工作会议上作了题为《以科学理论为指导，为全面建设社会主义现代化国家提供有力法治保障》的讲话，其中深刻指出："坚持抓住领导干部这个'关键少数'。领导干部具体行使党的执政权和国家立法权、行政权、监察权、司法权，是全面依法治国的关键。各级领导干部要坚决贯彻落实党中央关于全面依法治国的重大决策部署，带头尊崇法治、敬畏法律，了解法律、掌握法律，不断提高运用法治思维和法治方式深化改革、推动发展、化解矛盾、维护稳定、应对风险的能力，做尊法学法守法用法的模范。要把法治素养和依法履职情况纳入考核评价干部的重要内容，让尊法学法守法用法成为领导干部自觉行为和必

---

①习近平：《健全全面从严治党体系　推动新时代党的建设新的伟大工程向纵深发展》，《求是》2023年第12期。

②丁国强：《法治德治两手抓的法理意蕴》，《人民法院报》2017年1月9日，https://www.71.cn/2017/0111/929920.shtml。

③《习近平新时代中国特色社会主义思想专题摘编》，党建读物出版社、中央文献出版社，2023，第287页。

备素质。"①

四、公正执法是清廉制度文化建设的根本准则

公平正义是法治的生命线。我国宪法明确规定："中华人民共和国公民在法律面前一律平等。"这一规定真实地反映了中国特色社会主义经济制度和社会主义民主政治制度的客观要求，也是符合我们党全心全意为人民服务的根本宗旨的。因此，法治的出发点和落脚点不仅是惩恶扬善，更重要的是追求公平正义，保护人民权益，伸张正义。清廉制度文化建设务必要守住公平正义这一根本准则，特别是在执纪问责时要一视同仁，才能更好地维护清廉制度的权威性及客观性，增强稳定性与执行力。

📖 拓展阅读

1937年10月，毛泽东对于黄克功的违法犯罪行为，曾致信审判长说："黄克功过去斗争历史是光荣的，今天处以极刑，我及党中央的同志都是为之惋惜的。但他犯了不容赦免的大罪，以一个共产党员红军干部而有如此卑鄙的，残忍的，失掉党的立场的，失掉革命立场的，失掉人的立场的行为，如为赦免，便无以教育党，无以教育红军，无以教育革命者，并无以教育做一个普通的人。因此中央与军委便不得不根据他的罪恶行为，根据党与红军的纪律，处他以极刑。正因为黄克功不同于一个普通人，正因为他是一个多年的共产党员，是一个多年的红军，所以不能不这样办。共产党与红军，对于自己的党员与红军成员不能不执行比较一般平民更加严格的纪律。……一切共产党员，一切红军指战员，一切革命分子，都要以黄克功为前车之戒。"②

五、全面依法治国与全面从严治党有机统一

党的十八届四中全会审议通过的《中共中央关于全面推进依法治国若干重大问题的决定》将"形成完善的党内法规体系"确定为全面推进依法治国总目标的重要内容。治国必先治党，治党务必从严，从严必依法度。坚持全面从严治党与全面依法治国的有机结合，是我们党长期探索与实践的重要经验，必须长期坚持。

---

① 《习近平新时代中国特色社会主义思想专题摘编》，党建读物出版社、中央文献出版社，2023，第287页。

② 中共中央文献研究室：《毛泽东书信选集》，中央文献出版社，2003，第100页。

我们党处于执政地位，是国家建设发展的核心力量，因此，在推进依法治国的进程时，务必要全面从严治党。习近平总书记指出："全面依法治国，核心是坚持党的领导、人民当家作主、依法治国有机统一，关键在于坚持党领导立法、保证执法、支持司法、带头守法。"①全面建设社会主义现代化国家和全面推进中华民族伟大复兴的关键在党、关键在人，因此，要将坚持和完善党内法规制度作为推进全面从严治党的长远及根本策略加以实施。

中国特色社会主义法治的本质特征决定了我们在依法治国的进程中要坚持全面从严治党。《关于〈中共中央关于全面推进依法治国若干重大问题的决定〉的说明》中明确指出："全面推进依法治国，总目标是建设中国特色社会主义法治体系，建设社会主义法治国家，并对这个总目标作出了阐释：在中国共产党领导下，坚持中国特色社会主义制度，贯彻中国特色社会主义法治理论，形成完备的法律规范体系、高效的法治实施体系、严密的法治监督体系、有力的法治保障体系，形成完善的党内法规体系，坚持依法治国、依法执政、依法行政共同推进，坚持法治国家、法治政府、法治社会一体建设，实现科学立法、严格执法、公正司法、全民守法，促进国家治理体系和治理能力现代化。"②

协调推进"四个全面"战略布局的内在思维逻辑和发展目标决定了我们依法治国必须全面从严治党。全面依法治国与其他三个"全面"相辅相成、相互促进、相得益彰。当前，我们党和国家总体的奋斗目标是全面建成社会主义现代化强国，而这一目标的实现需要全面深化改革与全面依法治国予以支撑和推动。其中，全面深化改革是根本路径、关键举措和强劲动力，而全面依法治国则是基本方式和可靠保障。我们党的执政地位和执政目标要求我们务必要全面从严治党，进而才能推进中国式现代化行稳致远③。

"'夫为政者，莫善于清其吏也。'党深刻认识到，反腐败斗争关系民心这个最大的政治，是一场输不起也决不能输的重大政治斗争。"④腐败触犯党纪国法，是最容易颠覆政权的问题，是危害党的生命力与战斗力的最大毒瘤，反腐败是最彻底的自我革命。习近平总书记在2017年10月18日中国共

①《习近平新时代中国特色社会主义思想专题摘编》，党建读物出版社、中央文献出版社，2023，第282页。

②《习近平新时代中国特色社会主义思想专题摘编》，党建读物出版社、中央文献出版社，2023，第288页。

③董振华：《"四个全面"：引领民族复兴的战略布局》，《学习时报》2017年6月12日第2版。

④《习近平新时代中国特色社会主义思想专题摘编》，党建读物出版社、中央文献出版社，2023，第577页。

产党第十九次全国代表大会上的报告《决胜全面建成小康社会　夺取新时代中国特色社会主义伟大胜利》中明确指出："人民群众最痛恨腐败现象，腐败是我们党面临的最大威胁。只有以反腐败永远在路上的坚韧和执着，深化标本兼治，保证干部清正、政府清廉、政治清明，才能跳出历史周期率，确保党和国家长治久安。"①

第二节　德治是清廉兰州制度文化建设的基础

2014年10月23日，习近平总书记在《坚定不移走中国特色社会主义法治道路》中指出："必须坚持依法治国和以德治国相结合。法律是成文的道德，道德是内心的法律，法律和道德都具有规范社会行为、维护社会秩序的作用。治理国家、治理社会必须一手抓法治、一手抓德治，既重视发挥法律的规范作用，又重视发挥道德的教化作用，实现法律和道德相辅相成、法治和德治相得益彰。"②2016年12月9日，他进一步指出："法安天下，德润人心。法律有效实施有赖于道德支持，道德践行也离不开法律约束。"③除了依据法律和制度，还需要依赖公德和良俗的约束与引导，从更为广泛全面的角度开展清廉制度建设。道德是人心良善的体现，遵守道德不仅是尊重社会大众的普适认知，更是对个体的自我修炼，是一个人社会价值与社会担当的重要体现。

中国自古以来十分重视礼仪教化，无论是国家还是基层社会，都将德治视为制度文化的重要组成部分。唐朝时期，官员考评就多以"四善二十七最"为标准，其中"四善"包括了"一善德义有闻，二善清慎明著，三善公平可称，四善恪勤匪懈"④。其中，"德义有闻"位居第一。进入现代化阶段后，我国也继续传承着法治与德治相统一的治理方略，体现在我们治国理政、选人用人等方方面面。这种相辅相成最为显著的核心就在于将法律作为治理的准绳，将道德作为治理的基石。因此，法治与德治高度统一也逐渐成为清廉制度文化的重要组成部分。

①《党的十九大报告辅导读本》，人民出版社，2017，第65页。
②《习近平新时代中国特色社会主义思想专题摘编》，党建读物出版社、中央文献出版社，2023，第280页。
③《习近平新时代中国特色社会主义思想专题摘编》，党建读物出版社、中央文献出版社，2023，第282页。
④王杰：《唐代的"四善"说》，《人民政协报》2023年5月15日第3版。

一、以德修身

为政之道，修身为本。中国自古以来就有以德修身的文化传统，其中以清廉、正义为主要特征的君子观是传统道德观念里君子最为重视的内容与标准。判断君子优秀与否的关键在于个人修养和为德好学。比如，《论语·里仁》中子曰："君子喻于义，小人喻于利。"在处理人与人之间的关系方面，孔子认为"君子周而不比，小人比而不周"（《论语·为政》）。《荀子·劝学》里论述为"故君子不傲、不隐、不瞽，谨顺其身"。再如，《荀子·劝学》中"是故权利不能倾也，群众不能移也，天下不能荡也，生乎由是，死乎由是，夫是之谓德操"，以及《荀子·修身》中"君子贫穷而志广，隆仁也；富贵而体恭，杀势也；安燕而血气不惰，柬理也；劳倦而容貌不枯，好交也"。

先哲君子观中的君子形象，正是清廉制度文化建设中德治思想的主要源泉。现代社会中，人的修养正如风一样，虽然看不见，但是如影随形，无论是大是大非还是细微之处，均可彰显。修养、道德不会随着年龄、工龄的自然增长而增加，更不会随着职务的变迁擢升而自然提高。因此，每个个体，作为清廉制度文化建设的主体，需要自我约束、自我改造、自我革命，在日常工作与生活中慎思笃行，以崇高的政治品格、价值追求、精神境界、作风操守衡量自己的取舍得失，在理论修养、政治修养、道德修养、纪律修养、作风修养等方面不断修炼好内功本领。

📖 拓展阅读

墨子认为："君子战虽有陈，而勇为本焉；丧虽有礼，而哀为本焉；士虽有学，而行为本焉。"又说："君子之道也，贫则见廉，富则见义，生则见爱，死则见哀。四行者不可虚假，反之身者也。"墨子在不断学习和研究中，经过论证和对比分析，认为："志不强者智不达，言不信者行不果。据财不能以分人者，不足与友；守道不笃，遍物不博，辩是非不察者，不足与游。本不固者末必几，雄而不修者其后必惰。原浊者流不清，行不信者名必耗。名不徒生，而誉不自长，功成名遂，名誉不可虚假，反之身者也"。因此，墨子将君子美德归结为一句"君子以身戴行者也"[①]。

[①]《墨子新解》，张希宇注译，人民出版社，2019，第238页。

二、行己有耻

朱熹在《朱子语类》中写道，"人有耻，则能有所不为"，意思是说一个人如果懂得羞耻，就会在面临诱惑或者困难时自我克制，不做违背道德或有悖良心的事。行己有耻是防微杜渐的起点，每个人应该对自己的行为不断反省思考，常怀行己有耻之心。孟子曰："人不可以无耻，无耻之耻，无耻矣。""耻之于人大矣，为机变之巧者，无所用耻焉。"（《孟子·尽心上》）改革开放以来，世界思潮涌入国内，拜金主义、享乐主义和个人主义思想对传统文化道德造成冲击，以金钱多少衡量个人价值的思想严重侵蚀社会清正的风尚，许多党员干部的理想信念发生动摇，对党的信仰和忠诚大幅度减弱，迷失在权力欲望之中，人们对"廉耻"的判断标准出现扭曲，对于"耻"的认知变得模糊，因此影响行为与选择。是否能够意识到自己选择性执行是"行己有耻"最典型的节点。知耻而不为，自觉抵制名利的不良诱惑，恪守内心的清正不阿，做到富贵不淫、威武不屈、贫贱不移，是塑造清廉制度文化的重要方面。

📖 **拓展阅读**

无羞恶之心，非人也。——《孟子·公孙丑上》

人必自侮，然后人侮之。——《孟子·离娄上》

人不可以无耻，无耻之耻，无耻矣。——《孟子·尽心章句上》

人必其自爱也，而后人爱诸；人必其自敬也，而后人敬诸。——《法言·君子》

五刑不如一耻。——《呻吟语·治道》

士皆知有耻，则国家永无耻矣。——《明良论二》

好学近乎知，力行近乎仁，知耻近乎勇。——《礼记·中庸》

三、一心为公

《礼记·礼运》讲："大道之行也，天下为公。"《诗经》有云："民亦劳止，汔可小康，惠此中国，以绥四方。"孟子说："古之人，得志，泽加于民；不得志，修身见于世。穷则独善其身，达则兼善天下。"（《孟子·尽心章句上》）后世史书则有言："天下大同，声教远被。""天下大同，归于治理。"《老子》云："修之于身，其德乃真；修之于家，其德乃余；修之于乡，其德乃长；修之于邦，其德乃丰；修之于天下，其德乃普。故以身观身，以家观家，以乡观乡，以国观国，以天下观天下。吾何以知天下然哉？以此。"《孟子·滕文公下》载："居天下之广居，立天下之正位，行天下之大道；得志，与民由之；不得志，独行其道。"其内在思想正体现出先哲天下为公的崇高情怀。习近平总书记常常引用"功成不必在我，功成必定有我"①激励广大干部，以主动参与、积极奉献的精神，不断提升改造自己的世界观、人生观、价值观，将小我融入社会大我，一心为公，抵制私利诱惑，促进干部清正廉洁。以明代理学家薛瑄对清廉提出的三种境界为例："见理明而不妄取者，上也；尚名节而不苟取者，其次也；畏法律、保禄位而不敢取者，为下也。"以此检视自我，克己奉公。

📖 拓展阅读

唐代诗人王维《赠房卢氏琯》中载："达人无不可，忘己爱苍生。"意谓达观的人可以包容世间万物，他们都忘记自己的利益而去热爱百姓。房琯任县令的第二年，县内大旱，粮食绝收，哀鸿遍野。他连续奏请开仓放粮，迟迟未见批复。即便担着身家性命的干系，房琯毅然决定开仓，以换取万民之生，同时写好谢罪文书以明心志。所幸，这位心系百姓的父母官最终等来了同意放粮的批文。"我将无我，不负人民"既有钢铁意志，又具侠骨柔肠，这是一位共产党人应有的人生观、价值观，也是我们永远追求的崇高境界。事实证明，丢失了大境界，沉溺于小算盘，看似很精明，其实算不赢，甚至会误入"失算的人生"，走向可悲的结果。把"干好群众的大事"往前摆，把"算计个人的私利"往后放。为官一任，造福一方；大河滔滔，万家灯火，走大道，看境界。

四、俭以养德

清廉是福，贪欲是祸。孔子云："君子食无求饱，居无求安，敏于事而慎于言，就有道而正焉，可谓好学也已。"（《论语·学而》）又说："士志于道，而耻恶衣恶食者，未足与议也。"（《论语·里仁》）习近平总书记强调光明磊落、坦荡无私是共产党人的光辉品格，也是干部应该锤炼的品质修养。为官者要志存高远，不在乎级别大小，只重视踏踏实实为人民做大事，以平和的、纯粹的心态投身社会主义建设。习近平总书记更是勉励："干部要想行得端、走得正，就必须涵养道德操守，明礼诚信，怀德自重，保持严

---

① 习近平:《习近平总书记在出席庆祝中华人民共和国成立70周年系列活动时的讲话》，人民出版社，2019，第2页。

肃的生活作风、培养健康的生活情趣，特别是要增强自制力，做到慎独慎微。一个人廉洁自律不过关，做人就没有底气。要牢记清廉是福、贪欲是祸的道理，树立正确的权力观、地位观、利益观，任何时候都要稳得住心神、管得住行为、守得住清白。干部干事创业要树立正确政绩观，有功成不必在我的精神境界、功成必定有我的历史担当，发扬钉钉子精神，脚踏实地干。"①

📖 **拓展阅读**

2022年3月1日，习近平总书记在中央党校（国家行政学院）中青年干部培训班开班式上发表重要讲话强调："年轻干部必须牢记清廉是福、贪欲是祸的道理，经常对照党的理论和路线方针政策、对照党章党规党纪、对照初心使命，看清一些事情该不该做、能不能干，时刻自重自省，严守纪法规矩。守住拒腐防变防线，最紧要的是守住内心，从小事小节上守起，正心明道、怀德自重，勤掸'思想尘'、多思'贪欲害'、常破'心中贼'，以内无妄思保证外无妄动。"②

第三节　自治是清廉兰州制度文化建设的根本

清廉制度文化的执行关键在于自治。文化植根于人的内心，引导规范人的外在行为。在自治的过程中，人作为主体，在主观意志的影响下进行客观实践活动。清正廉明是一个人内在精神的价值取向，在实践中并非完全靠外部约束实现，更多需要自知、自觉、自律以及自省。自治是人向上向善的内在动力，也是根本动力所在。

一、清廉制度文化源于自知

《礼记·大学》中有这样的表述："古之欲明明德于天下者，先治其国；欲治其国者，先齐其家；欲齐其家者，先修其身；欲修其身者，先正其心；

---

①《习近平在中央党校（国家行政学院）中青年干部培训班开班式上发表重要讲话强调　在常学常新中加强理论修养　在知行合一中主动担当作为》，https://www.xinhuanet.com/politics/leaders/2019-03/01/c_1124182661.htm。

②《习近平在中央党校（国家行政学院）中青年干部培训班开班式上发表重要讲话强调　筑牢理想信念根基树立践行正确政绩观　在新时代新征程上留下无悔的奋斗足迹》，https://cpc.people.com.cn/n1/2022/0301/c64094-32362715.html。

欲正其心者，先诚其意；欲诚其意者，先致其知。"推进清廉制度文化建设需要全体社会成员准确地理解和把握清廉制度，强化清廉制度文化的认同和清廉制度文化共识，即自知。清廉制度建构和执行的价值，只有被人们内化为观念意识和心理态度，才能自觉地、能动地推动清廉制度的落实，使清廉制度文化转化为社会发展进步的动力之一。

📖 拓展阅读

2014年10月，习近平总书记在党的十八届四中全会第二次全体会议上提出了"七个有之"的问题。习近平总书记指出："一些人无视党的政治纪律和政治规矩，为了自己的所谓仕途，为了自己的所谓影响力，搞任人唯亲、排斥异己的有之，搞团团伙伙、拉帮结派的有之，搞匿名诬告、制造谣言的有之，搞收买人心、拉动选票的有之，搞封官许愿、弹冠相庆的有之，搞自行其是、阳奉阴违的有之，搞尾大不掉、妄议中央的也有之，如此等等。"[1]"七个有之"是政治隐患，必须采取有力措施予以防范和遏制。在近几年查处的大案要案中，出现"七个有之"问题的一个重要原因就是没有守好底线，没有严守党的政治纪律和政治规矩。每一个党员干部在增强政治能力，尤其是在增强政治自制力的过程中，都要讲规矩、守纪律。党的十八大以来，中央制定或修订的党内法规有很多，党员干部要认真学习党内法规。

二、清廉制度文化启于自觉

"风成于上，俗化于下。"推进清廉制度文化建设需要在纪律自觉、廉洁自觉和文化自觉三个方面发力。习近平总书记在强调党的纪律建设时指出，"要养成纪律自觉，教育引导广大党员、干部特别是领导干部严格按党章标准要求自己，知边界、明底线，把他律要求转化为内在追求，自觉以身作则，发挥表率作用"[2]。在实践中，个体行为的"不敢"时常是因为敬畏或惧怕制度惩罚，而"不能"的关键是通过制度的约束监督，断绝腐败的机会；相应地，只有"不想"是行为个体源于内在价值选择所产生的对清廉制度文化的自觉尊崇和遵守。党员领导干部清廉制度文化自觉的最直接体现是做到不敢腐、不能腐、不想腐。在日用而不觉的行为中，将清廉制度文化体现在遵守清廉有关法律法规、远离腐败等方方面面。

---

[1]中共中央纪律检查委员会、中共中央文献研究室：《习近平关于党风廉政建设和反腐败斗争论述摘编》，中国方正出版社、中央文献出版社，2015，第50页。

[2]中共中央文献研究室：《习近平关于全面从严治党论述摘编》，中央文献出版社，2016，第115页。

拓展阅读

2020年1月13日，习近平总书记在十九届中央纪委四次全会上发表题为《以全面从严治党新成效推进国家治理体系和治理能力现代化》的讲话，其中指出："一体推进不敢腐、不能腐、不想腐，不仅是反腐败斗争的基本方针，也是新时代全面从严治党的重要方略。不敢腐、不能腐、不想腐是相互依存、相互促进的有机整体，必须统筹联动，增强总体效果。'不敢'是前提，要以严格的执纪执法增强制度刚性，让党员、干部从害怕被查处的'不敢'走向敬畏党和人民、敬畏党纪国法的'不敢'；'不能'是关键，要科学配置权力，加强重点领域监督机制改革和制度建设，推动形成不断完备的制度体系、严格有效的监督体系；'不想'是根本，要靠加强理想信念教育，靠提高党性觉悟，靠涵养廉洁文化，夯实不忘初心、牢记使命的思想根基。"①

三、清廉制度文化践于自律

道德的基础是人类精神的自律②。古人有云："善禁者，先禁其身而后人；不善禁者，先禁人而后身。"（《申鉴·政体》）在清廉制度文化践行中，自律是极为关键的因素。除个体自我严格要求外，面对各类"糖衣炮弹"的侵蚀，不仅要自控，还要严格约束家人，避免被"围猎"。这就要求党员干部要层层设防、处处设防。习近平总书记指出要守好"四关"："要守住政治关，时刻绷紧旗帜鲜明讲政治这根弦，在大是大非面前、在政治原则问题上做到头脑特别清醒、立场特别坚定，决不当两面派、做两面人，决不拿党的原则做交易。要守住权力关，始终保持对权力的敬畏感，坚持公正用权、依法用权、为民用权、廉洁用权。要守住交往关，交往必须有原则、有规矩，不断净化社交圈、生活圈、朋友圈。要守住生活关，培养健康情趣，崇尚俭朴生活，保持共产党人本色。要守住亲情关，严格家教家风，既要自己以身作则，又要对亲属子女看得紧一点、管得勤一点。"③人们只有将外在的规范内化于心，增强自身的责任感和自觉性，并使之成为自身的内在价值追求，外在的规范才能最终转变为自觉的行动，从而带来内心的享受和精神

---

① 中共中央党史和文献研究院：《十九大以来重要文献选编(中)》，中央文献出版社，2021，第388页。

② 《马克思恩格斯全集(第一卷)》，人民出版社，1956，第15页。

③ 《习近平在中央党校(国家行政学院)中青年干部培训班开班式上发表重要讲话强调　筑牢理想信念根基　树立践行正确政绩观　在新时代新征程上留下无悔的奋斗足迹》，https://cpc.people.com.cn/n1/2022/0301/c64094-32362715.html。

上的释然。对于金钱名利，取之有道、用之有度，得之戒骄戒躁、失之戒忧戒虑。不以物质表象彰显自身价值，而应以社会价值沉淀人生追求。作为公务人员，更需慎微笃行，在细微处对标党章党规以及党的优良作风，审视自己的言行举止，避免拜金主义、物质主义思想的侵蚀，不外露名利与物质的丰盈，时刻保持共产党员的质朴风格，引领社会浩然风尚。

📖 拓展阅读

　　1924年夏，陈延年结束留学生活，回到中国。在广东工作期间，他虽然担任了党内的高级领导职务，但每月将组织发放的30元生活费除去伙食费和必要零用后，剩余都交回组织充当党费。他也没有固定的居住房屋，常常在办公室打地铺。1927年6月26日，因一机关交通员被捕，国民党军警包围会场，陈延年奋力反抗，还击伤两名军警。"因此，在闸北区警察局的预审档案里，只是记载一个自称名叫陈友生的汉子，身穿短衣，皮肤粗黑，且裤脚上还扎有草绳，很像是个干粗活的人，诉称警察局抓错人了，他是房东家的烧饭师傅，与警察局要抓的政治犯不搭界，闸北区警察局还准备释放陈延年。"[1]

四、清廉制度文化存于自省

　　孔子有云，"吾日三省吾身"，要坚守精神追求，"见贤思齐焉，见不贤而内自省也"，处理好公与私、义与利、是与非、正与邪、苦与乐的关系。廉洁自律是清廉内在的政治品格要求，个体需要时常自我反省：是否符合清廉要求、是否防微杜渐、是否心存侥幸，在清廉方面是否始终如一，为自己拒腐防变守好第一道防线。常怀律己之心，自觉抵制诱惑，做到警钟长鸣、自重自省，认真自查自省，既是系上清廉制度文化的"安全带"，又是为自身思想政治戴上了"紧箍咒"。党的十八大以来查处的大案要案中很多都存在享乐主义、奢靡之风的问题，党员干部应以此为鉴，做到心不为物役，自觉抵制金钱至上、名利至上、享乐至上的思想，心存敬畏，行有所止。

第四节　智治是清廉兰州制度文化建设的支撑

　　时代变迁，科技发展，互联网、物联网、数据"+"等一系列智慧治理

---

[1]郭海成：《不忘初心　中国共产党人的革命故事》，人民日报出版社，2022，第32页。

方式已不断涌入日常生活。推进清廉制度文化建设也需不断借助科技力量，拓宽各类方式途径，促进清廉制度文化建设。

一、联通清廉制度建设数据平台

大数据统一监督是未来监察制度的重要支撑，运用科技的力量，整合数据资源，做好数据的联通与共享，加强对公权力的规范、管理与监督，进而为清廉制度文化建设提供助力。中共中央、国务院在《关于支持深圳建设中国特色社会主义先行示范区的意见》中明确指出："加快建设智慧城市，支持深圳建设粤港澳大湾区大数据中心，是对深圳利用大数据加强党风廉政建设和反对腐败明确的方向。"充分利用建设智慧城市的基础，共同打造大数据高科技平台，可以为反腐败和廉政建设提供良好的科技支撑。

拓展阅读

沈阳市纪委和中国科学院计算技术研究所一起合作，打造了包含企业项目、干部廉政、资源交易、资金监管、扶贫监督、案件办理、关系分析、规则分析、人物画像等监督系统全景图。它们揭示腐败发生规律、审查调查工作规律、精准教育精准监督方式方法，梳理了25亿条业务数据，并将所有违反政策法规的地方标记出来，人们从中发现了3万多个问题，挽回经济损失5亿多元[1]。该做法为党风廉政建设和反腐败斗争提供了翔实的数据基础，为权力监督打造高科技的"翅膀"取得了令人满意的成果。

二、打造清廉制度文化创新平台

当下，社会公众获取信息的渠道越发广泛，网络成为最为便捷且使用群体最大的方式。网民数量在持续增加，2023年8月26日，中国互联网络信息中心（CNNIC）在北京发布了第52次《中国互联网发展状况统计报告》，报告称："截至2023年6月，我国网民规模达10.79亿人，较2022年12月增长1109万人，互联网普及率达76.4%。"[2]因此，互联网已然成为当前社会治理的另一个主阵地，通过科技信息化手段的运用，可以加强对党纪法规的宣传，开展一系列清廉制度文化建设的在线宣讲，或在主流的新媒体平台展示

---

① 《沈阳大数据监督实践探索与启示》，https://baijiahao.baidu.com/s?id=1677431869312160 668 &wfr=spider&for=pc。

② 《第52次〈中国互联网络发展状况统计报告〉发布：我国网民规模达10.79亿人》，https:// baijiahao.baidu.com/s?id=1775454064764883521&wfr=spider&for=pc。

群众关心关注的清廉话题。此外，还可探索通过微信、抖音等小程序查询重要公示信息等，加大群众参与监督的广度与力度，为营造更加清明的社会环境创造条件。通过科技赋能，助力畅通监督渠道，探索新时代的清廉制度文化建设新路径，是当前清廉制度文化建设的创新抓手。

📖 **拓展阅读**

湖南省的保靖县纪委监委充分发挥大数据、信息化手段的作用，将公安、财政、医疗等49个部门的信息数据进行整合，通过"数字财政""湘医保"等信息化、便利化的服务平台，有效利用大数据进行分析与运算，更为精准、快捷地分析问题，拓展了清廉建设。2022年，保靖县纪委监委针对群众身边的"小官巨腐"等腐败问题及作风建设开展持续监察整改，依托审计部门、财税部门、公安部门等打通的数据联通渠道，采用系统分析比对、交叉互查等方式，利用193个基层监督平台的协助，不断增强全社会清廉建设责任意识，取得清廉建设的显著成效。"截至2022年9月，这3个平台共收集问题699个，督促解决、处置、回复661个，村务公示公开2万余次，涉及村居党员干部检举控告件同比下降26%。"[1]

---

① 刘燕娟：《为清廉建设插上科技翅膀——保靖借力科技手段做实监督职责》，https://baijiahao.
baidu.com/s？id=1743910751823515850&wfr=spider&for=pc。

第四章　清廉兰州制度文化建设之策

　　党员干部是清廉制度文化建设的排头兵，市场主体、社会组织以及社会公众是构建清廉制度文化共同体的主体力量，因此，要促进清廉制度文化的内在建设与外在执行有机统一、融会贯通。

第一节　提升清廉制度文化建设主体能力

一、心怀"国之大者"

　　"'国之大者'就是事关党和国家前途命运、事关中华民族伟大复兴、事关人民幸福安康、事关社会长治久安的大事。"[①]清廉制度文化建设的一大基石就是政治修养，而常怀"国之大者"，就是要自觉讲政治，从政治角度和政治立场认识把握党中央的大政方针和决策部署，明确其内在要求与精神实质。2020年4月20日，习近平总书记在陕西考察时指出："要自觉讲政治，对国之大者要心中有数，关注党中央在关心什么、强调什么，深刻领会什么是党和国家最重要的利益、什么是最需要坚定维护的立场，切实把增强'四个意识'、坚定'四个自信'、做到'两个维护'落到行动上，不能只停留在口号上。"[②]心怀"国之大者"，最核心的表现在于心怀人民，时刻将人民利益摆在最高位置，把人民冷暖放在心间，切实做到民有所呼、我有所应，顺应和维护党中央决策部署，不折不扣地践行为人民服务。

---

①张军：《发扬担当和斗争精神》，《红旗文稿》2022年第6期，第18页。
②《习近平谈治国理政（第四卷）》，外文出版社，2022，第39页。

📖 拓展阅读

新时代的"草鞋书记"杨善洲用尽一生将大亮山的森林覆盖率从1988年的不足17%升至如今的97.17%，把光秃秃的荒山变成了5.6万亩莽莽林海①。善洲书记说，林场是国家和群众的财富，他不过是代表人民在植树造林，当他干不动就还给人民，所以他在临终前便将价值3亿元的大亮山林场经营管理权无偿移交给国家。善洲书记的动人事迹，不仅守护了一方山水，更是守护了党员的崇高理想，践行了党员干部的使命担当，这是心怀"国之大者"的生动写照。

二、重视领导干部的关键作用

组织文化时常与领导干部作风紧密相关，因此，清廉制度文化建设的推进需要高度重视领导干部的思想意识，特别是政治方向。领导干部的工作风格与方式也彰显出其内在的价值选择与处事态度。一方面，作为单位的"领头人"，领导干部为政清廉，坚守清廉文化底线，营造清廉风尚，必然会感召其内部工作人员的思想与行动。同时，由于领导干部的权力较大、地位较高，被腐蚀的可能性更大，因此也是预防腐败、传递清廉文化的关键一环。另一方面，领导干部身居要职，在选人用人时倘若存在不清廉行为，将严重影响一个部门、单位乃至一个行业文化的沉淀，进而严重制约行业的长远发展。

📖 拓展阅读

姚崇，盛唐著名政治家，曾任武后、睿宗、玄宗三朝宰相，为"开元盛世"奠定了政治基础和经济基础。然而，即便在唐朝国力达到鼎盛、个人官位达到高位的开元时期，这位资历深厚的宰相，依然"固耸廉勤之节，塞贪竞之门"，只拿"死工资"，没有"灰色收入"，过着十分俭朴的生活。由于买不起京城的房子，全家人只得住在偏远的郊区。姚崇在《辞金诫》中警示自己："慎则祸之不及，贪则灾之所起。""慎贪"二句是一副对联，用以教育人做事要谨慎，不要有贪占之心。遗憾的是，这样一位贤相，一个明白人，却教子无方，其子广交宾客，招权纳贿，遭到非议。中书赵诲接受贿赂败露，被定为死罪，姚崇竟也极力营救。玄宗非常不悦，特意将赵诲流放。

---

① 林碧锋：《"草鞋书记"杨善洲：用为民情怀筑起绿色丰碑》，https://people.cctv.com/2019/08/16/ARTI79dsbHnNhFBN9fuO0wyq190816.shtml。

姚崇为此忧惧不安，数次请辞相位，后被罢去宰相之职。可见，人无完人，清廉自律，还要多走一步，管好身边的人。

三、重视提高素质能力

习近平总书记在2020年秋季学期中央党校（国家行政学院）中青年干部培训班开班式上勉励年轻干部要提高政治能力、调查研究能力、科学决策能力、改革攻坚能力、应急处突能力以及群众工作能力。这些能力的提升是助力清廉制度文化建设的坚实支撑，能力的缺失或不足则会严重制约清廉制度文化建设的准确性、充分性和有效性。

政治能力是清廉制度文化建设的基础。《国家公务员通用能力标准框架（试行）》中关于公务员能力的首要要求就是政治能力。作为人民公仆，要践行为人民服务的宗旨，需先具备过硬的政治能力，要学习马克思主义思想与坚持辩证唯物主义和历史唯物主义。"要注重提高马克思主义理论水平，学深悟透，融会贯通，掌握辩证唯物主义和历史唯物主义，掌握贯穿其中的马克思主义立场观点方法，掌握中国化的马克思主义，做马克思主义的坚定信仰者、忠实实践者。"[①]坚决捍卫党的领导，拥护党的方针路线，自觉加强政治历练，不断增强政治判断力、政治领悟力、政治执行力。意识形态工作是党的一项极端重要的工作。提高政治能力的一个重要要求就是党员领导干部要提升在意识形态方面的工作能力。党中央反复强调，我们要强化忧患意识、风险意识，增强政治敏锐性和政治鉴别力，对容易引发政治问题特别是重大突发事件的敏感因素、苗头性倾向性问题，对意识形态领域各种错误思潮、模糊认识、不良现象保持高度警惕，要落实好意识形态工作责任制，做到守土有责、守土负责、守土尽责。

调查研究能力是清廉制度文化建设的基础。毛泽东在《反对本本主义》中就严厉地指出："你对于某个问题没有调查，就停止你对于某个问题的发言权。这不太野蛮了吗？一点也不野蛮。你对那个问题的现实情况和历史情况既然没有调查，不知底里，对于那个问题的发言便一定是瞎说一顿。"[②]调查研究是马克思主义的基本原则，是中国共产党在领导革命和建设过程中总结出的经过时间与实践检验的务实管用的最基本的经验，也是连接理论与实

---

①《习近平在中央党校（国家行政学院）中青年干部培训班开班式上发表重要讲话强调　年轻干部要提高解决实际问题能力　想干事能干事干成事》，https://www.gov.cn/xinwen/2020-10/10/content_5550258.htm。

②《毛泽东选集（第一卷）》，人民出版社，1991，第109页。

践的一座桥梁。调查研究要坚持在群众中、在实践中、在基层一线深入调研，认真了解群众生活，"拜人民为师，甘当小学生"，不仅要发现问题，也要善于向群众学习，问计于民，再结合自身理论基础以及对相关政策文件的了解，为群众想办法、解难题。

科学决策能力是体现清廉制度文化的关键节点。清廉是科学决策的重要因素之一，尤其是领导干部的决策时常牵一发而动全身。决策思路的理性与公正既影响组织的有效运转，也影响具体执行者的行动路径，甚至决定执行者主观能动性的高低。决策科学合理，则执行力强；决策违背科学理性或存在不公正的因素，则必然导致执行不畅，甚至会影响组织整体的发展轨迹和事业的兴衰。2020年10月10日，习近平总书记在中央党校（国家行政学院）中青年干部培训班开班式上讲话时指出："做到科学决策，首先要有战略眼光，看得远、想得深。领导干部想问题、作决策，一定要对国之大者心中有数，多打大算盘、算大账，少打小算盘、算小账，善于把地区和部门的工作融入党和国家事业大棋局，做到既为一域争光、更为全局添彩。"①新时代的领导干部，必须具有敏锐的辨别力，积极准确把握改革与发展的时机，果断作出适应性变革与调整，并雷厉风行地实施。领导干部要抓住决策的黄金期，以最小的成本获得最大的收益，在主观能动性和客观条件适宜成熟的时候，善于决断且积极作为。

改革攻坚能力是促进清廉制度文化与时俱进的重要保障。改革意味着对现有制度的不适宜发展已有一定认识，在逐步进入新的阶段时，面临新的考验与挑战，适时作出相应调整是十分必要的。因此，要有干事热情，不懒政、不怠政，主动承担工作中的"急难险重"，积极主动融入实际工作，做到与时俱进、与势俱进，面对新时代新问题新挑战，勇于攻克难题，善于思考解决路径。事物的发展是曲折前进的，清廉制度文化建设也是曲折前进的，在抵制一切腐败行为与腐败思想时，更需要锐意进取、勇往直前。要善于总结经验、摸索规律，在学习与实践中不断探寻新的思路与办法，这样才能有效推进工作开展，推动事业行稳致远，进而融入全社会的快速发展之中。

群众工作能力是清廉制度文化建设的不竭动力。辩证唯物主义的核心要义就是坚持人民群众是历史的创造者，我们党历来高度重视做好群众工作，践行从群众中来到群众去的群众路线，相信人民群众是改革前进的主体，更

是发展成果的享有者。因此，清廉与否的衡量标准最终落脚在群众的安全感、幸福感和获得感上。同时，清廉制度的落实更需要人民群众的广泛监督。知群众之疾苦，想群众之愁盼，解群众之危难，才是清廉制度文化的终极目标。

制度需落实才有质效，清廉制度文化的建设也需要积极提升抓落实的能力。抓落实不仅是领导干部推进工作的方式路径，更是具体执行者的座右铭。任何空想不去推进落实，就只是空想，只有脚踏实地，一步一个脚印地去干，一件事接一件事办，一个计划接一个计划完成，才能实现最终的目标。落实永远是进行时，而不是将来时，更不能作为过去式，我们止步于口头传达而没有深入实践。因此，我们要紧跟时代步伐，把群众变化把握得更准；保持血肉联系，把群众感情培育得更深；解决急难愁盼问题，把群众利益保障得更好。

拓展阅读

抗日战争期间，盐是边区革命与生产的重要资源，对外运销盐造成的财政压力较大，制约了革命队伍与边区人民的生活。毛泽东同志为深入了解盐运销的具体情况，要求西北局的同志三天内完成一份关于运盐的调查报告。当时，高克林、鲁忠才、王毓贤、孔照庆等深入盐的运销过程，记录收集运盐者的沿途路况、困难、存在的风险以及运盐的经验教训，只用短短2700多字论证了运盐近40个方面的具体内容。毛泽东看完调查报告，给予高度评价，并推荐《解放日报》发表，同时作出要反对"党八股"的有关指示。1948年，中共晋冀鲁豫中央局在编印《毛泽东选集》时，把《鲁忠才长征记》作为毛泽东同志的长篇报告《经济问题与财政问题》的附件收录。1980年9月25日，中共中央宣传部在《宣传动态》第40期上重印了《鲁忠才长征记》，并加了一段按语，指出："调查报告用简洁的文字，介绍了事情的经过、成就和经验教训，富有说服力地指出：党和政府的运盐计划、估计、办法，是完全正确的。经济问题讲得这么生动具体，引人入胜，的确是值得称道的。"

第二节　促进清廉制度文化建设廉能耦合

清廉制度文化建设的实践逻辑在于实现清廉制度执行主体的廉能耦合。清廉的反面不只是滥用职权、以权谋私等腐败行为，还包括为官不为、懒政怠政等不作为、乱作为现象。将廉能耦合的思想与文化融入清廉制度文化建设，从内在激励干部干事创业的积极性、主动性，以"廉能兼优"作为干部成长的价值导向，营造清廉的政治生态、清朗的社会风气和清新的政商关系，是清廉制度文化建设值得探索的有效路径。

一、廉能耦合的理论阐释

在学术研究领域，浙江财经大学公共管理学院院长、浙江省纪委省监委特约研究员郭建鸣教授将清廉建设置于全面从严治党和社会经济高质量发展两大宏观背景中，围绕促进干部干净与担当有机融合，将党政干部考核评价体系常用的"德、能、勤、绩、廉"五个方面进行归纳组合，把"德、廉"归为"廉政"，将"能、勤、绩"归为"能政"，以此作为新时代党员干部践行全面从严治党，推进国家治理体系和治理能力现代化一体两面的构成要素，并以耦合理论、激励理论、协同理论为基础，构建出具有中国特色、符合中国清廉评价话语体系建设的廉能耦合的新时代清廉评价体系。以廉能耦合理论为支撑的新时代清廉评价体系是深入探索新时代廉政建设的新理论、新方法和新机制的研究成果，是清廉治理体系和治理能力现代化研究的创新成果。

廉能耦合是政治学、行政管理学与物理学等学科交叉的理论和方法。"廉能耦合"可以基本厘定为"干部考评系统中'廉政'与'能政'两个要素彼此间由于相互演变、相互影响，而产生互相促进或彼此抑制的作用，并最终联结起来的政治现象。'廉能耦合'的特质在于'廉政''能政'共同演化和相互均衡。'廉能耦合'的结果可分为两种：'廉能耦合'，即干部'廉能'高度耦合或良性耦合；廉而不能、能而不廉、非能非廉，即干部'廉能'低度耦合或恶性耦合"①。

聚焦于中国政府与政治，同时从物理学运动原理中汲取"耦合"理论的有益养分，借用经济学的"资源错配"和管理学的"激励相容"原理，破解干部"廉政"与"能政"之间存在的相互排斥性难题，通过"人民满意"这一根本价值相容，解决两个以上具相容与相斥关系的对象之间互动支持的难题，实现廉能高度耦合或良性耦合，进而助力清廉制度文化建设与执行。

---

① 郭剑鸣：《廉能激励相容——新时代清廉评价与建设探索》，北京大学出版社，2020，第35页。

二、廉能耦合的基本路径

"廉能耦合"是新时代党员干部履职担当的"看家本领"。"廉政"和"能政"二者存在辩证统一的关系。实现"能政",必须首先要做到"廉政",为官清正廉洁是前提基础;而"能政"是"廉政"的主要方式和基本路径,只有将"廉政"和"能政"同步落实,才能推进"善政"。单纯对干部进行"能政"激励,容易使干部逾越权力法定规范和道德底线,不顾"廉政"操守,易致"能人腐败"。而单纯的"廉政"约束,或者说惩治性激励,容易使领导干部产生"为官不为"、避责保廉等消极的懒政或怠政行为。在中国多数地方存在着这样的激励错配的现象,进而产生"廉而不能""能而不廉""不廉不能"等情况。党的二十大报告指出,"坚持严管和厚爱相结合,加强对干部全方位管理和经常性监督,落实'三个区分开来'",激励干部敢于担当、积极作为。因此,党和国家高度重视对干部的培养和引导,以积极的激励制度和严厉的规范制度,促使干部既能保持"廉政"的作风,又能积极"能政"以实现个人价值与社会价值的有机结合,为推进中国式现代化打造一支忠诚可靠、担当的干部队伍。

"廉能耦合"的清廉评价体系十分重视"廉而保能",而不是促使干部消极保廉。司马光曾指出:"才者,德之资也;德者,才之帅也。"论证了德与才的辩证关系。有学者指出:"但也有少数干部,在位期间'为官不为'、尸位素餐,这是对党风廉政建设和反腐败斗争的一种消极抵抗,所造成的庸政、怠政和荒政危害程度不亚于直接腐败。相较于'乱作为'这种比较明显的违纪行为,'为官不为'则表现出隐匿的特征,大部分的'为官不为'行为是以正当的形式表现出来的,如'条件不成熟、能力有限、经费不足、人手不够'等。"①

此外,"廉能耦合"的清廉评价体系强调防止"能人腐败"。西方国家政府常用财政手段,通过债务实现选民的利益诉求,又艰难地维持着政府各类超实际承载力的预算和干部高薪酬,实则是以不计金融风险而大肆举债的方式保住廉洁政府。"不少清廉指数排名靠前的国家,一旦政府触及公务预算紧缩、公职人员退休金和薪酬调减的话题,公众就会群起而反对,甚至集会、游行、罢工。因此,西方国家借助提升制度性硬成本来实现对干部贪腐

---

① 程同顺、史猛:《以数据民主破解消极腐败》,《中共中央党校(国家行政学院)学报》2020年第3期,第92-99页。

行为的抑制，在相对较高薪酬的基础上来保障和评价其清廉行为的。"①邓崧等通过对2009—2015年50个中国省部级官员腐败案件的研究，发现多数腐败的官员都曾被视为能人②。党的十九届六中全会指出，我们党创造了世所罕见的经济快速发展和社会长期稳定两大奇迹，这与党和全国人民的大胆改革、无私奉献是分不开的，其中不乏众多甘于吃苦、勇于创新、乐于奉献的焦裕禄式的好干部。对比诸多国家，如新加坡公职人员的收入，中国现今的干部薪酬水平仍然是偏低的。研究显示，在中国，公职人员薪酬相对较低，但是付出与奉献却很高，既要推进高速增长，又要控制腐败的实际困难更为凸显。当前，党和国家通过运用正式制度与非正式制度的合力，不断促进清廉制度文化的发展，进而推进清廉制度的实现。

三、廉能耦合的实践经验

清廉不仅是政府塑造的内在形象，更多时候落脚在公众对政府清廉的感知与满意度方面。满意度是一个抽象的主观概念，但是可依据一系列指标体系进行量化测度。"清廉浙江"公众感知指标体系是研究团队根据县（市、区）政府廉政建设、反腐败的性质和要求，揭示地方政府的公共服务价值，按照公众价值观来判断地方政府、社会的廉洁程度而建立的。因此，指标体系设计要求重在能反映公众对反腐倡廉制度体系、目标、制度措施所设定的目标实现程度，各项制度措施的实际效果是否与预定目标相符合，廉政教育和廉政文化建设的效果，全社会是否形成了浓厚的廉政文化氛围以及对廉政建设、反腐败体系的知晓度、支持度和参与度等方面。指标选取和设计遵循完整性、重要性、系统性、可操作性四大原则，把反腐败、廉政建设大体划分为事前、事中、事后三个阶段，采用综合指标层和问项层构成的二层指标体系，综合指标层包含指标8个，对应具体的二级指标40个，然后经数据的无量纲化处理，计算"清廉浙江"公众感知指标的最大值、最小值、均值和标准差，进而以此衡量浙江省各地级市的清廉建设情况。指标体系的层级设计保证指标体系的系统、全面且各层次各项指标间的独立性，以公众在接受或观察政府服务行为时能够直接接触和感受到的内容，较好地保障调查结果的有效性和可靠性。该满意度测量以浙江省省域及各市县为试点，开展"清

---

① 郭剑鸣：《廉能激励相容——新时代清廉评价与建设探索》，北京大学出版社，2020，第45页。

② 邓崧、李目文：《中国省部级官员腐败问题研究——以2009—2015年50个案件为例》，《北京航空航天大学学报》（社会科学版）2017年第1期，第1—9页。

廉浙江"公众感知评估，同时对"清廉杭州""清廉宁波""清廉绍兴""清廉湖州"等地级市以及"清廉海曙区""清廉云和县"等各县（市、区）进行深度测评。以下引用"清廉浙江"公众感知评价体系和2018年度地级市部分测量报告予以佐证①。

表1　"清廉浙江"公众感知评价体系

目标层	一级指标	二级指标
清廉浙江的公众感知	制度完备	我所在县(市、区)的主要领导对反腐败重视不够
		我所在县(市、区)具有严格的反腐败规章制度
		我所在县(市、区)严格执行反腐败法规、制度
		我所在县(市、区)的媒体经常宣传反腐败措施、方法
		举报我所在县(市、区)的官员腐败行为简单、便捷
	程序公正	我可以随时通过网络查询所在县(市、区)政府信息
		我所在县(市、区)重大项目招投标公开、公平
		我所在县(市、区)政府并没有具体的权力清单
		我所在县(市、区)审计部门在审计时只注重形式
		我所在县(市、区)的财务信息根本不公开
	结果公平	我所在县(市区)的官员腐败行为查实就被司法部门立案
		我所在县(市、区)的官员腐败处罚相对较轻
		我所在县(市、区)的媒体经常报道腐败案件
		我所在县(市区)的举报行为不会受到任何报复
		我所在县(市区)的官员一被举报就会受到调查
	业务规范	我所在县(市、区)的官员没有公车私用现象
		上级给我所在县(市、区)的各种补助总是被克扣
		在我所在县(市、区)办理证照常受到故意刁难
		我所在县(市、区)的企业经常遇到不公正的对待
		我所在县(市、区)官员参与企业股份现象严重
	作风正派	我所在县(市、区)"最多跑一次"改革落实不好
		我所在县(市、区)的官员大吃大喝现象严重
		我所在县(市、区)的官员总是外出游山玩水
		我所在县(市、区)的政府官员常出入娱乐会所
		我所在县(市、区)的官员大多都会有婚外情

①郭剑鸣等:《"清廉浙江"公众感知评估报告(2018年度)》,光明日报出版社,2019,第75页。

续表1

目标层	一级指标	二级指标
清廉浙江的公众感知	行为正义	我所在县(市、区)官员经常参与赌博
		我所在县(市、区)官员常有强行占用他人财物现象
		我所在县(市、区)官员子女上学都会走后门
		我所在县(市、区)官员利用婚丧嫁娶接受礼金
		我所在县(市、区)官员家属不上班也在领政府工资
	文化清明	我所在县(市、区)几乎不存在权钱交易现象
		我所在县(市、区)的官员人情关系网络非常复杂
		我所在县(市区)不存在官官相护的现象
		我所在县(市、区)的政府官员大多是有背景的
	成效显著	我所在县(市、区)买官卖官现象非常严重
		我所在县(市、区)反腐败工作力度很强
		我所在县(市、区)的官员腐败程度比较轻微
		我所在县(市、区)的官员生活水平普遍高于群众
		我所在县(市、区)政府官员正直、清正、廉洁

表2 "清廉浙江"公众感知评价各地级市结果及排名

	各市综合得分	各市排名	全省综合得分
丽水	82.32	1	
宁波	80.83	2	
台州	80.56	3	
绍兴	80.48	4	
舟山	80.43	5	
嘉兴	80.32	6	80.43
金华	80.26	7	
衢州	80.08	8	
温州	80.01	9	
湖州	79.74	10	
杭州	79.69	11	

第三节　完善清廉制度文化建设组织保障

　　制度的推进离不开组织的统筹谋划与实施。清廉制度文化建设的各项制度与内容落到实处，也需要各级党委和政府、各类社会组织、市场主体的有效组织与保障，进而构建清廉制度文化共同体，多元合作、多方聚力。对于干部在实际工作中常常遇到激励错配、纠错容错、心理障碍等制约干部发展的困境，也应积极建立组织保障予以及时消解，有效完善清廉制度文化人才干事创新、评价考核、选拔任用、福利待遇等政策体系，以宽严相济的发展环境，助力干部健康积极地投身工作，参与清廉制度文化建设。

一、构建清廉制度文化建设共同体

　　构建清廉制度文化共同体，需要坚持把党的领导贯穿于清廉制度文化建设的各方面各环节，构建党委领导、政府负责、社会协同、公众参与的共建共治共享的新时代清廉制度文化建设共同体，推动清廉制度文化建设目标如期实现。共同体不仅是形式上的协同联动，更是思维与理念的互助共进。只有以共同体意识推进清廉制度文化建设，才能更好地调动全社会力量与资源，进一步夯实清廉制度文化建设之基。

　　一是加强党委的领导。坚持党对清廉制度文化建设的领导地位，以全面从严治党和党的自我革命伟大工程推进清廉制度文化建设，坚持马克思主义在意识形态领域的指导地位，牢牢把握社会主义先进文化的前进方向，彰显和壮大清廉制度文化的主流价值、主流舆论。在清廉制度文化建设中"始终忠诚于党，不折不扣执行党的路线方针政策，自觉从思想上政治上行动上同党中央保持高度一致；始终对组织坦诚，相信组织、依靠组织、服从组织，自觉接受组织安排和纪律约束；始终正确对待权力，立志为人民做好事、做实事，安分守己为党工作；始终牢记政治责任，襟怀坦白，言行一致，自觉维护党的形象"①，把清廉制度文化建设融入党的宣传思想工作、党风廉政建设、社会主义精神文明建设等工作的总体部署，寓于构建一体推进不敢腐、不能腐、不想腐体制机制的各个环节。

　　二是政府负责。此处政府主要指在党委（党组）的统一领导下的纪检监察机关，以及各部门的纪检机构或部门。在实际工作中，做好监督检查，及

①钟宪章：《新时代领导干部执政本领提升》，红旗出版社，2017，第27页。

时发现问题，提出预警，防患于未然，并与有关部门通力合作，协调互助，例如宣传部门、组织部门、教育培训部门、公检法部门等共同努力，发挥各自专业优势与职能优势，形成清廉制度文化建设的强大合力。发挥清廉机关标杆引领作用，全面推进学校、医院、企业、科研、社区、乡村等基层单位的清廉建设，重视清廉家风建设，制订完善清廉单元建设方案和推进计划，统筹推进其他机关行业领域清廉建设。同时，政府需要不断完善政策保障，加快推动清廉制度文化领域的地方立法，将清廉制度文化建设举措适时转化为法规规章，发挥清廉制度文化建设引导推动、规范保障作用。配套完善财政扶持、金融支持、市场准入、人才保障、清廉制度文化项目建设用地等保障性政策。

三是社会协同。清廉制度文化建设较之廉政制度文化建设范围更为广泛，因此，积极充分融入社会清廉力量至关重要。重视市场主体诚信体系建设、社会组织公益服务建设、各类资源公平公正融入社会环境，摒弃各类违法犯罪、投机倒把、恶意攻击、欺诈拐骗等行为，共同营造风清气正的社会环境。社会环境的清廉建设拓展了清廉制度建设的深度与广度，也更适用于社会发展的建设力量。社会协同清廉制度建设是社会主体、人民群众感知清廉的另一个巨大窗口，甚至是对个体的日常生活影响更为广泛的场域，因此亟须不断深入推进清廉社会建设。

四是公众参与。公众参与清廉制度文化建设主要有两种途径：一是完善自身清廉建设，二是发挥监督作用。清廉制度文化不仅要求公共权力行使者这一特定群体树立正确的制度意识和观念，而且要求全社会成员都能积极参与到清廉制度文化建设中来。因此，清廉制度文化建设不仅仅是面向党员干部的，也是面向广大群众乃至整个社会的。对于群众，可以从生活学习的视角，针对廉洁从政制度提出合理化建议，同时在日常生活中自觉遵纪守法，积极主动地对党员干部进行监督，做到内外兼修，这也是对这个社会形成清廉之风的积极贡献。人民群众是监督政府和公务人员遵守清廉制度法规、防止腐败和变质的永恒动力。毛泽东自始至终一直十分重视群众参与反腐败斗争，更是在诸多历史关键节点以群众性的政治运动促进党内作风建设，惩治官僚主义、以权谋私等问题[①]。因此，积极发挥群众的力量，重视群众参与清廉建设，畅通群众监督渠道，保障群众监督权、参与权等，对于推动清廉制度文化建设有很多裨益。

---

① 郑福林、周占军：《毛泽东反腐防变理论与实践研究》，吉林人民出版社，2003，第194页。

二、建立激励相容的干部评价体系

当前，干部评价体系存在一定的激励错配，主要表现在：一是干部评价体系因设置板块及考评时间的影响存在碎片化问题；二是干部激励与约束不相容问题；三是激励机制上存在时间不协同、空间不协同以及正负激励不协同等问题；四是补偿机制功能梗阻，激励刚性发展的趋势不断拉大干部间的对比差异，且受制于地区发展情况不同，在工资水平、福利待遇上存在地区差异，干部激励补偿也常常未能充分又及时，并非"查漏补缺"，而是"拆东补西"，内在机制易导致干部通过公共权力寻求资源及财富，破坏清廉文化制度。

因此，需要建立一个具备激励相容功能的干部评价体系。该体系一方面促进干部队伍将服务国家和人民的社会利益与自身成长收获的个人利益相统一；另一方面，该体系要符合组织和人民对干部在德、能、勤、绩、廉等方面的指标要求。在具体制定过程中，要重视激励目标、手段、过程互相匹配，有效融合各种激励机制的优势，助推干部干事创业的内在动力和外在执行，提高干部评价体系激励功能的互补性。从激励链的维度，提高干部评价体系激励效应的持续性。

激励相容的干部廉能考评路径选择方面的具体路径：一是积极整合干部考评体系，化整为零，建构统一的干部考评组织管理体系；二是完善激励与约束并重的考评机制，树立对干部进行"廉能"协同激励的目标理念，落实干部进行"廉能"协同激励的机制手段，采用干部"廉能"协同激励的评价模式；三是压缩干部做"廉""能"选择题的空间，如创新干部绩效审计机制、干部容错纠错机制的概念不清、责任不明、内容虚化等问题，在业务考评中慎用"一票否决"的约束机制、构建厚爱干部的落地机制。

三、完善干部容错纠错机制

在容错纠错方面主要表现在当前全国尚未就干部容错纠错机制制定统一的指导性规范文件，各地在试点中普遍是模仿、借鉴，后试学习先试，容错纠错机制在各地区的设计规划和制度构建时欠缺地域特殊性的考虑[1]；一些地方还存在"喊口号"的政治宣誓意义，实施的容错纠错机制没有将当地发展的主要任务和干部队伍建设的实际情况有效结合起来，具有形式主义成

---

[1]邸晓星：《在求实创新中推进干部容错机制建构》，《理论探索》2017年第6期，第22—26页。

分①；在构建容错纠错机制过程中，各地区界定容错的前提并不清晰，难以实现精准容错②；容错纠错机制与申诉救济机制没有有机结合，容错机制的配套制度体系尚不完善等③。一些容错纠错机制的启动条件、责任内容、执行程序太过刚性，实际操作困难，并不具备容错纠错机制原本应有的价值性、合理性和有效性。

完善激励相容的干部容错纠错机制有四方面的具体路径：一是积极探索容错内容负面清单制度、设置例外条款、优化容错纠错机制文本；二是坚持适度容错与科学纠错并行，一方面要鼓励担当要有底线，另一方面要积极引导干部结合自身实践，加强调研与反思，针对容错纠错设计可行性方案，做好预防预警，减少出错概率，尽最大可能止损；三是构建组织容错与社会容错结合的制度和文化；四是保障容错纠错机制适用过程的透明化。

四、消解干部干事心理障碍

当下，干部承受的心理障碍主要表现在干部受制于环境压力（如部门文化、同事亚文化、官民文化、竞争环境、同事沟通、领导风格、人际纠纷、工作危险性、人情往来、新落差、授权等方面）、发展压力（如重组变动、逢晋必考、培训学习等）、个体素质（如身体素质、心理素质、自我认知、生活方式）、权威类型（如上级领导的权威风格、权威运作是否符合法律法规政策）、年龄等诸多因素，出现干部心理失衡、人际困难、成功焦虑和工作倦怠等"精神压抑行为"上。

在消除干部干事心理障碍方面，可尝试引入心理治疗。改革时常造成干部心理不适，特别是不确定性容易产生焦虑，因此要加强心理素质的历练，帮助干部积累适应变革的心理资本，在机制层面要充分体现厚爱基层干部的干部管理文化，在职业发展过程层面要充分体现公平、透明的激励文化，在领导层面要普及心理疏导的主动性文化。同时，要强化精准问责，打击消极保廉。问责泛化、问责软化、问责简单化、问责异化等问责不当会产生干部消极保廉、干部乱作为、干部"浑水摸鱼"、多数干部不作为等消极影响，使清廉制度文化建设大打折扣。因此，要对权责结构不对称、不够刚性，问

---

①王炳权：《各地容错纠错机制的优点与不足》，《人民论坛》2017年第26期，第46页。
②魏星、丁忠毅：《全面深化改革背景下构建干部容错机制探析》，《中共浙江省委党校学报》2017年第4期，第93页。
③薛瑞汉：《建立健全干部改革创新工作中的容错纠错机制》，《中州学刊》2017年第2期，第14页。

责的法规制度设计还不够健全、完善，权力运行的轨迹记录不完整等问题进
行及时修正，解决问责不精准的问题，推进问责法治化、智能化、协同化、
公开化。

第四节 优化清廉制度文化建设运行环境

制度运行的制约因素较多，其中制度运行环境是制度文化建设的催化
剂，同时也是一种外在约束力与规范力。清廉制度文化建设最主要的制度运
行环境在于各类组织内以及组织外的风气，这是一种非制度性因素，不易察
觉，但总是潜移默化地影响或制约清廉制度的执行，甚至是引导清廉制度文
化的发展的方向。一方面，良好的道德、风气等可以熏陶和约束个体的行为
和实践，可以推进清廉制度的有效执行和实施，加快清廉制度发展的速度；
另一方面，清廉制度文化运行环境在发展中能够弥补清廉制度文化建设中的
不足，能对清廉制度文化作出适应性的变革，以进一步增进清廉制度文化的
时代性。

一、完善清廉制度文化建设的宣教机制

宣传与教育是文化建设的重要渠道，在清廉制度文化建设的进程中，要
统筹"清廉"建设与"清廉"宣教的关系，综合运用新媒体等多种手段，提
高"清廉中国"建设的宣教效率。清廉制度文化建设是一项长效工程，要在
继续强化党政干部廉洁自律的同时，从以下三个方面规划好、落实好"清廉
中国"建设的宣教工作：一是将清廉理念、清廉案例、清廉纪律法规等内容
整合编入国民教育体系的思想、道德和政治类课程中，让"清廉教育"进教
材、进课堂，教育公民从学生时起就形成"清廉观"；二是深入挖掘各地清
廉家规、人物典故、史志传说，设立"清廉中国"文化研究工程，打造"清
廉中国"系列书籍、网络文学精品创作和传播专项，大力发展清廉主题的网
络音乐、歌舞剧、影视剧、演出等，促进优秀网络文艺作品创作。同时推出
清廉相关主题小说、影视、戏曲、普及型文化书籍及报告文学孵化项目，推
动优秀文学作品向剧本转化，支持创建"大师"工作室，加大对原创文艺作
品和名家的全过程支持力度；三是密切结合青年人接触信息的新形式、新渠
道，善用新媒体"点对点"地做好"清廉中国"宣传，重视通过图文、音视
频等生动形象的形式宣传"清廉中国"建设的实践探索，让民众实时感知清
廉建设的发展进程，进一步夯实清廉制度建设的社会文化基础。

二、破除清廉制度文化建设的潜规则

　　制度权威的最大杀伤力来源于潜规则。潜规则作为一种非正式制度，存在于人的意识中，难以被发现却时刻左右人的行为，而一个组织内的潜规则更是一种"萦绕"在组织文化上的气息，会对组织的发展产生巨大的影响。倘若潜规则不被及时发现并剔除，就会发展成溃堤之蚁，不断侵蚀组织的清廉制度文化，造成严重损害。习近平总书记多次论述潜规则的具体表现和危害性，并提出了破除潜规则的主要思路，即"破除潜规则，根本之策是强化明规则，以正压邪，让潜规则在党内以及社会上失去土壤、失去通道、失去市场"①。

　　清廉制度文化的显著特征在于"清"，唯有清晰、清澈、清新，才能促使清廉制度文化的共同体推进，而潜规则，犹如"污染"一般的存在，必然会造成混淆视听、迷惑心智、误导组织内外及个体的价值取向。因此，破除潜规则既是优化当下清廉制度文化落地生根的重要制度运行环境的关键举措，更是推进清廉制度文化久久为功并取得显著成效的必然途径。

---

①中共中央文献研究室：《习近平关于全面从严治党论述摘编》，中央文献出版社，2016，第28页。

　　兰州，史称金城，是甘肃省省会，位于甘肃省中部，南依皋兰山，北枕白塔山，黄河穿城而过，山衔水抱，大河中流，地处黄河两岸，是农耕文明与游牧文明的分界线，是中华文明的发祥地之一，有着悠久的历史和深厚的文化底蕴。

　　金城兰州，作为西北重镇、历史文化名城、丝绸之路经济带重要节点城市，历来高度重视清廉文化建设。推进清廉兰州文化建设，必须立足于本地深厚的文化底蕴和历史积淀。其中，清廉兰州迹蕴含着一批历史厚重且养育着杰出人物的古镇名村，清廉兰州景富有兰州人生命中不可或缺的信仰寄托和精神食粮。兰州市廉洁文化资源丰厚，黄河文化、丝路文化、红色文化在这里交汇、沉淀、积累，使之成为开展爱国主义教育、廉洁文化教育的生动课堂。在读者大道，街道的北面是兰州的文化地标——读者集团，南侧是一条张贴着清廉兰州宣传海报的廉洁文化长廊。海报中，有的提取传统文化中象征着"一言九鼎""清正廉明"寓意的元素，有的取材自本地樊锦诗、陈红军等人物的先进事迹，这些海报是当地一道亮丽的风景线。纵观历史，无数先贤名士就是在滔滔黄河水的滋养下，为后世留下了千古清廉美名①。两千多年来兰州雄踞西北的战略地位，承载着一段段重

①王文元：《兰州：滔滔黄河水　廉音永不息》，《中国纪检监察》2022年第7期。

要史话战事，孕育了这片清正刚毅的红色沃土。

　　建设清廉兰州是引领社会新风尚的重大举措。近年来，兰州市全面开展清廉建设，全市各行各业正在以党风政风清新清朗带动全社会崇廉倡廉，营造兰州干部清正、政府清廉、政治清明的朗朗乾坤，把"清廉"融入兰州实现高质量发展的全过程各方面，助力强省会行动落地见效。清廉兰州建设将整个社会的清朗作为清廉目标，是全社会不分行业、不分领域的共建共创，不限于传统的体制内反腐倡廉，而是紧盯老百姓关心的身边细微小事，真正让清廉建设和清朗社会结合起来，让人民群众从"清廉"中普遍获益。推进清廉兰州建设是一项系统工程。目前，全市从机关到企业、从学校到家庭、从社区到农村，"清廉兰州"正在不断拓宽社会覆盖面和增强影响力。未来五年，兰州市将在市委的领导下，在市纪委监委的监督下，以党风政风清新清朗推动社风民风正气充盈、崇廉倡廉化风成俗，使"清廉文化"成为兰州城市精神的特质。在不久的将来，"清廉兰州"的品牌将不断打响，清廉兰州建设的成果将转化为全市人民群众能够感受到的社会正义，进而引领全市形成崇廉尚廉行廉的新风尚。

第一章　清廉兰州迹：物质文化之古镇名村

　　兰州从秦汉设县以来，历经演变，至今形成了一些古镇名村，主要有榆中县的青城镇、金崖镇，永登县的连城镇、红城镇、城关镇、河桥镇，皋兰县的什川镇，七里河区的阿干镇，红古区的窑街镇，以及西固区的河口村等。千百年来，这些古镇名村栖息着各族儿女，守望着古道热肠，领唱着淳朴民风与清廉家风。

第一节　青城镇·千年古镇

　　循着黄河流淌而下，在榆中县最北端的黄河南岸，坐落着一座山水环绕、历史悠久的小镇。这里既有边塞山河壮丽的雄伟，也有江南小桥流水的秀美，是兰州市唯一的国家级历史文化名镇、全国民间艺术之乡，这里便是"黄河千年古镇"——青城镇。凭借黄河之险，古时候的青城一直是军事重镇。

　　唐代时期，这里曾设置军事堡垒龙沟堡。北宋仁宗年间，西夏王李元昊叛乱，时任秦州刺史的宋朝大将狄青奉旨平叛，为防止西夏入侵，凭借天然的防御工事——黄河，在唐朝设置的龙沟堡的基础上增筑东西长、南北狭的军事重镇——"一条城"。后人为了纪念狄青，又将"一条城"叫作"狄青城"，简称为"青城"。清代以来，青城既是黄河水运码头，也是黄土高原上稀有的鱼米之乡、水烟之乡。

　　踏上青城古老而悠远的石板路，行走在古镇的街巷中，时光仿佛倒流。古香古色的建筑，青瓦红漆流传于世，斑驳的痕迹像是穿越风雨而来的老者，祥和而沉静。每一间古宅，每一座牌坊，每一面匾额，都讲述着百年沧桑的家风故事。

　　罗家大院是青城四大水烟作坊之一的"永顺成"老板罗希周先生的宅院。民国十六年（1927年），罗希周在家宅旧址上翻新修建罗家大院，清一色的青砖木楼，所有的木头都不用油漆，家具摆设也基本上都是老物件。在这个古朴而宁静的老宅里，先祖们将自己严谨的生活态度、朴实向上的家风品质，以朴素的方式植入子孙后代的血脉中。罗氏族人时刻铭记"明舍得之道，存仁厚之心，教忠厚之德，行良善之事，忌刻薄之心，戒虚诈之言，厚德载物，上善若水"的祖训，坚持恪守"耕读传家久，诗书继世长"的信条，数百年来，罗氏子孙或耕田读书，或著书立说，或经商办厂，或兴修水利，为青城的发展作出贡献。

　　青城书院的建立，是古条城文化兴盛的集中体现，使这里成为远近闻名的文化之乡，为青城赢得了"风雅青城，仁义之乡"的美誉，也使许多仁人志士走出青城，促进了青城与外界的交流和沟通，加快了青城教育的兴盛和经济的繁荣。据统计，仅清代一朝，青城书院就培养出进士11名、举人74名、贡生83名，而整个兰州地区也只有49人考取进士。

　　高家祠堂是青城数十家宗族祠堂中保存相对完整的祠堂。祠堂照壁和檐墙书写雕刻了许多遗训族规及孝道图画，不仅让人感觉到庄重与典雅，还能体味到北方农耕文化的淳朴，以及执着坚守耕读传家文化的精髓。过厅悬有咸丰帝赐予进士高鸿儒的"进士"匾额和道光帝赐给高氏第十二世先祖高鸣桂的"才兼文武"匾额。院中百年古柏虬枝错节，见证了高氏祖先筚路蓝缕的历史。青城高氏始祖为高殿侯，明成化年间携家眷定居青城，高氏一脉在青城两岸繁衍生息已有五百余年。数百年来，青城高氏族人秉承祖训，恪守家规，造福乡邻，在明清两代培养进士1名，文举3名，武举6名，拔贡、岁贡等五贡人员22名，新中国成立后又为国家培养了教育、科技、医疗等行业人才数百名。

　　古代中国凡有城者必有城隍，因为它是守护城池、惩恶扬善的正义化身。青城隍庙始建于宋仁宗宝元年间，初为秦州刺史狄青的议事厅，所以又称为"狄青府"。在城隍庙前的广场上，还矗立着狄青雕像。明朝时，议事厅改为守备府，成为青城守备军的指挥部。清雍正时期，这里成为青城的城隍庙。每年清明节前一天与农历十月初一前一天，城隍要"出府"两次，走向民间，体恤民情，惩恶扬善。

　　风雅别致的书院勉励着后辈要勤学慎独、淡泊守志；静静伫立的祠堂时刻提醒着年轻人不能忘本忘祖；庄严耸立的城隍庙告诫警示着青城人要明辨善恶、心存敬畏。它们与青城人的家庭教育共同构成青城家风家训的核心要义，根植在每一个青城人的心灵深处，是不曾断裂的精神传承。家风，可抵岁月漫长。历史的长河流淌过千年，这个千年古镇深厚的历史文化底蕴以及崇尚家风家训的优良传统，已成为青城人永久的精神财富。古宅、书院、祠堂、隍庙，无不向人们述说着青城薪火相传、源远流长的家族文化，并启迪后人继往开来、激浊扬清，谱写新时代的家风华章。

青城还具有光荣的革命历史。1940年，中共甘肃工委在青城设立交通站，利用本地出产棉花、北山生产羊毛的优势，创办了兴生棉毛纺织社。产品除在当地销售一部分和用于支付工人工资外，其余用羊皮筏子和骡马运往延安党中央所在地。1949年，青城党支部组建了支前委员会，在群众中筹集粮草，支援兰州战役。1949年后，又派水手组织皮筏北上宁夏。在整个战役中，青城群众筹粮9万公斤，出动民工2500人（次），为解放大西北作出了重要贡献。

第二节 连城镇·历史文化名镇荟萃

连城镇现位于永登县境内，大通河畔。这里山清水秀，风景宜人，历史悠久，人文荟萃。连城，西汉时属金城郡浩亹县。宋徽宗政和五年（1115年），熙河路经略使刘法领兵与秦凤路经略使刘仲武攻占西夏古骨龙城（今甘肃省永登县连城镇），大败西夏军，次年增筑，赐名震武城。明太祖洪武三年（1370年），顺帝北逃后，流落河西的元贵族后裔脱欢降明，被封土司于连城，世称"鲁土司"。1932年"改土归流"，取消承袭制。

连城既是先民聚居地，又是唐藩古道上的门户。连城镇地理位置特殊，自然条件优越，早在新石器时代就有人类繁衍生息，现存古文化遗址就有十余处，曾出土过大量精美陶瓷，其中有马家窑文化三个类型的彩陶，也有齐家文化和辛店文化的彩陶。永登县博物馆馆藏有一件马家窑大彩瓮，出土于连城镇山岑坪，其腹围达148厘米，高达62厘米，是目前发现的最大的彩陶，堪称"彩陶王"。

近年来，永登县连城镇牛站村开展"党建'引廉'+文化'倡廉'"活动，为乡村振兴绘就清廉底色。为让孝德文化深入人心，牛站村邀请国学老师定期为村民开展国学教育，宣讲孝德文化。牛站村文化馆还专门开辟了孝德文化展室，通过"二十四孝"展板、国学孝德文化等形式，面向村民定时定点开展孝德教育活动。清廉文化的浸润带来和煦文明的乡风，基层治理的升级让村容村貌焕然一新。牛站村产业蒸蒸日上，邻里和谐，崇廉尚洁的清廉村居新画卷正徐徐展开。

第三节　金崖镇·苑川古驿

金崖镇位于榆中县西部，距兰州城区仅15公里，国道309线、东金公路、陇海铁路、兰渝铁路横穿全镇，扼北山门户，是兰州东城区钢铁化工园区的核心建设区和未来发展区。金崖属历史古镇，有新石器时代马家窑文化遗址。夏商周时，为羌、戎驻牧之地。秦始皇三十三年（前214年）属榆中县。汉代为牧师苑一部。十六国时西秦属苑川。清代属兰州府金县。清同治年间，在金崖设驿站。《水经注》载："苑川水地，为龙马之沃土。"苑川即今苑川河，金崖位于苑川河下游，自古为兰州之门户，从兰州出发，过东岗镇、小水子，取道金崖，可至车道岭，顺陕甘驿道可抵西安，因此在金崖设有驿站。清宣统三年（1911年），新疆巡抚袁大化赴任途中，宿金崖驿站。他看到"沿途渠水潺潺，地便灌溉，每半里许设立磨一座，板屋五间，置轮，三日夜出面千余斤"，可见这里水大而急，沃野千顷，稻谷飘香，白鹭飞翔，高树入云。

金崖镇古建文物较多，大部分已被历史的灰尘湮没，现存有敬家坪马家窑文化遗址和汉墓群、明窦家营古城堡残迹、明尚古城残迹、明金崖烽燧、明卧龙川烽燧、清咸丰三年（1853年）进士周士俊家祠、清末总兵建威将军金永清家祠、清光绪二年（1876年）所建三圣庙、清同治年间建金崖驿站以及同期所建的白马庙、雷祖庙、关帝庙等，其中三圣庙是保存最为完整、规模最大的古建筑之一。此外，还有保存原貌的50座清代四合院。明末清初，金崖盛产水烟，誉满江南。水烟的兴盛，促进了金崖社会经济各行各业的大繁荣、大发展，形成了以祠堂宗庙、古驿商会、七月官神、苑川水烟为代表，具有浓郁苑川特色的宗族文化、商旅文化、民俗文化、水烟文化、建筑文化和饮食文化，也使金崖人民养成了耕商并重的传统思想。

金崖群众崇尚文化。明崇祯七年（1634年），就有人创办了义学。清光绪七年（1881年）兴办了丰广书院，光绪三十年（1904年）废科举及书院，改为金崖高等小学堂，后来几经更名，在新中国成立后改为金崖小学。1931年，金崖还创办了女校，1951年同金崖小学合并。金崖人还喜欢藏书，爱好看戏，逢年过节请外地剧团演出。1980年挂牌成立了苑川文学社，创办文学创作讲习班。文学社培养了很多文学青年，他们在省市级报刊上发表作品。文化的熏陶，使金崖涌现出了一批有志之士。

金崖又是甘肃省第一个农村地下党组织的诞生地，为陇原早期的革命策源地之一，养育了郑重远、陈成义、陆长林等一大批无产阶级革命先辈。20世纪30年代初，金崖人窦香菊、窦志安、郑重远等人加入了中国共产党。1937年10月，金崖成立了甘肃省第一个农村党支部。1948年，党的七届二中全会决定把党的工作重心放到农村，中共甘肃工委便把全省党的工作重心放在金崖，成立了中共金崖工作委员会，相继在金崖7个自然村成立了党支部。1949年8月，金崖工委又成立协军团，组织兰州四乡学生书写标语，安排党员绘制兰州城防图，又在齐家坪、陆家崖等村成立了6个支前站，筹集粮草，支援兰州战役。

第四节　红城镇·古道第一镇

红城镇位于永登庄浪河川南端，是河西走廊的门户，丝绸之路穿境而过，有"古道第一镇"之称，距兰州市区仅68公里。汉代为金城郡枝阳县地。十六国时，北凉沮渠蒙逊在丽水（今甘肃省永登县庄浪河）西岸筑城，为防戍之所，地势险要，扼守要冲，因用红土筑城，故称为"红城子"，西夏时称"卓罗城"，驻右厢卓罗和南监军司，设都统军、副统军和监军司各一员，其下属有指挥使、教练使、左右侍禁官数十员，该城为西夏隔黄河与北宋兰州相峙的桥头堡，北宋虽多次发动攻击，但均以失败告终。明代，为了防御残元势力过黄河入侵兰州，明政府将红城迁至河东，红城的军事防务尤为重要。明代起，这里与周边少数民族在丝绸之路上进行商贸活动，交流日趋频繁，尤其是茶马交易。当时，庄浪（今甘肃省永登县）设茶马厅、红城设茶马司，专理茶马交易事务，实现了人们"用茶易马，固番人心"的愿望。

明清时期，红城商贸十分兴盛，山西、陕西商人纷至沓来，建立了会馆、店铺，从事丝绸、布匹、瓷器、杂货商贸活动。红城古镇一派繁荣景象，至今留有山陕会馆、文昌殿以及汉藏结合的塑像精美的感恩寺。清代时，红城成为永登南部集加工、运输、商农并重的经济中心。山陕等地外埠商人云集红城，红城商人到新疆、西宁、北京、天津、张家口、武汉、广州设立商号。清代民族英雄林则徐两次来红城，题写了"善民福地""民俱尔瞻"匾额。山陕会馆，是曾经的商贾居所，如今成为群众休闲娱乐、读书说古的文化站，古老的会馆与古镇上的文昌殿、感恩寺等众多名胜古迹记载着曾经的繁荣兴旺，诉说着古镇的悠久历史与灿烂文化，见证着古镇的沧桑巨变和日新月异的变化。

第五节　河口村·金城西大门

河口村位于庄浪河入黄河处，宋代称"喀罗川口"，清代以来称"张家河"。汉魏以来，河口为通往河西、湟中的交通孔道。河口村原名庄河堡，始建于元代，清同治二年（1863年）重新修建，素有"金城西大门"之称。

河口村在先秦时为羌戎之地。西汉属金城郡枝阳县地。西晋属广武郡。唐代在河口一带架设浮桥一座，称广武梁。唐安史之乱后，河口为吐蕃之地。至宋仁宗时，西夏占据河口，称"喀罗城"。清代为皋兰县西乡所辖。民国年间属皋兰县第三区、第四区和新城乡所辖。1949年属皋兰县湟惠区所辖，1955年属河口区，1956年属西固区至今。

河口村曾是战略要地，在历史上发生过多次战役。汉神爵元年（前61年），汉将赵充国率骑兵万众渡金城河（黄河兰州段），过河口，挺进湟水，击叛羌。晋穆帝永和二年（346年）秋，后赵将孙伏都、麻秋率骑兵3万渡黄河与前凉将军谢艾战于河口，兵败，退居河南。晋安帝隆安元年（397年），后凉王吕光遣其子吕纂率步骑3万从河口一带渡金城河，西秦乞伏乾率兵2万救援不及，吕纂占领金城。清康熙十四年（1675年），清西宁镇总兵王进宝率部从河口渡黄河，进军兰州，讨伐吴三桂叛军王辅臣。

河口村曾是丝绸之路的要塞和枢纽之地，也是唐蕃道、甘新道的要冲。唐西门外西沙沟人在河口建有码头，河口是兰州市以西吞吐量最大的码头之一。每年3月至10月，河口村人将皮毛、清油、油渣、烟草、粮食、青盐、土碱、皮麻、水果、肉等西北货物运到兰州、榆中、靖远、山西等地。河口村现有农民中，有40%的人从事过水运。因其独特的地理位置，河口村现存留大量明清时期的古民居、祠堂以及古码头等文化遗存。河口村具有重要的历史地位，其古建遗存是黄河文化的象征之一。

历史上，经河口西行者不可胜数。西汉时期，张骞开通西域，贯通丝绸之路，河口作为水旱码头，过往行旅日甚。东晋时，高僧法显过河口，沿丝绸之路北线往天竺取经求律，瞻仰佛迹。而后，唐玄奘到天竺取经，是经由河口，然后走武威、张掖、瓜州，继续西行。唐贞观十五年（641年），文成公主入藏，从河口渡过黄河，过日月山，在扎陵湖南岸与率部众前来迎接的松赞干布会合，经玉树进入吐蕃。唐长庆元年（821年），唐穆宗诏令宰相等17名重要官员与吐蕃的使节在京师长安盟誓，次年又遣大理卿兼御史大夫刘元鼎赴吐蕃逻些（拉萨）重盟，史称"唐蕃会盟"。

第一次鸦片战争期间，林则徐被革职发配新疆戍边，途经河口，他在这里提出了著名的"器良、技熟、胆壮、心齐"八字救国要言。清同治年间，陕甘总督左宗棠西征阿古柏时，率湘军遍植柳树。现如今，古镇东稍门外那棵150年树龄的左公柳，依然绿意盎然，印证了古道的沧桑。古镇辖四街十七巷，即东南西北四条街十七个巷道，现存古民居37处、200多间，从古镇中心的钟鼓楼向四方望去，四条街格局方正、泾渭分明，就像一张棋盘，而留存着的明清古民居如同棋子，错落有致地分布在棋盘上，依然诉说着往日的荣光。古镇的东街上，"甘肃第一海关"的牌匾悄悄隐藏在雕花的廊檐下，这便是始建于清代的海关遗址，为明清时期典型民宅建筑风格的四合院建筑。在四合院的一面墙壁上，保存着当时甘肃海关的标志，这块海关logo用土砖层层雕刻，犹如朵朵浪花。

19世纪70年代，英、俄等国开始在中国进行经济活动。俄商取得贸易特权后，将大量商品通过河口转往其他地区销售，河口便成为中俄贸易活动的一个重要节点。清光绪八年（1882年），清政府在河口设立了专门检验、检查、通关收费的河口海关，这便是兰州乃至甘肃最早的一处内陆海关。

第二章　清廉兰州景：物质文化之人文景观

　　兰州是唯一一座黄河穿城而过的省会城市，黄河是这座城市的鲜明底色和亮点。千百年来，兰州人在黄河边担水、摆渡，在黄河边欣喜、愁叹，黄河始终没有离开过兰州人的生产与生活。回顾历史，这里曾产生过多少精美绝伦的文物珍品和精神之钙。展望未来，这里必将成为兰州人生命中不可或缺的信仰寄托和精神食粮。

第一节　黄河铁桥·铮铮铁骨铸信仰

　　当黄河从兰州穿城而过时，横跨在黄河上的中山桥造型优美、气势恢宏，它的历史就像奔涌的黄河，厚重深远，在中国建筑史上具有独特的地位。中山桥最初叫"黄河铁桥"，1942年为纪念孙中山先生而改名为"中山桥"。中山桥位于兰州市滨河路中段、白塔山下，是九曲黄河上最早的一座真正意义上的桥梁。据《创建兰州黄河铁桥碑记》记载，黄河铁桥从清光绪三十三年（1907年）二月开始修建，清宣统元年（1909年）七月竣工，历时近两年半，花费白银30.66万两。黄河铁桥长233.5米，总宽8.36米，其中车行道宽6米，两边人行道各宽1米。1954年，兰州市人民政府对铁桥进行了整修，将原有的梯形拱架换成了五座弧形钢架拱梁及铁板桥面。现在中山桥的历史价值、文物价值和观赏价值已远大于它的交通价值，已于2004年成为步行桥，是兰州旅游的标志性建筑。

　　1928年，为纪念孙中山先生，兰州"第一桥"改名为中山桥，沿用至今。1949年8月26日，在解放兰州战役中，铁桥桥面木板被焚，杆件及纵梁被枪弹打得通红，但桥身安稳如常。解放军以夺得黄河铁桥作为解放兰州的标志。随后，兰州军管会组织工程技术人员和工兵昼夜抢修，于9月6日修竣通车。

1992 年，在首届丝绸之路艺术节期间，兰州市政府在桥头竖碑，第一次将铁桥作为"中国对外开放的象征"，现成为兰州文旅的名片和外地游客的网红打卡地。

随着时间的流逝，城市发展日新月异，黄河之上已经新建了许多座桥用以连通黄河两岸，这座古老的黄河铁桥已不再是沟通黄河南北两岸的唯一通道。如今，兰州市的桥梁已达十余座，使自西固达川入境从榆中与白银交界的乌金峡出境，在兰州境内全长 152 公里的黄河成为桥梁最密集的河段，兰州也被誉为"桥梁之都"。尽管如此，中山桥依旧拥有无可比拟的地位，是兰州无可争议的地标性建筑，一直牢牢占据百里黄河风情线的核心位置。这座见证了城市沧桑巨变的百年铁桥，已成为兰州人共同守望的精神坐标。

第二节　兰州水车·清廉黄河文化标识

兰州水车又名"兰州翻车""天车"等，为明朝嘉靖年间进士段续所造。据《皋兰县志》记载：兰州人段续，博学多才，进士及第。曾宦游南方数省，多有惠政。参考南方所见创翻车，倒挽黄河水以灌田，致有巧思，沿河农民皆仿效焉。

段续，字绍先，号东川，兰州段家滩人。明嘉靖二年（1523 年）中进士，任云南道御史。其间，段续曾奉旨远赴云南巡按。从小看着北方苍茫四野长大的段续，在这里遇见了"小桥流水人家"的南方景象。也就是在这次远行中，段续第一次见到筒车，一只只架在溪流上的筒车"吱吱呀呀"日夜不息地舀起水，浇灌着水稻田，一个未成形的想法在他的心里悄悄扎了根。段续有着北方人的耿直和执着，为官正直不阿，《明史》有三处提到段续，都是因为嘉靖三年（1524 年）大礼议中弹劾席书、桂萼的事。明世宗朱厚熜遵奉太祖朱元璋"兄终弟及"的遗训，以外藩亲王入继帝统。段续上书，极力主张世宗尊孝宗为父，反对尊其生父。直言犯上的段续惹得世宗大怒，被廷杖后下入诏狱，然后贬去河南郾城当县丞，后升为杞县知县。段续在任内体察民情、兴利除弊，政声卓著，后任湖广参议，在督建皇家陵园时有功，加至三品俸禄，不久辞官归里。

明嘉靖二十年（1541 年），段续回到兰州，终于有机会可以回报自己的故乡了。他凝神注视着这片生养他的土地，这座守着黄河却喊渴的城池，决心造出一轮可以汲起滔滔黄河水的大水车。段续参照云南当地的木制筒车，亲自绘制水车图样，慨然出资，自备材料，聘请工匠，按照筒车图样仿制，因未得机巧，几番失败。后不顾年迈，再赴云南实地考察。返兰州后，结合黄河水急等特点，与工匠反复研究、修改图纸，历时15年，终于制成黄河流域第一轮水车。陇上学者慕寿祺在《甘宁青史略》中说："段续急流勇退，为桑梓兴水利，最初所创之翻车，皋兰人以祖宗称之。不求名而名或不磨，所以实业为贵耳。"兰州百姓把段续造的第一轮水车叫作"老爷车"。这架水车从明朝嘉靖时期开始使用，民国时期仍在运转，抗战时期被日军轰炸损毁。段续的"老爷车"诞生后，人们争相仿效，此后，在几百年的传承和发展中，水车的工艺不断完善，终于达到极善极工的地步，而兰州水车也在人们的生产与生活中发挥着重要的作用。

兰州水车直径小则十七八米，大则二十余米，老百姓称之为"天车""翻车""灌车""老虎车"，水车堪称古代兰州的"自来水工程"。清朝年间，水车逐渐成为兰州最重要的灌溉工具。新中国成立后，水车的灌溉功能更是发挥到极致。1952年，兰州全市便有水车252轮，可灌地达十万多亩，黄河两岸巨轮林立，滋润出金城的繁华。

如今，随着经济发展、科技进步，水车的经济实用功能减退，渐渐退出人们的生活，淡出历史舞台。但是，兰州水车始终承载着这座城市厚重的历史与人文，涵养着兰州百姓的温情与希望。黄河滔滔奔流，一路向东，而水车正如黄河母亲的珠瓒，数百年来矗立在河岸，以独有的风姿，承载历史，走向未来。

讲到兰州水车，我们也不由联想到兰州著名的书香门第——水氏家族。

水梓，清光绪十年（1884年）生于兰州新关县云巷。虽生于兰州，但因籍贯归属之限，18岁那年，水梓不得不到其叔伯定居的榆中县参加县试，后以县试第二、府试第一、院试第一的成绩，成为邑庠生（附生），也就是我们通常说的"秀才"。之后不久，水梓凭"秀才"身份以及乡试荐卷之由，被推选至甘肃文科高等学堂。清宣统元年（1909年）夏，甘肃提学使陈曾佑主持官费学生选拔考试，水梓再度应试，最终以优异成绩考入北平京师法政学堂。再回到家乡兰州，水梓的身份已是教育家，而在这之后，他又因自身成就，被公认为近代著名学者、诗人、书法家。水梓先生有子女八人，分别为：水天同，北京外国语学院教授、图书馆馆长，兰州大学博士生导师；水天明，兰州大学外语系教授，曾任中国俄语教学研究会第一、二届理事，《俄苏文学》杂志副主编，甘肃省外国文学会会长；水天浩，西安体育学院教授，专攻政治经济学；水天长（女），西北师范大学历史系主任，甘肃省文史研究馆副馆长；水天中，中国艺术研究院研究员，中国油画学会常务理事，中国国家画院史论研究院副院长，国家文物鉴定委员会委员；水天达，甘肃电视台二级导演，中国电视艺术家协会会员；水天光（女），甘肃临洮四中教师；水天行，成都机车厂高级工程师，北京世标认证中心技术负责人、高级顾问；著名主持人水均益是水天明之三子。

水梓先生在西北地区久负盛名，其大名在甘肃更是无人不知。他9岁就读于兰州南关杨辛伯的私塾（私人办的学堂），18岁时考中秀才后入兰山书院，24岁考入北京法政学堂，28岁由法政学堂毕业后回兰州任甘肃省立一中校长，这期间曾随黄炎培、袁观澜、陈筱庄、王天柱等人参加由国民政府教育部组织的考察团，赴欧美各国考察。水梓先生不仅是著名学者兼教育家，而且钟爱戏剧，诗词工整，并为甘肃省戏剧事业作出贡献。其诗作《河西杂咏》为我们留下了一份宝贵的诗篇。水梓先生的家族生于甘肃，长于甘肃，历史的机缘使他的家族与20世纪甘肃的历史交融在一起。从参加科举考试到助拥共和，从推进宪政、供职于地方和中枢到长期致力于振兴甘肃教育，从迎送省外的知名学者、文化名人和政要到成为甘肃社会上层名流的中心人物之一，他是近现代甘肃历史的主要参与者和见证人，他的身世既属于他的家族，更属于生他养他的甘肃。

第三节　兰州文溯阁《四库全书》藏书馆·"四库全书载廉吏，太湖伍伯鉴千秋"

集中国数千年文化大成的图书典籍《四库全书》，是清乾隆皇帝依托鼎盛的国力，组织全国数百名优秀学者，花费十余年的时间编纂而成的。文溯阁《四库全书》是七部《四库全书》中继文渊阁本之后，修缮完成的第二部，成书于乾隆四十七年（1782年）。《四库全书》成书后，分贮于紫禁城文渊阁、沈阳文溯阁、圆明园文源阁、承德文津阁、扬州文汇阁、镇江文宗阁和杭州文澜阁[①]。文溯阁《四库全书》自1966年10月移藏甘肃以来，甘肃省按照国家对重要历史文化遗产保护的要求，秉承对中华民族文化遗产高度负责的精神，为文溯阁《四库全书》的妥善保管和研究利用付出了艰苦的努力和巨大的心血。

文溯阁原址连城鲁土司衙门距兰州170多公里，交通不便，1967年在甘肃省人委指示下，重新选址建库的工作开始实施。甘肃省文化局组织有关人

① 王文元：《兰州：滔滔黄河水　廉音永不息》，《中国纪检监察》2022年第7期。

员和专家考察了兰州、天水等地，本着"靠山隐蔽、少占土地"的原则，综合考虑当地政治环境、自然条件、气候温度和交通道路等诸多因素，最终选定距离兰州60多公里的榆中县甘草店，作为新的战备书库地址。

1970年，甘肃省财政拨款17.5万元，建设文溯阁《四库全书》专库。年底，占地30亩、建筑面积2400多平方米的战备书库建成。书库设计充分考虑了发生战争时《四库全书》的安全问题，主体建筑分为地上、地下两层，平时存放在地上一层，战时使用升降设备迅速转移地下。在离书库不远处的地方，凭借山势修筑了一座几十米深的防空洞，以保障管理人员的安全。书库竣工后，甘肃省财政又追加投资，平整拓宽了一条通往火车站和公路的便道，修筑了围墙和消防蓄水池，打了机井，配置了大功率发电机，使书库的各种设施设备基本完善。

1971年6月，文溯阁《四库全书》从永登连城秘密迁移至新书库。甘草店战备书库建成后30多年里，甘肃省人民政府、省文化厅、省图书馆为妥善保管文溯阁《四库全书》投入大量的人力、财力和物力。在财政十分困难的情况下，政府每年拨专项资金，以保证书库的安全运行。文化部也曾几次拨给维修补助经费，为保护《四库全书》发挥了重要作用。

随着"冷战"的结束，国际形势发生了重大变化，甘草店战备书库已经完成了其特定时期的历史使命。为了进一步优化文溯阁《四库全书》收藏保护环境，1999年，甘肃省人民政府组织有关专家多次赴北京、承德、沈阳、杭州、宁波、上海等地考察，在借鉴众家之长的基础上，几次召开专题会议研究新建工作。同年5月8日，时任甘肃省人民政府主管副省长带领财政、计划、文化、公安、文物等部门负责同志，在甘草店战备书库就《四库全书》安全保卫和书库新建问题召开现场办公会，作出了在兰州立项建设新馆等五项决定。2000年12月2日，甘肃省九届人大常委会第十九次会议通过了《关于进一步加强文溯阁〈四库全书〉保护工作的若干规定》，确立了文溯阁《四库全书》在甘肃文化建设中的法律地位。2001年12月28日，列入甘肃省"十五"规划和文化建设标志性工程之一的文溯阁《四库全书》藏书楼在兰州市北山九州台奠基。新址离黄河较远，地势较高，无水患；三面环山，林木覆盖，较为隐蔽；面对黄河，风景优美，环境好；交通便利，空气清新，便于《四库全书》永久收藏和保护。在兰州北面九州台上，有一座飞檐翘角的仿古建筑，这就是兰州文溯阁《四库全书》藏书馆。馆内保存的文溯阁本《四库全书》，是我国现存的《四库全书》三部半中的一部。按照国家一级文物的馆藏标准和安全规范设计建设，继承四库七阁的传统风格，设计独特，构思精巧，馆内功能齐全，设施先进，在建筑规模、安全性能、内部设施、现代科技应用等方面均达到全国同类馆的领先水平。建成后的文溯阁《四库全书》藏书馆已成为丝绸之路甘肃段上又一颗璀璨的明珠。

自汉景帝前元四年（前153年）太湖设县以降，在太湖的史册上，过往的先贤隐逸，不胜枚举。但有一位不知姓名不入品阶的唐朝县吏，可谓震古烁今。他的廉事，被永远地铭刻在中国古代典籍的渊薮——《四库全书》中。《四库全书》讲述了这位伍伯不附权贵、不求厚禄、甘于平凡的故事。

1200余年前，正处于中唐向晚唐过渡的时期，有位寒门出身的士子名曰毕諴，于唐懿宗李漼咸通元年（860年）拜为宰相。毕諴家境原本贫寒，他有个舅舅在太湖县任伍伯。伍伯即伍长，西晋崔豹《古今注·舆服》这样解释："伍伯，一伍之伯也。五人曰伍，五长为伯，故称伍伯。"唐朝时，伍伯一般为役卒，多为御卫前导或执杖行刑。

有这样的舅舅，作为身在朝廷的朝宰毕諴，深感脸面无光，常常派人婉转地劝他辞去这份低贱的差事，准备为他在京城谋就更高级别的官衔。反复奉劝数次，他的舅舅就是不听从。于是，毕諴特任命候选官员杨载到太湖县担任县令。杨载临行前，毕諴把他邀到相府，嘱咐他到任后，立即以地方长官的名义，解除自己舅舅卑贱的职务，迅速用船送他舅舅入京城。杨载落籍，做宰太湖，将毕諴的意图详细转达给伍伯。谁知伍伯竟然说道："我官阶不高，身份卑微，怎么会因为自己的外甥当了宰相，而去谋求更高的官职呢？"杨载一再劝说他在京师做官的种种好处，而伍伯继续反驳道："我居位太湖县，每年秋夏征租公税，可以享有六十缗事例钱，只要不做错公事，一辈子就很优厚满足了，不明白还要升什么官。"杨载回京城后，将毕諴舅舅的答复全部禀告了毕諴。毕諴顿然醒悟，念及渭阳之情，认为舅舅说得很对，从此再也没有勉强过他。

太湖伍伯这则故事，在顾炎武的《日知录》中有详细清晰的记载。顾炎武作为明末清初杰出的思想家、经学家、史地学家和音韵学家，与黄宗羲、王夫之并称为明末清初"三大儒"。该书是一部经年累月、积金琢玉撰成的大型学术札记，是顾炎武"稽古有得，随时札记，久而类次成书"的著作，以明道、救世为宗旨，囊括了作者全部学术、政治思想，遍布经世、警世内涵，对后世影响巨大。乾隆主持编修《四库全书》时，任纪晓岚为总纂修官，纪晓岚首先将顾炎武的《日知录》列入《四库全书》。顾炎武鉴于此则故事的引申含义，在后文这样叹道："夫以伍伯之役而岁六十缗，宜乎台皂之微皆知自重。""不敢枉法，妄系留人，诚清吏之本务。谓贪浇之积习不可反而廉静者，真不知治体之言矣。"

第四节　羊皮筏子·劳动人民因地制宜的创造

羊皮筏子是黄河文化的重要组成部分，也是古代劳动人民智慧的结晶，无论世事如何变迁，羊皮筏子会随着黄河文化永远漂流，生生不息。羊皮筏子属于革船的一种，"九曲黄河十八弯，筏子起身闯河关"，兰州羊皮筏子早在清康熙年间就有记载，距今有400多年的历史，之后这项古老的手工技艺一直传承不断。皮筏分牛皮筏和羊皮筏两种，是旧时甘肃、宁夏、青海颇具地方特色的水上运输工具。因筏子大如巨舟，在滔滔黄河上漂行，气势壮观，当地有"羊皮筏子赛军舰"之说。20世纪50年代之前，在铁路尚未开通、公路交通又不便利的黄河上游地区，皮筏一直是重要的运输工具。也有人抱着充气羊皮袋顺黄河漂流或渡河，这是20世纪70年代以前兰州盛夏的一道别致的风景。

近年来，兰州旅游业的显著升温吸引了来自世界各地的游客云集河岸，这让划羊皮筏子这一行业变得非常热门。羊皮筏子成为兰州文化的重要组成部分，"吹羊皮，渡黄河"成为兰州旅游最时尚的文化体验。

纵观历史，甘肃省最早的共产党员、甘肃党组织创始人之一张一悟，曾经有一段乘坐羊皮筏子的求学经历。张一悟自小学习成绩优异，3岁接受启蒙教育，7岁进入学堂读书，12岁考入甘肃法政学堂，不久又转入甘肃文科高等学堂。张一悟在兰州上学期间，正值中华民族反帝反封建斗争风起云涌的时期。1911年4月，黄花岗起义失败，10月辛亥革命爆发，全国纷纷响应，校园里传播的宣传民主共和思想、抨击清政府统治的书刊影响了张一悟，他萌生了走出去的愿望。1918年深秋的一天，张一悟从甘肃省立第一中学毕业后，和同学张亚衡乘坐羊皮筏子穿越桑园峡，顺流而下，经银川、内蒙古，于当年初冬抵达北平。不久，二人一同考入北京大学预科班。在北大求学期间，张一悟阅读了大量进步书刊，结识了在北大任教的李大钊，并初步认识到马克思主义是拯救中华民族的革命真理。1919年，五四运动爆发，张一悟、张亚衡与已在北京大学读书的同乡丁益三参加了五四运动，他们以"甘肃代表"的身份到段祺瑞公馆请愿，强烈要求废除"二十一条"不平等条约，还通过书信把革命斗争的消息传回兰州，动员家乡人民奋起反抗，使新思想、新文化在榆中传播。

张一悟、张亚衡、丁益三经常活跃在革命斗争第一线，因而被陇籍旅京学子亲切地称为"榆中三杰"。五四运动后，张一悟等人在北京受到北洋军阀政府追捕，为了安全，经李大钊推荐，张一悟与张亚衡南下武昌。不久，二人又同时考入国立武昌高等师范学校。在这里，他们又结识了恽代英。

恽代英在武昌创办了利群书社，公开销售进步书刊，张一悟便常去书社读书。新思想的冲击，加之恽代英等同志的影响，使张一悟进一步深刻认识了马克思主义，逐步确立了革命的人生观。

"三载同窗情深，那堪一朝话别。想来年豪谈痛饮，转瞬都成陈迹。鸿印等闲记，听悲歌初歇，不甘作新亭泣。愿猛击中流楫，他日天涯重聚首，应问成何事业？挥手各西东，欲挽人天浩劫。"1922年3月，从国立武昌高等师范学校毕业之际，张一悟和好友在校园抱冰堂合影留念，想着动荡不安的社会和流离失所的人民，张一悟在合影照上挥毫写下这首《调寄离亭燕》。字字句句，生动映照着张一悟的豪情壮志和远大革命理想。

第五节 黄河母亲雕塑·滔滔黄河水，廉音永不息

黄河流经兰州152公里，两岸自然风光独特，人文景观众多。经过兰州人民多年的努力，黄河风情线大景区成了绿树成荫、花团锦簇、景色如画、游人如织，自然风光和人文景观相得益彰的核心景区。2019年8月21日，习近平总书记来到兰州，前往滨河东路兰铁泵站改造的望河亭，深入了解黄河治理和生态保护情况，在盛赞黄河之滨也很美的同时，他嘱托"甘肃是黄河流域重要的水源涵养区和补给区，要首先担负起黄河上游生态修复、水土保持和污染防治的重任，兰州要在保持黄河水体健康方面先发力、带好头"[1]。

黄河母亲雕塑位于兰州市黄河南岸的滨河路中段、小西湖公园北侧，是目前全国诸多表现中华民族的母亲河——黄河的雕塑艺术品中非常漂亮的一尊，具有很高的艺术价值，在全国首届城市雕塑方案评比中曾获优秀奖。黄河母亲雕塑以庄重慈祥的中国母亲为主体，南向侧卧的"母亲"与起伏的河水相依托。"母亲"秀发飘拂，神态慈祥，身躯颀长匀称，曲线优美，微微含笑，抬头微曲右臂，仰卧于波涛之上，长发覆肩下合于水，左手揽子，右手抚水，左脚平舒出裙微露。"母亲"右侧依偎着一裸身"男婴"，头微左顾，举首憨笑，附于母腹，做戏水状，显得顽皮可爱。雕塑人物刻画得生

①《习近平在甘肃考察时强调　坚定信心开拓创新真抓实干　团结一心开创富民兴陇新局面》，https://www.gov.cn/xinwen/2019-08/22/content_5423551.htm。

动、饱满、凝重。雕塑构图简洁，寓意深刻，象征着哺育中华民族生生不息、不屈不挠的黄河母亲和快乐幸福、茁壮成长的华夏子孙。雕塑下基座上刻有水波纹和鱼纹图案，源自甘肃古老彩陶的原始图案。同时，水波纹和鱼纹也反映了黄河流域的先民们对自然现象敏锐的观察力。整座雕塑被安置于一浅绿色矩形花岗岩石基上，石基下部为环绕石基的带状花池，种植常青灌木篱。雕塑前面另立一全国青少年地学夏令营于1984年8月所立"献给中华民族的摇篮——黄河母亲"的碑。浪花之上的母亲与依偎在身边的孩子构成的温馨景象，恰似母亲河与黄河儿女的关系。如今，黄河流域生态保护和高质量发展已上升为国家战略。在黄河之滨，人与自然和谐相处的场景随处可见，黄河母亲静静地凝望，看着身旁的黄河儿女乐享幸福生活。雕塑周边，是用小石板铺就的半圆形广场，广场周围安放着座椅，供游人休息。雕塑广场及周边绿地中，还有一些歌颂黄河母亲的石碑。

"黄河母亲"的雕塑家——1937年出生的著名女雕塑家何鄂，是新中国培养的第一代女雕塑家之一。她曾在敦煌工作整整12年，先后临摹了5个洞窟的彩塑。何鄂说，离开敦煌后，她创作了许多作品，比如"黄河母亲""绣花女"等。其中，"黄河母亲"是她对敦煌彩塑艺术临摹研究和对灿烂文明顿悟的艺术结晶，目前已成为兰州市的标志性雕塑和城市名片，并荣获"新中国城市雕塑建设成就奖"。

第六节　皋兰文庙·兰山巍巍，黄河滔滔

文庙，文宣王庙的简称，也是孔庙别称。史籍记载，我国最早的孔庙为建于春秋末期鲁哀公时期孔子故乡曲阜的"庐冢"。汉武帝时，"罢黜百家，独尊儒术"，孔子声名日见显赫，为中国之后2000余年的封建正统文化——孔学奠定了基础。盛唐的玄宗开元中叶，唐明皇追谥孔子为文宣王，于是，孔庙从此被称为文宣王庙，创建孔庙之风随之盛行。因此，自曲阜"故宅三间"演变成中国历史上第一座文庙始，文庙便以厚德载物、倡导教化为己任。加之历代政府的推崇、无数学者代代相传的文明良知、民族文化自我保护的自觉意识、延续千年的庙学历史，给文庙发挥祭孔和讲学功用提供了得天独厚的广阔舞台，也为推动地方教育发展作出了积极的贡献。兰州文庙在今兰州市第二中学（以下简称兰州二中），是元代在宋代文庙基础上所建的州级文庙。清乾隆三年（1738年）移临洮府来兰州，改为兰州府。清乾隆四年（1739年）将兰州文庙改为兰州府中国文庙，皋兰县无文庙，不合体制。

乾隆五年（1740年）甘肃巡抚元展成将康熙时靖逆侯张勇旧宅改建为皋兰县文庙，其址在今兰州市张掖路延寿巷。按地形和已有建筑布局，以大成殿、教谕署、训导署、尊经阁为两翼，而奎星阁无地可建，便以旧城之通远门为奎星阁，此为全国文庙之罕见形制。1984年，兰州市人民政府将皋兰县文庙列为市级文物保护单位。2002年，因城市建设易地保护，重建于九州台南麓。易地保护后的皋兰县文庙占地十余亩，建筑面积1500余平方米，按文庙建筑通制，沿中轴线依次布设棂星门、泮池、戟门、明伦堂、大成殿、尊经阁、崇圣祠，雕梁画栋，金碧辉煌，四周环以宫墙，以示崇高。西宫墙北端建文昌门，里侧嵌文庙古碑；东宫墙侧壁建《孔子圣迹图》碑廊，以表彰孔子；主体建筑东西两侧建礼乐亭和曲廊；东礼乐亭旁立露根深蒂固石、状元石，东庑内存麒麟石。殿堂亭庑具备，戟门棂星辉映，左右绿山环抱，正面揽城瞰河，尽占北山风水，恰似蓬莱飞至，已成为黄河风情线上一胜景。

第三章　清廉兰州人：胸怀家国，清风高古

　　"江山代有才人出"，兰州人泼墨操戈，代有风流；百业竞技，各显神通。历代贤人以个性化的、独特建树而影响社会、影响他人，他们是兰州厚重历史文化的承载者和传播者，是当代兰州的宝贵精神财富。纵观历史，无数生活在兰州这座城市的先贤名士，就是在滔滔黄河水的滋养下，为后世留下了千古清廉美名。清廉人物内涵可大体分为道德、法治与理想信念。事功类的清廉人物，即积极作为的清廉人物，主要表现在爱国爱民，忠诚担当，贡献国家；美名类的清廉人物，主要表现在不贪不占，干净清廉；传承类的清廉人物，主要表现在诗文歌颂主流思想，弘扬优良家风。这些清廉人物具有重要的历史教育意义。

第一节　古代清廉名人

一、霍去病·抵御外侮

　　霍去病18岁为骠姚校尉，率领八百骑兵深入大漠，两次功冠全军，封冠军侯。西汉元狩二年（前121年），20岁的霍去病升任骠骑将军，指挥两次河西之战，俘匈奴祭天金人，直取祁连山，总计歼灭和招降河西匈奴近10万人，沉重地打击了匈奴右部。汉武帝分徙匈奴降众于边塞之外，因其故俗置五属国，又在其故地先后设立河西四郡，由此沟通了内地与西域的直接交往，对西汉和匈奴势力的消长产生显著的影响。元狩四年（前119年），霍去病与卫青分别率军深入漠北，于漠北之战中消灭匈奴左贤王部主力7万余人，追击匈奴军直至狼居胥山与姑衍山，分祭天地，临瀚海而还。此战使

"匈奴远遁，而幕南无王庭"①。战后加拜大司马骠骑将军，与卫青同掌军政。元狩六年（前117年），霍去病病逝，年仅24岁。汉武帝赐谥号"景桓"，陪葬茂陵，并仿照祁连山的形状为其修筑坟墓。霍去病用兵灵活，注重方略，不拘古法，善于长途奔袭、快速突袭和大迂回、大穿插、歼灭战，为汉武帝时期的军事扩张作出重大贡献。他前后六次出击匈奴，与卫青等人合作，解除了匈奴对汉王朝的威胁。兰州五泉山下矗立着一座注有"霍去病"名号的塑像，原来这五泉山的得名，便与这位汉代大将军有关。相传，西汉元狩三年（前120年），骠骑将军霍去病率军西征路过这里，千里跋涉的士卒疲渴难耐，霍去病举鞭连挥五下，击出五眼甘泉。另有传说是霍去病以霍家枪连扎五枪扎出五泉，还有说是以剑刺出五泉的。总之是霍去病的壮举换来的五泉。

二、李息·镇守西域

李息，生卒年不详，北地郡郁郅县（今甘肃省庆城县）人，西汉时期著名将领。李息少年从军，侍奉汉景帝；汉武帝在位时期，曾多次担任将军，率军征讨匈奴，镇守边邑，因军功被封关内侯。

元光二年（前133年）六月，汉武帝任命李息为材官将军，随同御史大夫韩安国率领30万大军驻守在马邑（今山西省朔州市）。他们派马邑人聂翁壹（《汉书》作聂壹）以献马邑城为诱饵，引诱匈奴单于孤军深入并一举歼灭，于是匈奴单于亲率10多万骑兵越过边界进入汉地。当匈奴单于走到距离马邑城还有一百多里路的地方时，发现原野里布满牲畜却不见放牧的人员，感觉不对劲，就停止进军。当他们捉住出来巡视的雁门都尉史，经过审问才得知汉军的伏兵正在马邑一带张网以待，非常惊恐，于是立即下令退军，免遭一场大难。

匈奴由此发现汉朝已准备以武力与他们相对抗，从此，汉朝与匈奴之间的大规模战争就此开始。元朔二年（前127年）秋天，匈奴侵略辽西郡，杀死辽西太守，侵略渔阳郡、雁门郡，打败都尉，杀掠2000多人（一作3000多人），又击败韩安国的军队。于是，汉武帝派李息和车骑将军卫青分别出兵攻击匈奴，李息从代郡出兵，卫青从云中郡出兵，向西共同进攻匈奴，直至高阙，攻下河南地区，一直到达陇西，斩获数千匈奴人，夺去几十万头牲畜，将匈奴白羊王和楼烦王逐出汉境。朝廷将河南地区改设为朔方郡。元朔五年（前124年），卫青率兵3万出击朔方郡，时任大行（古代接待宾客的官

①班固：《汉书》，罗文军编，太白文艺出版社，2006，第749页。

吏，相当于现在的外交官员）李息与岸头侯张次公领兵出击右北平，掩袭匈奴右贤王王庭，右贤王措手不及，仅带几百人仓皇出逃。汉军俘获匈奴15000多人，其中包括右贤裨王10多人，此次战役汉军获得大捷。汉武帝任命卫青为大将军，封李息为关内侯，食邑三百户。匈奴浑邪王密谋归顺汉朝，当时李息正统兵在黄河边上修筑攻防城池，他接待浑邪王派来的使者，马上派人飞驰京师长安（今陕西省西安市），上报朝廷。汉武帝接到消息后，立即派将军霍去病领兵前往迎接。汉元鼎六年（前111年），羌人的先零、封养、牢姐部落化解冤仇，结成联盟，与匈奴暗中勾结，会合10多万人马，一同攻打令居、安故，接着包围枹罕。同年十月，朝廷征发陇西、天水、安定骑兵以及京都中尉、河南、河内士卒10万人，派李息与郎中令徐自为率领这10万人前往征讨羌人，不久平定羌人叛乱。战事结束后，朝廷在枹罕首次设置护羌校尉，派李息持节令领兵镇守枹罕。

三、赵充国·忠君爱国

赵充国（前137年—前52年），字翁孙，原为陇西郡上邽（今甘肃省天水市）人，后徙居金城郡令居（今甘肃省永登县），是一位能骑善射骁勇多谋的军事家，在当时屯田政策上作出过卓越贡献。

汉武帝天汉二年（前99年），匈奴作乱，赵充国以代理司马的身份随贰师将军李广利出师平乱有功，武帝亲慰并拜充国为中郎，后升为车骑将军长史。汉昭帝时，氐人在武都叛乱，赵充国又赴战场平乱，后因战功卓著被拜为后将军，兼水衡将军。

汉宣帝时，赵充国因助大将军霍光拥立刘询为帝有功而被封为营平侯。汉宣帝本始二年（前72年），应乌孙国的请求，宣帝命充国为蒲类将军，助乌孙国大败匈奴与西域车师国。为防止匈奴再次入侵，赵充国统领4万余骑驻于北部边境九那，匈奴见状撤退，边境遂安。神爵元年（前61年），羌人又兴兵叛乱，赵充国已73岁，他主动请缨，亲赴前线，稳定军心，激发斗志，用攻心之计瓦解了敌人。为解羌叛军重来之忧，他力谏"罢兵屯田，威德并用"的屯田之策，得到宣帝批准。赵充国精通用兵之策，爱兵如子，有勇有谋，在历次平乱中智勇双全，为大汉江山立下赫赫战功。他的"寓兵于农，耕战两利"的屯田策略，对后世西北边疆政策影响深远。

四、成公英·鞠躬尽瘁

成公英（？—211年），金城人，身长六尺，体貌雄异，英俊勇武，气宇非凡，汉末豪杰韩遂麾下名将。他熟读兵书，智勇双全，有思报旧主的高风亮节更为世人所敬仰。少年成公英聪颖好学，投入韩遂麾下，有勇有谋，很快被韩信任和重用。为报韩遂知遇之恩，成公英鞠躬尽瘁、忠心耿耿。纵使韩遂一时之败，他也不离不弃，期望能助韩遂东山再起。后韩遂死，成公英无奈归附曹操，但旧主之情铭记于心。建安十六年（211年），成公英以参军身份随曹魏大将张既平定河西地区的卢水部叛乱。战斗中，成公英勇猛无敌，屡施妙计，扫平叛乱，为巩固曹魏政权立下了汗马功劳。魏文帝曹丕曰："你们（张既、成公英）建立的功勋不仅仅是平复叛乱，还使永宁河一带长久安宁，我可以不必担心帝都之西了！"长年累月的征战使曾经威武的成公英身心交瘁，一病不起，战事结束后不久，他便驾鹤西归。

五、韩遂·戎马一生

韩遂（？—215年），字文约，金城人。生于东汉末年的动荡时刻，一生久历戎行，雄踞一方，威名远扬。东汉末年，幼主无能，佞臣当道，为除阉宦小人，韩遂力劝大将军何进进行诛杀，以正朝纲，但他的建议未被采纳。汉灵帝中平元年（184年），义从胡北宫伯玉打出了举事大旗，闻韩遂胆识过人，设计使韩遂归顺。韩遂被委以重任，攻城略地，所向披靡，不久便攻克了"固若金汤"的金城，令汉统治者闻风丧胆。中平二年（185年），韩遂与边章入关中举起诛杀宦官的义旗，汉廷派10万兵马与其激战。受天时影响，战事失败，只好退回金城。中平三年（186年），北宫伯玉所率的义军发生内乱，为保住义军实力，韩遂杀北宫伯玉、李文侯而成为义军首领，并与黄巾军取得联系，双方里应外合，势不可当。次年，于狄道（今甘肃省临洮县）败凉州刺史耿鄙的六郡兵而军心大振，并与耿鄙的部下马腾义结金兰，一时之间威震四方。汉献帝建安十六年（211年），韩遂、马超联军与曹操展开了一场激战，不久，韩、马破城并乘胜攻克了潼关。但由于西凉军起内乱，不久被曹操打败。此后，韩遂一蹶不振，后又败于夏侯渊之手。于是，他不得不退回西平（今青海省西宁市）。建安二十年（215年），韩遂病逝于西平。

六、宗钦·赤胆忠义

宗钦（？—450年），字景若，金城人。少年时勤奋好学，饱读经书，以才学闻名于陇右地区。初仕北凉沮渠蒙逊，封中书郎，世子洗马。在朝之日，心忧天下，著有《东宫侍臣箴》，文章立意高远、气势磅礴，直言为君之道，诚词规劝皇帝和太子，彰显了他的赤胆忠义和博学多才。北魏灭北凉后，魏武帝授宗钦卧树男，加鹰扬将军，拜著作郎，一时名重朝野，远近争相结交。时崔浩、高允与其互相唱和，推心置腹，感情甚笃，传为美谈。宗钦曾给高允的赠书中言："文以会友，友由知己。诗以明言，言以通理。"志同道合由此可见。北魏皇帝大兴佛教，寺院林立，出家为僧者甚众，影响社会生产甚巨。为此，崔浩带头上书反对崇佛而触怒龙颜，皇帝下令诛灭崔浩九族，祸及朋友。高允自知死期将至，在朝堂之上凛然陈述己见，反对佛教影响民生，亦被斩首。与此二人私交甚密的宗钦也被赐死，含笑九泉。

七、刘雄·战功卓著

刘雄（？—578年），字猛雀，北周金城郡子城（今甘肃省兰州市）人，自幼机智善辩，慷慨有大志，寻授统军、宣威将军、给事中，除子城令，加都督辅国将军，赐姓宇文氏。他戎马一生，战功卓著，为国捐躯，英名长存。北朝时期，地处西北一隅的北周民贫国弱，备受强邻北齐欺侮，双方展开了两次大的战役——长城之战和晋州之战。长城之战中，刘雄主动请缨，带领20余名士兵依据险要地势严守关隘，多次打败北齐大将优孝先的轮番进攻，终使北齐军破关的希望化为泡影，只得撤兵。刘雄因功受到周武帝的嘉奖，晋封为侯。北周武帝建德五年（576年），北齐后主为洗雪被北周20多人打败的奇耻大辱，亲领大军，攻打北周的晋州。刘雄临危受命，"率步骑千人，鸣鼓角，遥报城中，齐兵遁走，遂收复晋阳"。北周大获全胜，刘雄以功授大将军、封赵郡公，出镇幽州。然幽州常遭突厥侵袭，百姓苦不堪言。他到任后痛下决心要打击突厥匪寇、为民谋利，经严密部署，加大巡逻力度，突厥兵终有所收敛，人民重新安居乐业。后突厥兵再次侵扰幽州，刘雄率兵追击，但因不谙地形，陷入突厥兵埋伏之地，最终壮烈殉国。

八、薛举·勇武骁悍

薛举（？—618年），河东汾阳（今山西省万荣县）人，幼年随父徙居金城，中国隋代末年群雄之一。他出身豪门，为人仗义疏财，加之其体健貌伟、勇武骁悍，因此雄长一方。隋炀帝大业末年，薛举担任金城校尉。当时，陇右发生饥荒，统治者又横征暴敛，人民纷纷起来反抗。为保一方平安，薛举毅然顺应民意，开仓赈济饥民，从而得到广大民众的支持。陇右的小股起义军纷纷前来归顺，薛举的势力在西部日益壮大。在枹罕之战中，薛举军队以少胜多大败隋军，兵众发展到13万人。羽翼丰满后，薛举再也不满足于区区"西秦霸王"。隋炀帝大业十三年（617年），薛举在金城称帝，国号秦。其子薛仁杲攻下秦州后，都城又迁到秦州（今甘肃省天水市），问鼎中原之心日渐迫切。当薛举迅速壮大时，另一支反隋势力悄然而生，那就是李渊、李世民父子。大业十四年（618年）五月，李渊称帝，国号唐，建元武德，"一山难容二虎"，李渊与薛举之间的战事不可避免。扶风之战中，薛举大败，后决定联合突厥，不料突厥被李世民怀柔，薛举处于劣势已成定局，之后他虽在一些小战役中取得胜利，然大势已去，他终于没能完成自己的统一大业，于唐武德元年（618年）十一月病死。

九、朱楧·镇守边疆

明肃王朱楧（1376—1419年），安徽凤阳人，明太祖朱元璋第十四子。太祖洪武十一年（1378年）封汉王，二十四年（1391年）奉太祖之命，与卫、谷、庆、宁、岷五王练兵于临清。二十八年（1395年）就藩甘州（今甘肃省张掖市），太祖赠以《淳化阁帖》、龙胆壶和凤喙卮，让他镇守边疆。建文元年（1399年），移藩兰县。是年，肃王府建成。肃王府楼台亭阁，奇山异石，嵯峨剔透，气势宏伟，文人骚客多有遗墨，如"陇云秦树穷千里，河声岳色共一楼"。建文二年（1400年），朱楧建金天观，聘武当山玉虚宫孙碧云真人为主持。他常与孙碧云论道于环室，并令属官编纂兰州第一部地方志——《金城志》。然而好景不长，为了防止藩王拥兵自重威胁皇帝，自建文帝时，即开始削藩，剥夺军权。永乐皇帝朱棣更是穷其智谋限制藩王的权力。在此情况下，朱楧日益郁郁寡欢，从此很少参与政事，卒后，谥庄王。明藩王制度伴随着朱楧的一生，前期他欲建功立业，然而惨遭失败；后期又受制于人，才知自由的珍贵。尽管如此，他为甘肃所作的贡献，仍被陇原人民铭记在心里。

十、黄谏·著述颇丰

黄谏（1403—1465年），字廷臣，号卓庵，又号兰坡，兰县（今甘肃省兰州市）人。明英宗正统七年（1442年）考中一甲第三名进士，俗称探花，授翰林院编修，迁侍读学士，明代知名学者。他才华横溢，诗文并茂，著作颇丰。黄谏学富五车、才高八斗，在诗词方面造诣颇深。如《黄河赋》以波涛汹涌之势描绘黄河气势非凡，以悲天悯人之心流露出对天下苍生的无限关爱之情，以及对太平盛世的无限向往之怀，读来怆然涕下。明正统十一年（1446年）春，金城关重修竣工，他应兰县绅士的邀请撰写了《金城关记》，记述了修缮金城关的经过，为研究兰州地区方志学的重要文献。他一生著述颇丰，有《书经集解》《诗经集解》《月令通纂》《从古正文》《使南稿》《从古正义》《兰坡集》等，这些著作对后世影响深远。黄谏又是一位知名的外交家，他在京都为官期间，曾多次奉召出使安南，出色地完成了朝廷派给他的重任。然而，他命运多舛，仕途并不顺畅。明英宗天顺五年（1461年），忠国公石亨获罪下狱，因是同乡，黄谏受牵连被贬为广州府通判。正所谓"贵人多磨难"，黄谏在广州府通判任上遭小人陷害，被押赴京，病逝于赴京途中。

十一、聊让·刚正不阿

聊让，字公逊，兰县（今甘肃省兰州市）人。明代宗景泰五年（1454年）进士，官江西南昌知县。他以刚正不阿、直言敢谏、勤政爱民而流芳百世。明代宗初立，国家内部政治积弊、奸佞当道、朝纲混乱，外有敌寇侵略边境。内忧外患的当下，一些有志之士为扶正朝纲而劳心费神，上书谈论国家大事，聊让便是其中之一。

面对乌烟瘴气的政治局面，他勇敢地向皇帝表达自己的真知灼见，动之以情、晓之以理，从时局出发阐明皇帝亲贤臣、远小人的重要性。他在上书中言："天下治乱，在君心邪正。"指出皇帝只有以身作则、克己复礼，才能为臣民作出良好的表率。在职期间，他以身作则、勤政爱民、政绩突出，备受当地百姓的拥护和爱戴。然而，在阿谀奉承充斥朝野的年代，一腔热血而又直率豪爽的聊让，不肯攀附权贵，遭权贵忌恨，终被罗织若干罪名，他愤然罢职还乡，过起了田园生活。聊让用他的实际行动把浩然正气与刚正不阿写进了自己的生命。他用自己的一生诠释了一名儒学之士的胆识与气魄。

十二、段坚·心系苍生

段坚（1419—1484年），字可大，号柏轩，又号容思，兰县（今甘肃省兰州市）人，著名理学家和教育家。明景泰五年（1454年）进士，授山东福山县知县，历官莱州知府、河南南阳知府。段坚立志以儒为为官之道，心系天下苍生，他推行轻徭薄赋的政策，力除地方恶俗，视民如子。身为儒官，他深知教育的重要性，在任期间，捐俸金购书，劝导百姓学习，一时之间使自己所管之地学习之风甚浓。他题诗曰："天下有材皆可用，世间无草不从风。"但凡他为官之地，百姓都感念不已。后来，他引病归里，告老还乡，隐居于兰州五泉山的幽泉林涧之间，以"奉先、事兄、教子、睦族、善俗"为旨，在五泉山依岩凿洞，建南村别墅，"授徒讲业"，桃李盈门。好多名士，如彭泽等，都出于他的门下，后人称为容思书院。段坚著有《柏轩语录》《容思集》等书。他一生清廉，离任时"行李萧然"，士民遮道，号泣挽留。卒后，死讯传到南阳，士民"敬做木主"，建立段氏专祠，"塑像为祖"。在兰州原东稍门外，移立有牌坊，前额书"段容思先生德教坊"，背书"理学名臣"，以作纪念。

十三、彭泽·清忠正直

　　彭泽（1459—1529年），初名廊，字济物，早年号敬修子，晚年号幸庵，兰州人。幼年受外祖父段坚的启蒙，有志节。明孝宗弘治三年（1490年），他中进士，官至浙江按察使副使、左都御史、太子太保、兵部尚书等职。明武宗正德九年（1514年），彭泽总督陕甘军务，平定了吐鲁番酋速檀满速儿的叛乱。当时，蒙古军渡过黄河，关陇人民深受其害。彭泽挥师途中，勘探山川形势，后增派官军，常驻防御，关陇一带，始免扰掠之害。两年后，蒙古瓦剌军又来入侵，彭泽二次出征，指挥部下活捉奸细，挫敌锐气，使瓦剌军知难而退，边境遂安。正德十六年（1521年），明世宗即位，彭泽任兵部尚书，整肃部务，部政焕然一新，他又奉诏为九边守将。农闲时，征调农民筑边墙、挖战壕、修墩台，并整顿屯田，取消太监监军制度。次年，退休归里，寄情山水，写诗作文。明嘉靖七年（1528年），复因昔年夷情被诬而革职。两年后，抑郁而死，葬于西川圃子湾（今甘肃省兰州市上西园）。彭泽历仕弘治、正德、嘉靖三朝，达35年，《明史》有传，《明通鉴》载其事迹。彭泽为人清忠正直，为文雄浑敏达，著有《读易纷纷稿》《幸庵文稿》《读史目录》《八行图说》《重修兰州志》《段可久年谱》等300余卷。

　　彭泽，是明朝兰州人中位至三公的第一人。他一生清忠正直、廉洁自律、刚正不阿，且以父正子贤的佳话流传千古。在徽州知府任上时，彭泽因为女儿待嫁，于徽州购置漆器数十件，遣人送至兰州老家。其父彭锭以"瓜田李下"有贪污之嫌，怒将其所购漆器全部烧毁，徒步赴徽州，见到彭泽提杖便打，打过即昂然归家。彭泽深受教育，从此谨言慎行，严以自律，治政清明，百姓为之建祠。

十四、段续·心系桑梓

　　段续，字绍先，号东川，兰州人。明世宗嘉靖二年（1523年）进士，历任云南道御史、湖广参议，后升密云兵备副使等。在地方任职时，他不畏权势，清除积弊，大义凛然，口碑甚好。最为兰州人称道的就是他心系桑梓，引进了水车提灌技术。在未有水车之前，兰州人靠天吃饭，手提肩扛黄河水来灌溉，其效率之低可想而知。段续任湖广参议时，见当地用竹木所制的筒车提水灌田，功效显著，便详察其构造原理，绘制图样，求教工匠，学习制造方法。晚年辞官归里，他自备木料，聘请工匠，按图仿制，终获成功。段续首次创造的一轮水车，安装在黄河南河道教场河（今甘肃画院稍东），后人称之为"祖宗车"。此后，兰州黄河两岸农民均依式仿造，用水车浇灌农田，收效显著。至1949年前夕，兰州有水车252轮，提灌面积达10万余亩。水车浇灌，具有节省人力畜力、成本低、好管理等优点。段续因地制宜，创制水车，为发展水利、推进农业生产、造福桑梓作出了重要贡献，兰州人民至今仍未忘其功绩。

十五、邹应龙·不畏强暴

邹应龙，生卒年不详，字云卿，号兰谷，兰州人。明世宗嘉靖三十五年（1556年）丙辰科进士，授官行人，不久，擢升为御史。他因不畏强暴，弹劾权奸严嵩父子而名扬天下。邹应龙身带西北人的直率、坦荡，心系黎民百姓。

明嘉靖年间，奸相严嵩把持朝政，结党营私，残害名臣良将。一些忧国忧民的官员多次弹劾严嵩父子，但因皇帝昏庸，对弹劾严嵩者动辄廷杖、流放，甚至杀头。于是百官互相告诫，缄口旁观。而邹应龙不顾个人安危，数次冒死上书弹劾宰相严嵩及其子严世蕃等，终于使得皇帝下诏将严嵩革职为民，将严世蕃斩于北京西市。

明穆宗时，镇守云南的黔国公沐朝弼骄横一方，"廷议遣大臣有威望者镇之"，邹应龙秉公执法，查实其罪状，押解沐朝弼京师治罪。东厂太监冯保，衣装有僭越之嫌，邹应龙劝而不听，遂"劾保僭肆"，遭冯保忌恨。明万历初，邹应龙奉诏平定云南铁索箐等人的叛乱，被巡按御史郭廷梧、给事中裴应章等人弹劾，于是被"削籍"为民，卒于家。后复应龙官职，赐祭葬。邹应龙为官刚直清廉，死后"遗田不及数亩，遗址不过数楹"，所著诗文大多散失，《劾严嵩父子疏》收入明万历《临洮府志》中。

十六、郝璧·为官清廉

郝璧，字仲赵，号兰石，兰州人。生于明万历中期，卒于清顺治末年。崇祯十二年（1639年），郝璧中举人。清顺治三年（1646年），清政府任命郝璧为太常博士，不久又升为给事中（谏官）。他在任职期间，主要做了两件事：一是改革祭祀典礼制度，主张删繁就简，突出主要礼制；二是多次上疏，有漕运、盐法、河道诸议，中心内容是治理黄河。他主张"引黄夺淮""疏通故道"，并提出通航、灌溉综合利用的意见。清廷接受了他的意见，治河取得了较大的成绩。后来，郝璧以黄门侍郎身份赴江西南昌和浙江主持乡试，坚持以"质"选取人才，选取200多人，得到了朝廷的赞许。郝璧晚年回到扬州，著述讲学。他把往年的文章、诗篇按年代分为18卷，死后由学生编成《兰石集》《罗疏斋集》刊行于世。今存的《兰石集》收有各种文体的文章246篇，诗调铭颂1108首，30余万言。其诗文有丰富的思想内容和很高的文学造诣，受到同时代文人的推崇。郝壁晚年清贫，客死在扬州。死后，仅"遗书数箧而已"，表现出一个正直文人为官清廉的高贵品质。

十七、岳钟琪·屡建奇功

岳钟琪（1676—1754年），字东美，号容斋，原籍相州汤阴（今河南省汤阴市），名将岳飞之后。明万历年间，其高祖父落籍兰州，遂为兰州人。清康熙五十八年（1719年），他任四川永宁协副将。时准噶尔扰西藏，岳钟琪奉命率军随定西将军葛尔弼入藏，直抵拉萨，一举歼灭了拒不投降的里塘第巴，"擒首逆七人从而使巴塘第巴惧，献户籍"。因战功显赫，后升为四川提督。清雍正元年（1723年），清廷授岳钟琪奋威将军，负责征讨罗卜藏丹津事宜。岳钟琪以少胜多，"一昼夜驰三百里，不见虏乃还，出师十五日，斩八万级"，青海平定。青海叛乱后不久，新疆准噶尔部有企图进行分裂活动，雍正任命岳钟琪为宁远大将军平定了叛乱。屡建奇功的岳钟琪声名显赫，同时又握有兵权，这令满族大臣心生不满，后他被弹劾入狱5年。清乾隆十三年（1748年），四川金川酋长莎罗奔等发动苗民叛乱，朝廷重新起用岳钟琪，他不负众望，平定了叛乱，又因功重返朝堂。清乾隆十五年（1750年），西藏又出叛乱，岳钟琪虽年事已高，但国难当头，他义不容辞。于是，他主动请缨亲自带兵平息叛乱。清乾隆十九年（1754年），这位战功显赫、功勋卓著的武将卒于资州（今四川省资中县），享年78岁。乾隆皇帝有感于岳钟琪在康熙、雍正、乾隆三朝所作出的贡献，称岳钟琪为"三朝武臣巨擘"。

十八、唐琏·书画清风

唐琏（1754—1836年），字汝器，号介亭，一号栖云山人，兰州人，终身布衣，时人称"隐君子"。他是清代兰州著名的书画家，集多种技艺于一身，尤善书画，在中国书坛画苑中占有重要地位。唐琏学书习画非常刻苦，功力深厚，有意到笔随之妙。他的书法，古朴雅健，苍劲有力。楷书、行书和草书"效法钟王，得其神髓"；篆书"专学李斯，肖其古朴"，而更"独饶秀逸之气"。他"尤擅汉隶，特精小楷"，书法体形特异，号为"童子体"。他说"学书不贵形貌，筋骨精神尚焉"，应该有自己的特色和风格。他画的《秋山萧诗图》，具有苍茫古秀、千沟万壑之势。《古木寒鸦图》，树身老状离奇，枝乱而整，简而有趣，寒鸦数十，姿态横生。其他画点染云山，随意挥洒，水木清华，生机勃勃，情趣横溢。清嘉庆时，国子监祭酒法式善对他画的

《诗龛图》大为赞赏，称："眼空黄鹤楼，心荡洞庭水。"唐琏除精工书画外，还以行医卖药自治，"淡饭充饥肠，读书务农圃"，著有《松石斋集》等。

十九、秦维岳·直言敢谏

秦维岳（1759—1839年），字觐东，号晓峰，兰州人，五泉书院创始人。清乾隆五十五年（1790年）进士，授职翰林院编修，参与修撰国史，后晋升道监察御史。少年秦维岳，刻苦勤奋、立志报国，并深受其父捐资助学影响。他所处的时代，正是清廷风雨飘摇的年代，而他却能"出淤泥而不染"，从善如流。针对日益严重的漕运积弊，他直言敢谏，并提出改良的基本措施。在两任湖北盐法道期间，他修明政治、体察下情，使吏治刑狱肃然一清。作为名儒，他又时时不忘捐资助学。同时，他潜心文学，在文学方面造诣颇深，著有《皋兰县续志》一书。该书文辞优美，为后人研究皋兰提供了宝贵的历史资料。清嘉庆二十四年（1819年），秦维岳因母病逝辞官回兰守孝，从此再未出仕。在兰州，他热心公益事业，兴学从教，培育人才，捐资创建五泉书院，并先后被聘为五泉、兰山两书院山长。为了激励学子专心于学业，他赋诗"惜阴当趁中年进，砥行惟从介节先"以训勉学生。清代以降，已为西北重地的兰州，书院兴盛，秦维岳、刘尔炘等陇上名士都曾在书院担任教职，在教书育人时以身作则，弘扬清廉之风。秦维岳虽贵为翰林，但生活清贫，朝服破了用宣纸粘补，然后染上蓝色。在长期教书育人的过程中，他严格要求学生"先品行、后文学"，培养出张廷选、陆芝田等一大批有为之士。秦维岳以高洁的作风为官，以严谨的态度为学，以热心的姿态助教。他上为朝廷，下为苍生，鞠躬尽瘁，像一座灯塔，指引着后人不断前进。

第二节　近代清廉名人

一、林则徐·忧国忧民

林则徐（1792—1850年），字少穆，嘉庆十六年（1811年）进士。在遭诬陷被遣戍伊犁途中及东返时，曾两度来到兰州，作数日短暂逗留。道光二十二年（1842年）七月二十九日，林则徐进入兰州城，慕名拜访他的客人络绎不绝。之后的几天里，诗酒往还，游览风物，参观名胜。七月三十日，林则徐"答拜各客"。陕甘总督富呢扬阿设宴款待林则徐，并伴同游赏督署后花园，那里给林则徐的印象是："园甚宽整，连及北城，之上有楼曰'拂云楼'，登楼望北岸诸山，俯瞰黄河，眼界颇佳，其下有小碑林，镌怀素、米、董诸帖于壁，皆那文毅公所留物也。"八月一日，林则徐上午"为人书联、扇"、接待访客，下午出兰州西关，答拜兰州道云麟，参观汇园，"其地依山面河，有亭榭花木之胜"。八月二日中午，陕甘总督富呢扬阿邀林则徐共进午餐。八月四日，林则徐应甘肃布政使程德润之邀，意在饯行，席间程德润赋诗送别，林则徐也作了题为《程玉樵方伯德润饯予于兰州藩廨之若已有园次韵奉谢》的七律二首，抒发忧国忧民之襟怀。八月七日，林则徐出兰州西门，过黄河浮桥离兰西去。清道光二十五年（1845年），林则徐受朝廷任命，署理陕甘总督，于次年三月返回兰州，三月二十日被授陕西巡抚，六月二十四日离开兰州，前往西安赴任。

二、朱克敬·爱国诗人

朱克敬（1792—1887年），名亦轩，字香荪，兰州人。朱克敬少年时读书刻苦，但因出身贫寒，只得流寓云贵，后来到湖南，捐官为龙山县典史。在任期间，他关心民间疾苦，尽己之力为农民排忧解难，深得当地百姓爱戴。朱克敬生活的时代，清廷已苟延残喘，各地起义不断，百姓苦不堪言。朱克敬深感中国将有"千古未有之变"。他主张清廷派人出国留学，学习西方先进的政治制度、科学技术，达到"师夷长技以制夷"的目的。朱克敬不仅是一名爱国之士，更是一位著作甚丰的诗人。他的诗意境幽远，常常具有独到之处，尤其是写太平天国农民起义的相关诗作，为后人研究太平天国提供了珍贵的资料。"位卑未敢忘忧国"，朱克敬关心国事，思想超前，为后人景仰。著作有《瞑言内篇》等多部，这些著作收入《抱秀山房丛书》中。

三、马世焘·博学能文

马世焘（1809—1875年），字鲁平，回族，兰州人。清咸丰五年（1855年）举人，博学能文。马世焘少年师从平番（今甘肃省永登县）寿山先生学诗，懂得"读书当先正本原，愿将学业溯源头"的道理，博涉群书，学业大进，后在47岁时考中举人。清同治年间，河湟多事，民生疾苦，然兰州大吏议办房捐。面对民不聊生的惨状，马世焘以"疮痍未起，若复剥削，民何以堪"为由毅然上书谏阻，才使百姓免遭涂炭。马世焘关心民生疾苦，更关注社稷之安危。清同治五年（1866年），兰州被围，马世焘置个人生死于不顾，深夜追城而出，大义凛然去见敌军。他晓以大义，最终说服围兵，才使兰州得以解围，同治帝赐书褒奖并授予官职。马世焘学问渊博，贯通中西，著作颇丰。著作有《四书集注解释切要》《日新堂诗文集》各4卷，惜已佚。现仅存《枳香山房诗草》2卷。左宗棠读其著作后，赞不绝口，函拟保荐，亦被马婉言拒绝。左宗棠钦佩马的为人，撰联书赠"钟鼎山林各天性，风流儒雅是吾师"，以表钦慕之情。马世焘在皋兰书院、五泉书院当山长时，授徒数十年，桃李满兰山，著名学者张国常就出自其门下。

四、左宗棠·清正廉洁

左宗棠（1812—1885年），字季高，湖南湘阴县人，清朝大臣，道光举人。历任浙江巡抚、闽浙总督、陕甘总督、两江总督。清同治年间，沙俄侵占我国西北部领土。国难当头，左宗棠主动请缨西征，他凭借过人的胆识与智谋，平复北疆大部，收复全疆领土。后连续五次上书清廷请求在新疆建省，清光绪十年（1884年），新疆正式设立行省。左宗棠为新疆的安定、发展和西北边防的巩固作出了重要贡献。左宗棠任陕甘总督时，在兰州创办织造局和织呢局等近代工业，拉开了西北近代工业化的序幕。他对甘肃地区的文化教育事业也甚为关注。在他的力陈下，清同治十二年（1873年），清廷允准甘肃分闱取士。清光绪元年（1875年），贡院建成，士子欢腾。驻甘期间，他又主持修葺、扩建兰州城池，整修陕甘道路。尤为后人称道的是，他下令在陕甘大道两旁栽种耐旱的杨树、柳树和榆树26万余株，他认为这样可以美化环境、巩固路基，人称"左公柳"。有诗赞："上相筹边尚未还，湖湘子弟满天山。新栽杨柳三千里，惹得春风度玉关。"这位为官清正廉洁、为甘肃作出过巨大贡献的湖南人将永驻陇人心中。

左宗棠是清末湘军首领之一，一生经历了湘军平定太平天国运动、洋务运动和收复新疆维护中国统一等重要历史事件，还培养了一批优秀的中国近代工业技术人才和杰出的海军将士，在中国近代史上写下了浓墨重彩的一笔，是中国近代化的先驱者，近代中国国家主权完整的捍卫者，中华优秀传统文化的发展者、传承者，与曾国藩、张之洞、李鸿章并称为"晚清中兴四大名臣"。左宗棠著有《楚军营制》《朴存阁农书》等。

五、吴可读·耕读世家

吴可读（1812—1879年），字柳堂，兰州人，清道光三十年（1850年）进士，历任刑部主事、河南道监察御史、吏部主事等职，著有《携雪堂诗文集》。吴可读生于兰州一个耕读世家，生性颖悟，尤善诗文。在主讲甘谷朱圉书院时，他就因材施教，号召学生眼睛向下，仔细观察，"诸生何处觅文宗，绝妙文章到处逢"。在主讲兰山书院期间，他要求培育弟子要关心国事，砥砺品行。另外，吴可读在帮办甘肃团练、宣传牛痘免疫、帮助左宗棠设立贡院一事上贡献颇多。吴一生铁骨铮铮，最为后人乐道的是死谏慈禧。清同治十三年（1874年），清穆宗病卒，慈禧太后立醇亲王之子载湉为咸丰次子，其用意是她仍可以继续垂帘听政。这一举动有违祖制，但众臣敢怒不敢言。然而，吴可读却决心以死抗拒。清光绪五年（1879年）三月二十六日是同治皇帝的大葬日，吴自杀身亡，遗书中严厉斥责慈禧的行为，并要求载湉生子后，仍旧承继为同治之子，使"大统有归"。慈禧震动，下懿旨宣示："将来诞生皇子……其继大统者为穆宗毅皇帝嗣子……至吴可读以死谏言，孤忠可悯，著交部照五品官议恤。"吴可读成功了，他的葬礼十分隆重，朝廷还在北京设立吴公祠，以示纪念。

六、张国常·品德高洁

张国常（1836—1907年），字敦五，号冬坞，兰州人，清光绪三年（1875年）进士。主讲兰山书院达30多年，所教人才辈出。他高瞻远瞩，志虑清纯，品德高洁，治学严谨，堪为典范。

张国常虽受儒家忠君思想影响，但不抱残守缺，能与时俱进。清光绪十六年（1890年），陕甘总督杨昌浚在兰州创设电报局，栽电杆，架线路，适逢旱情严重，部分绅民由于封建迷信，谣传是栽电杆破坏了风水所致，群议拔除电杆以缓解旱情。张以地方大绅身份出面解释劝说，"电杆与旱情风马牛不相及，尔等勿轻信谣传"，群情逐渐安定，电信工程得以顺利进行。清光绪二十八年（1902年），甘肃各地改书院为学堂；清光绪三十一年（1905年），下诏停科举、兴学堂，士大夫都对此迭出怨言，而张国常却认为这是顺应历史潮流的明智之举。张国常一生潜心于教学与研究，著述甚丰，其中有《听月山房诗文集》30卷、《重修皋兰县志》30卷、《甘肃忠义录》30卷、《土司藩族考》1卷等。《重修皋兰县志》是通体志书，考证翔实，是一部研究兰州的重要参考文献。张国常学识渊博，德高望重，声名远扬，至今遗风犹存。

七、马保子·名闻兰州

一提到清汤牛肉面，人们便会立即想到兰州。兰州牛肉面以美味可口、经济实惠享誉全国乃至世界，号称"中华第一面"。清汤牛肉面的创制者就是马保子。马保子，晚清至民国时兰州回族人。从1915年起，他沿兰州街头挑卖热锅子牛肉面谋生，面适合大众口味，富有营养，价格适中，生意逐渐红火。至1919年，他积攒薄利，在兰州东城壕北口租了一间低矮铺面，现煮现卖，打出清汤牛肉面的招牌，开创了第一家牛肉面馆。这种牛肉面比热锅子牛肉面好吃耐嚼，食客众多。至1925年，由其子马杰三经营面馆。马杰三下功夫，反复试验，终于将牛肉面的质量提高到汤要清者亮、肉面要烂者香、面要细者长的境界，以致食客大增。后又租得对面一间铺面、一间套房，摆放四张小方桌，食客即可坐下就食。20世纪40年代，马保子清汤牛肉面馆迁至南关什字繁华地段，有两间木楼，生意红火。1946年，国民党元老于右任莅临兰州，亲尝马保子清汤牛肉面后赞不绝口。由于于右任的赞誉，东南一带人士来兰州，多寻找面馆，品尝马保子清汤牛肉面。

八、谭嗣同·豪情壮志

谭嗣同（1865—1898年），字复生，号壮飞，湖南浏阳人。青少年时期曾随侍在兰州为官的父亲谭继洵游历陇上，豪情壮志，赋诗寄怀，足迹遍兰州。谭嗣同在兰州期间，曾住在甘肃布政使署。署内多鸽子，且生性灵异，传说能随印信往来，兼可守护藩库。谭嗣同对此有见闻，写道："甘肃布政使署多鸽，《池上草堂笔记》记其灵异，皆不诬，岁出帑百余金，酬其守库之劳。"兰州夙产牡丹，普以金天观、潜园、藩府后花园为最盛。谭嗣同记道："甘肃故产牡丹，而署中所植为冠，凡百数十本，著花以百计，高或过屋。"谭嗣同在兰州时，为名胜古迹撰写了弥足珍贵的诗篇。《由秦陇赴兰州道中即事》云："怪石逼人道旁立，乱山迎客点头来。"《兰州庄严寺》云："访僧入孤寺，一径苍苔深。寒磬秋花落，承尘破纸吟。潭光澄夕照，松翠下庭荫。不尽古时意，萧萧雅满林。"《别兰州》云："前度别皋兰，驱车今又还。两行出塞柳，一带赴城山。壮士事戎马，封侯入汉关。十年独何似，转徙愧兵间。"《小西湖》云："黄水挟秋喧树杪，青山劝酒落樽前。"

九、刘尔炘·俭朴传道

刘尔炘（1864—1931年），字又宽，号果斋，号五泉山人。兰州人。清光绪十五年（1889年）进士，授翰林院庶吉士、编修。一生致力于甘肃文教事业，在赈灾事务上也多有贡献。曾募款修建五泉山公园，主讲五泉书院，创办了兰州第一所小学校——两等小学堂，主持和举办了一些学社、讲习所和专修馆。刘尔炘在京供职3年，后辞官归里，主讲五泉书院。他重视实学，反对空读。任甘肃文科高等学堂总教习期间，他主张课程设置要兼采中西，学习西方先进科学知识。他逝世后，在赵元贞的主持下，一些社会团体创建了志果中学（现兰州二中），以纪念他的不凡功绩。刘尔炘为解除苍生疾苦，从清光绪三十二年（1906年）开始，他就积极兴办地方实业，创立陇右实业待兴社，振兴地方工业；创办丰黎义仓，实行社会赈灾救济；创立皋兰同仁局，举办救济慈善事业，挽救灾民的损失，对兰州地方经济和文化的发展起了一定的促进作用。晚年，刘尔炘以工代赈，主持修建五泉山。本着"补其旧毁，增其本无"的思路，于1924年竣工。园林各处有刘尔炘亲笔题写的对联，以增添雅意。如摸子泉对联："糊糊涂涂，将佛脚抱来，求为父母；明明白白，把石头拿去，说是儿孙。"诙谐幽默，引人深思；五泉山嘛呢寺对联："淘不尽满腹忧愁，九曲安澜，任眼底大河东去；看得开浮云富贵，一场春梦，觉怀中爽气西来。"气势恢宏，眼界高远。如今，五泉山已成为享誉西北乃至全国的大型园林，刘尔炘功不可没。

兰州坊间至今还流传着他严于律己的廉洁故事。相传在修建五泉山时，工头到刘宅请示事项，见刘尔炘吃饭就坐在台檐上，就悄悄送了小炕桌。次日，刘尔炘吃饭时见饭菜皆放在小炕桌上，遂大怒，直奔工场训斥并辞退了工头。刘尔炘的"不近人情"使得他经营的实业社团中人人自警，从未发生过贪腐丑闻。

十、彭英甲·敢为人先

彭英甲，字炳东，号铁函，奉天承德（今辽宁沈阳）人，清光绪三十二年（1906年）任兰州道兼甘肃农工商矿总局总办，发展地方实业不遗余力，他力主修建黄河铁桥更为世人称道。黄河天险，阻碍了兰州本地经济的发展，更阻挡了内地与西北边疆的交流。清廷批准修建铁桥，次年开工建设，工程由德国泰来洋行承建，美国人负责设计，陕甘总督升允令彭英甲监督施工。清宣统元年（1909年），铁桥建成，号称"天下第一桥"，成为沟通西北地区的动脉。彭英甲主张与西方人进行商战，针对甘肃丰富的自然资源和物资短缺的现实，他在兰州开办洋蜡胰子（肥皂）厂、皋兰官铁厂、窑街官铜厂等工厂，但由于资金缺乏、管理不善、技术落后等因素，旋即中辍。修建黄河铁桥和开办工厂是思想解放的产物，彭英甲是当之无愧的时代先行者。

十一、王树中·造福百姓

王树中（1868—1916年），字建侯，号百川，又号梦梅生，皋兰人。清光绪十八年（1892年）进士，官安徽，初任太和县知县，后任亳州知县，再任颍州府知府，任官十余载，勤政爱民，人称"王青天"。王树中初来太和县时，此地民众内部积怨甚深，争论常有发生。王树中到任后，一改往届县令的严词训斥，他动之以情、晓之以理，断民间诉讼、平民众纠纷，深得人心。在他的精心治理下，民众间的纠纷日益减少，百姓安居乐业。王树中在太和县的另一大作为是治理水患，兴修水利，解决水患问题，造福百姓。王树中任亳州知县时，"灾祸流行盛疠疫，斯须人与鬼为期"，境内灾害频仍、饿殍遍野，为官者多不愿前往亳州任职。然而，王树中却急民之所急，主动请缨前去亳州。下马伊始，他一则电请停征一切税赋，一则飞书向多方劝募，并利用西洋人的"慈善会"一起赈济。经多方奔走，他圆满完成救灾济民之务。王树中在学术方面也颇有建树，他见解独特、标新立异，其中一些诗作更是反映了当时的社会现实，具有很高的史料价值。

第三节　现代清廉名人

一、范振绪·轻徭薄赋、爱民如子

范振绪（1872—1960年），字禹勤，号东雪老人、太和山民，甘肃靖远人。清光绪二十九年（1903年）进士，任工部主事，清光绪三十二年（1906年）赴日本留学，在法政大学学习，后为陕甘留日学生创办反清刊物《秦陇》担任撰稿员。回国后，任河南省济源县（现河南省济源市）知县，在职期间轻徭薄赋、爱民如子，人称"范青天"。1916年，任河南省孟县知事，三年后返回北京，从事书画创作，维持生计。1921年，绥远都统马福祥聘其为记室。1929年，马福祥任青岛市市长，范任秘书。闲暇时，他钻研书画，成绩斐然。1934年，范振绪返回兰州，潜心研究书画。1941年，张大千西游敦煌，与范相遇，视其为知己，同往敦煌研究壁画，抢救国宝。1949年后，范振绪历任西北军政委员会委员、甘肃省政协副主席等职，于1960年病逝。范临终将自己所藏《宋徽宗山水画卷》《大痴富春山色长卷》，以及自己所画《祁连山色长卷》捐赠给国家。

二、慕寿祺·从教研学、著述丰富

慕寿祺（1874—1948年），字子介，号少堂，甘肃镇原人，长期寓居兰州，从教研学，著述丰富。1917年，慕寿祺代理甘肃省立第一中学校长兼国文教员，1935年被聘为甘肃学院文史系教授。慕寿祺毕生著述丰富，1929年任甘肃省通志局协纂，1942年任《兰州市志》编审委员，参与《甘肃新通志稿》《兰州市志》的编纂工作。他还著有《周易简义》《读经笔记》《甘宁青史略》《镇原县志》《重修镇原县志》《十三经要略》《敦煌艺文志》《中国小说考》《求是斋文集》《求是斋诗钞正编》等20多种著作，这些著作均藏于甘肃省图书馆，内容涉及经学、史学、文学等领域。其中最具代表性的是《甘宁青史略》，堪称"西北百科全书"，是西北史学者案头必备之书，对于今天开发大西北的工作仍有重要的参考价值。慕寿祺的《中国小说考》，由于右任作序，称其为"运旋风之笔，本数十年之研究，对于新旧各种小说及元明清之戏剧等莫不穷究原委，纠正错误，转移世道人心，诚并世无两之作也"。

三、王烜·以笔为剑、声名鹊起

王烜（1878—1959年），字竹民，甘肃兰州人。清光绪三十年（1904年），任户部主事，后因时局动荡返回兰州。1916年，蔡锷发起护国运动，王烜积极响应，大力支持，声名鹊起，被聘为总统府顾问。1922年，曹锟贿选总统，王烜断然拒绝收受贿赂。1924年，他回到兰州。斯时天灾人祸不断，百姓流离失所。王烜积极从事赈济工作，任甘肃赈济会主席、华洋义赈会总办等职，主管兰州丰黎义仓，为流民作了大量有益的工作。王烜对家乡教育事业也极为关心，他任职于中山大学。抗战爆发后，面对日军侵华和蒋介石的不抵抗政策，他痛心疾首，挥笔疾书，发泄自己的愤懑之情。"请看天下事谁家？""万户千家不见春。"王烜博学多才，紧跟时代步伐，心系祖国的安全和人民的安危，他以笔为剑，期望唤醒民众起来反抗。他一生著作甚丰，在诗歌方面也造诣极深，著有《竹民文存》《击柝集》等。

四、赵元贞·粗衣素食、淡泊明志

赵元贞（1879—1974年），字正卿，甘肃正宁人。留美博士，曾任甘肃省教育厅厅长，创办志果中学并自任校长。清光绪三十四年（1908年）毕业于甘肃文科高等学堂，选送京师大学堂。他在1913年毕业后被选派到美国公费留学，1919年毕业于柯州高尔登大学，获矿学工程师学位。1922年毕业于匹兹堡大学矿冶系，获冶金学博士学位，即回国。1923年起，赵元贞先后任甘肃省教育厅厅长、甘肃省实业厅厅长。在职期间，创办《甘肃教育月刊》和《实业月刊》杂志。他还亲自率领勘探队调查西北矿产资源，提出窑街可设水泥厂、阿干镇煤矿可用新法采煤、刘家峡可建水电厂、享堂峡可建小型水电厂、平凉可建毛纺厂等重要建议，这些建议极富创见，是开发两省矿产资源和加快经济建设的重要依据。

1931年，他先后在甘肃学院、甘肃农业学校授课。1939年，他捐出自家50多间房屋和100多亩良田，创办兰州志果中学并兼任校长。1950年后，他担任甘肃省教育厅副厅长、省政协副主席等职，于1974年病逝，享年95岁。

五、杨思·博学多才、贡献突出

杨思（1882—1956年），字慎之，甘肃会宁人，清光绪二十九年（1903年）进士，授翰林院编修。清光绪三十二年（1906年）被清廷派往日本法政大学读书，两年后回国。1913年当选为第一届甘肃省议会副议长，后历任甘肃省第三届议会议长、兰山道尹、护理省长、民政厅厅长等职。杨思主持编修《甘肃新通志》，从制定编纂方案、组织写作力量、筹措经费以至审定志稿的8年中，杨思竭尽全力，贡献突出。志稿为甘肃全省三大通志之一（前两部是乾隆《刺修甘肃通志》和宣统《甘肃全省新通志》），凡130卷，17纲，93目，450余万言。其中已编就之《甘肃省县总分图》和《甘肃地理沿革图表》由杨思署端，作为志稿一卷至三卷单行本于1934年先期付印，其余稿件因抗日战争爆发未能付梓。现原稿及清抄本均珍藏于甘肃省图书馆，并命名曰《甘肃通志稿》，此书内容广博，考证翔实，结构严谨，为研究甘肃历史提供了大量丰富的资料，是一部珍贵的西北地方文献。新中国成立后，杨思任西北军政委员会委员，兼甘肃省政协副主席等职。

六、水梓·上善若水、家风传世

水梓（1884—1973年），字楚琴，甘肃榆中人。清末附生，毕业于甘肃文科高等学堂，考入京师法政学堂，清光绪三十四年（1908年）毕业。属同盟会会员，1912年与同盟会会员王之佑、邓宗力促甘肃共和。1916年任甘肃省立一中校长。1919年赴欧洲考察教育。历任狄道县（现甘肃省临洮县）代理县长、安徽省代理秘书长、甘肃省教育厅厅长、甘宁青考铨处处长等。新中国成立后，曾任西北军政委员会委员、政协甘肃省第一届常委会委员、民革甘肃省第一届副主任等职。水梓早在求学时便接受了资产阶级民主革命思想，参加了一系列民主革命活动，成为同盟会的积极分子。他积极筹办甘肃教育学会，同时引进西方先进的教育理念和教育经验。在任甘肃省教育厅厅长期间，他推行新制度、增开新学校，极大地促进了甘肃教育事业的发展。他积极筹建甘肃省银行，为甘肃的发展扩充资本。同时，他还积极参与社会公益事业，为劳苦大众排忧解难。此外，水梓还是著名的诗人和画家，其诗作《河西杂咏》为后人研究河西的地貌和历史提供了宝贵资料。

七、张维·除旧布新、阔斧改革

张维（1890—1950年），字维之，号鸿汀，甘肃康乐人。清末毕业于甘肃优级师范学堂，清宣统元年（1909年）拔贡，授学部书记官。辛亥革命爆发后，张维回到兰州，创办具有进步思想的报刊《大河报》《金城周报》《政闻报》等，把启蒙思想播撒到故土，后政府以思想激进为由相继查封这些报纸。无奈中，他返回北京任第一届国会议院院长之职，但面对袁世凯的独裁专权，怒火中烧的张维辞官回乡教书，后历任甘肃督军公署秘书长、政务、财政和建设厅厅长、省参议会议长等要职。在官期间，张维革故鼎新，大刀阔斧改革。张维留给后人最重要的是他的著作，他一生致力于地方志、历史和金石研究，著有《陇右方志录》《兰州古今注》《元魏诸镇考》《仇池国志》《甘肃人物志》《陇右著作录》《甘肃青海土司志》《陇右边事录》《陇右民族录》《陇右经学之传授》《陇右财赋录》《陇右轶闻录》《陇右学艺录》《陇右金石录》等。其中，《陇右金石录》着力甚勤，考证精详，被誉为"中国第一部地方专业史著作"，被国民政府时期的中央研究院列入国际交换书籍。

八、于右任·收复山河、诗词壮美

于右任（1879—1964年），著名书法家、诗人。他出生于陕西三原，母亲是甘肃静宁人，因此他对甘肃有一种别样的情愫，曾三次到过甘肃，两次莅临兰州，了解风土人情，参观名胜古迹，品尝地方风味小吃，并赋诗挥毫留下了许多墨宝。1941年，时任国民政府监察院院长的于右任决定来陇上视察。他于10月2日到达兰州，游罢五泉山并观览市容后，即前往敦煌莫高窟参观。了解到莫高窟得不到重视与保护，不断遭到外人掠夺的状况后，他痛心疾首，并最终促成敦煌艺术研究所的成立。其间，他还一路把酒赋诗，留下了不少壮美的诗篇，如《敦煌纪事诗》中所写，"立马沙山一泫然，执戈能否似当年；月牙泉上今夕月，独为愁人分外圆"，"敦煌文物散全球，画塑精奇美并收；同指残龛同赞赏，莫高窟下作中秋"。于右任还到兴隆山游览，拜谒了成吉思汗灵柩，写有《天净沙》小令，词云："兴隆山畔高歌，曾瞻无敌金戈，遗诏焚香读过，大王问我：几时收复山河？"此词表达了他期盼早日收复被日寇占领的祖国锦绣山河的殷切之情。此词的最后一句曾得到过毛泽东同志的赞誉。在兰州时，于右任还曾给时迁榆中的兰州师范和兰州农校师生作了题为《西北的牧羊儿》的演讲。

九、顾颉刚·文情并茂、结缘兰州

顾颉刚（1893—1980年），江苏吴县人，原名诵坤，字铭坚，我国现代著名的历史学家，古史辨学派的创始人。他曾两次到过甘肃，并与兰州结缘。1937年9月至1938年9月，为了考察西北教育情况，顾颉刚初次来到甘肃。其间，他浏览了兰州的人物风土、名胜古迹等，这些给他留下深刻印象，其《西北考察日记》对此作了生动记载。1937年9月29日，顾颉刚抵达兰州。他游览了黄河铁桥，写下自己初来乍到的观感："足下黄流滚滚，皮筏去疾如矢，胸中为之开畅。河边多水车，借风（水）力转动，可以灌高地。城中居民食水皆由水车从城头输进，亦奇观也。"同时，参观了兰州中学、师范学校、甘肃学院、省立民众教育馆。1937年11月8日至1938年1月3日，顾颉刚迁居兰州贤侯街（今贤后街）45号，作为办公地点。他被当时来兰州的省外留学生抗战团、省妇女慰劳会、青年抗战团、伊斯兰学会等团体聘请为顾问或指导员，又创办《老百姓旬刊》作抗战宣传。顾颉刚在1948年担任兰州大学历史系主任兼教授期间，撰写了《〈国立兰州大学图书馆概况〉序》《国立兰州大学积石堂碑记》及《国立兰州大学昆仑堂记》，这些文章文情并茂，足堪传诵。

十、邓宝珊·为人谦和、智谋过人

邓宝珊（1894—1968年），原名瑜，字宝珊，甘肃天水人，著名爱国人士。邓宝珊于1909年应征入伍，次年在新疆加入同盟会。辛亥革命爆发时，他参加了新疆伊犁起义，后因反动派大力逮捕革命党人，他潜回东北，后辗转到天水。面对袁世凯的独断专权和践踏民主的恶劣行径，邓宝珊参加了讨袁运动。后来，他参加冯玉祥领导的革命军，在军中，他为人谦和、智谋过人，深得将士们喜爱。他深知共产党一心为民，因此在任国民党军将领时，他仍衷心拥护共产党，反对宁汉合流。抗日战争期间，邓宝珊积极拥护共产党"团结一致，共同抗日"的正确主张，在晋、冀、鲁三省奔走呼吁各方面团结抗日。对蒋介石消极抗日、积极反共的行为，邓宝珊深为不满。西安事变发生后，他仍以民族利益为重，促成了事变的圆满解决，这对于建立抗日民族统一战线起了关键作用。平津战役时期，邓宝珊高瞻远瞩，以人民利益为重，斡旋于我军和北平傅作义之间，最后以傅作义全权代表的身份，同我军签订了和平解放北平的协议，为保护北平作出了巨大贡献。1949年中华人民共和国成立后，邓宝珊历任西北军政委员会委员、甘肃省人民政府主席、甘肃省省长、全国政协委员等职，仍为甘肃的发展贡献力量。1968年11月27日，邓宝珊病逝于北京，享年74岁。

十一、张心一·兴修水利、创建企业

张心一（1897—1992年），原名张继忠，生于甘肃兰州，原籍甘肃永靖。1922年毕业于清华留美预备学校，1926年获美国康奈尔大学农业经济学硕士学位，是我国近代农业统计与土地利用以及水土保持工作的先行者之一。1929年，张心一担任农业统计科科长，在23个省、600多个县内聘请了1700多名小学教员、农耕工作人员等农情报告员，从而建立起我国近代史上第一次有系统、较科学的农业统计系统。他还利用这些资料对一些专门问题进行研究，写成了专题论文，如《中国人口的估计》，首次估计当时中国人口为四亿五千万人，得到了社会公认。1940年，张心一任甘肃省建设厅厅长，创建了水利、林牧公司等企业，兴修了湟惠渠等水利工程。他选择在黄河北徐家山挖水平沟植树，蓄水保墒，成为甘肃省荒山造林和水土保持工作的奠基人。他从美国引进了草木樨等牧草良种和白兰瓜种，广为种植。在厅长任内，他为甘肃引进和培养了一大批科技人员。1949年后，张心一出任中央财政经济委员会计划局农业计划处处长、农业部水土利用局副局长，先后写成《保持水土，发展农业生产》《西北黄土高原的土地合理利用问题》等著作。他提出的改善西北生态环境等诸多观点，至今仍有参考价值。

十二、邓春兰·呼吁平等、愿望成真

邓春兰（1898—1982年），女，字友梅，甘肃循化（今青海省循化县）人，中国近代第一位力倡解除大学女禁、实行男女同校的发起者和实践者，是"五四运动"时期妇女解放运动中的一位杰出战士。经过辛亥革命和新文化运动的洗礼，民主、平等思想渐渐深入人心。1919年3月，北京大学校长蔡元培在一次演讲中呼吁男女受教育机会平等，邓春兰看罢此文，备受鼓舞。她决心上书蔡元培，希望大学能够解除女禁，然而因蔡元培辞职，她的请求并未得到回应。不久，北京女子高等师范学校要来甘肃招考女生，邓春兰毅然报考，她以优异的成绩被录取。1919年7月25日，她和其他五名被录取的女生一起离开兰州，赴京求学。邓春兰为得到进一步深造的机会，再次呼吁男女同校。北京各大报纸转载邓的文章，蔡元培看后深受感动，公开向外界宣称女生可报考北大。功夫不负有心人，邓春兰等8位女生终于以优异的成绩被北大录取，男女受教育机会平等的愿望终于实现。1923年，邓春兰从北京大学毕业，任教于兰州女子师范学校，声誉卓著。1949年，邓任甘肃省文史馆馆员、甘肃省政协委员等职，于1982年6月9日病逝。

十三、江隆基·尊师爱生、身教言传

江隆基（1905—1966年），又名泮庵，字盘安，陕西省西乡县人。曾留学日本、德国，有较高学历，一直从事教育事业，是杰出的教育家。江隆基在中学时代即投身于革命斗争事业，他曾参加过抗议"九国公约"的游行示

威和抵制日货等一系列爱国活动。1925年,他考入北京大学并接受了马克思主义,于1927年6月加入中国共产党,1929年留学日本,1931年留学德国,曾任旅欧华侨反帝同盟书记。1936年回国后,他在北京、上海等地参加革命活动,两次被捕,曾参与震惊中外的"西安事变"。新中国成立后,江隆基担任西北军政委员会教育部部长、北京大学党委书记兼副校长等职务。1959年1月,他到兰州大学任党委书记兼校长。在他身教重于言教的带动下,全校形成了尊师爱生、勤奋好学的良好校风和学风,从而使兰州大学成为一所全国知名的大学。

十四、杨静仁·追求进步、思想解放

杨静仁(1918—2001年),甘肃兰州人,回族。青年时代,杨静仁就追求进步,接受马克思主义。1937年,杨静仁加入中国共产党。1954年,杨静仁任中央民族事务委员会副主任和中央民族政策研究室副主任。1960年9月,杨静仁担任宁夏回族自治区政府主席、党委第一书记、军区政委,西北局书记处书记。1978年3月,杨静仁担任国家民委主任、党组书记。1980年9月,他被任命为国务院副总理,主管民族和政法工作。在他的主持下,国家民委在政治、经济、文化、教育、科技、卫生、体育等方面采取了一系列有力措施,进行了卓有成效的工作,使这一时期成为我国民族地区发展最快、民族关系最好的历史时期之一。1982年,杨静仁担任中央统战部部长兼国家民委主任,1983年又当选为第六届全国政协副主席,负责主持党和国家的统战、民族、宗教工作。他提出把统一战线和改革开放相结合,大力开展海外统战工作的方针,使我国的统战、民族、宗教工作出现了新局面。1986年后,他又连续当选为第七届、第八届全国政协副主席。杨静仁一生为中国的革命和建设事业,特别是为各民族的团结进步事业作出了卓越贡献。

第四章 清廉兰州事：战略要地，红色沃土

　　兰州，处于祖国大陆版图的几何中心。黄河从两山夹峙之中川流而过，山环水绕，形势险要，自古就是中原通向西域的交通要冲，既是历代统治者开拓西域、经略西域的军事关隘，又是沟通中西亚文明的商埠重镇。"金城置郡几星霜，汉代穷兵拓战场。岂料一时雄武略，遂令千载重边防。"谭嗣同的七言律诗，形象地说明了2000多年来兰州雄踞西北的战略地位。史载，汉武帝元狩二年（前121年），大行李息在黄河南岸构筑金城。汉昭帝始元元年（前86年）设金城郡，"倚岩百丈峙雄关，西域咽喉在此间"。自此，滔滔不绝的黄河之水见证着兰州2000余年的沧桑历史。

第一节 古代兰州重要战事

　　兰州自古以来一直是兵家必争之地，据清人吴广成云：兰州"控河为险，隔阂羌戎。自汉以来，河西雄郡金城为最，岂非以介居戎夏，攸系陇右安危哉？晋元康后，河陇多事，金城左右岁无宁宇；隋唐盛时，驰逐河湟，未尝不以兰州为要害；广德以后，州设吐蕃，而西凉不复为王土；大中间，虽尝收复，亦仅羁縻；宋兴，兰州不入职方，至是，宪始复之，筑城以建帅府"。2000多年来，见之于史籍记载的大小战争达数百次。由于兰州特殊的地理、民族环境，历史上发生在兰州的战争有着其错综复杂的特殊性质：既有维护国家统一的战争，也有分裂割据的战争；既有反击侵略、求得民族解放的战争，也有反抗压迫的农民起义，还有统治者镇压人民反抗的战争。不论何种类型的战争，都带有明显的时代特征，客观上促进了民族融合。

一、宋夏兰州争夺战

北宋建立后，河湟地区吐蕃以确厮啰为首领，建立政权，兰州地区的吐蕃族帐属于确厮啰。宋仁宗景祐三年（1036年），党项西夏元昊在夺取河西甘州、凉州等州时，回兵攻打兰州的吐蕃部落，占领马衔山，筑城戍守，用以截断宋与吐蕃的交往。宋朝为招抚河湟地区吐蕃诸部，使西夏无法连接吐蕃，即可断其臂，即于宋神宗元丰四年（1081年），分五路出兵，大举伐西夏，但是其他四路接连失利，只有熙河路都大经制司经制使李宪率领的军队战绩突出，收复了西夏占据的兰州。是年七月，李宪率熙和、奉凤军等，出熙和州（今甘肃省临洮县），八月中旬越过马衔山，至龛合寨（今甘肃省榆中县小康营），没有遇到抵抗。八月二十三日，李宪攻取西使新城（今甘肃省榆中县三角城），打垮西夏军2万余骑，缴获战马500余匹。九月二日，李宪收复兰州。李宪收复兰州后，在城内设帅府，以李诰为知州事，宋军与西夏军隔黄河对峙，互有攻伐。

宋元丰六年（1083年）二月，夏军万余骑兵忽至兰州，攻占了西关堡，继以10万之众围攻兰州城。时熙河兰会路副使李浩兼知兰州，西夏兵临城下，李浩闭城固守。部将王文郁再三请求出战，说服李浩，便于夜间率士700人，缒城而出，偷袭夏营。夏军以为宋军援兵杀来，相互惊溃，争相奔逃，淹死者甚众。五月，夏军再攻兰州，至水东口，与宋军交战，宋将王世隆和数十名弓箭手战死。夏军攻破西关堡，杀守将韦定，尽俘宋军运粮队，继而围攻兰州大城，相持9日，围城不克而退走。次年正月，夏军"倾国而来"，号80万众，意在兰州。兰州城坚，宋军早有防备，兵器、粮草充裕；夏军攻击猛烈，持续围攻十昼夜，粮尽而退。此战后，宋神宗认识到兰州的战略地位的重要性，诏令熙河兰会路加强戒备，并用北宋研制的火炮装备兰州宋军，以保卫宋朝西部边疆，兰州防卫得以巩固。

二、明军与残元势力的兰州之战

明太祖洪武二年（1369年），大将徐达遣都督副使顾时、参政戴德攻克兰州，元平章张志敬率州人投降。明遣指挥张温镇守兰州，大军班师东返。元将王保保乘机攻打兰州，试图控制西北。元军在黄河南北各筑一城，均名王保保城，一城在白塔山以东（今甘肃省兰州市朝阳山东麓），一城在今兰州市东关坡，作为呼应，集中精兵围攻兰州城。张温坚壁清野，与元军对峙四个月。王保保最终未能攻陷兰州城，只在城外取得一些胜利。明巩昌鹰扬卫指挥于光率部援兰，进至兰州附近马兰滩时，遭王保保部阻击，战斗失利被俘。王保保将于光押至城下，迫令其向城头喊话劝降。于光向城上大呼："援军将至，你们要坚守城垣，以待援军！"呼声未尽，即被元军砍杀。明洪武三年（1370年）三月，王保保闻明朝援军将至，遂撤围东去，在安定（今甘肃省定西市）沈儿峪一带设防，阻击明军。三月底，征虏大将军徐达率领10万大军抵达安定，征讨王保保。四月，进至沈儿峪南，王保保率10万元军，凭借营垒和山险，与明军对峙。徐达先遣邓愈部向元军逼近，大败王保保军；又分兵卡堵，截俘元朝王公、将校、僚属1865人，士卒8.4万余人，战马1.5万匹和大批辎重、杂畜。

　　明王朝统一全国后，蒙古贵族势力在明军追逼下，虽退据塞北，却谋图恢复对中原的统治，不时兴兵南下，攻掠明朝北部边疆，兰州成为攻掠的重点地区之一。明嘉靖三十九年（1560年），蒙古鞑靼由鄂尔多斯南下，占据大小松山（今甘肃省永登县西北、天祝藏族自治县东北）一带①。自此，兰州黄河以西、以北，包括今皋兰、景泰、古浪东部广大地区，皆被鞑靼牛羊所践踏，成为牧场，河西走廊几被孤悬，将鞑靼人占据的河套、鄂尔多斯、松山滩、青海连成一片。明万历二十五年（1597年）春，驻牧于松山地区的鞑靼卓哩克图部进掠兰州，被兵备副使张栋击败。次年春，张栋和临洮镇总兵陈霞等率明军在兰州北六个井大败卓哩克图。随后，三边总督李汶率明军兵分五路收复松山，修筑边墙、堡墩44座。

三、清代平定"三藩"叛乱中的兰州平叛

　　清康熙十二年（1673年），藩王吴三桂、耿精忠、尚之信先后反叛清廷，史称"三藩叛乱"。清康熙十四年（1675年），固原提督王辅臣在平凉策应，发动武装叛乱。吴三桂获悉后，即封王辅臣为"平远大将军""陕西东路总管"，送银二十万两犒赏。王辅臣得到吴三桂的封赏后，即以平凉为根据地，首先占据镇原，杀死典史冯明尔；继而派部将巴三刚西上，攻占巩昌；派部将白光勇南进，占据清水；派赵士升跟进，攻克临洮；不久，又派总兵魏永锡占领庆阳、宁州。陇东、陇右的地方官员和驻军，都先后叛清。王辅臣部将赵士升攻陷兰州，甘肃巡抚华善、按察使伊图西逃凉州，布政使成额投降，赵士升断浮桥以守兰州。随后，王辅臣又派兵攻下洮州、河州等地，陇右大部分地区，即被王辅臣势力所控制。王辅臣叛清后，清廷即从各地调兵遣将，弹压反叛。将军河密达、副都统鄂克济哈、夸代等率领的援兵入甘；甘州提督张勇也奉命率西宁镇总兵王进宝、甘肃镇总兵孙思克等部，进军兰

<hr />

①本书编委会：《走近兰州》，甘肃人民出版社，2010，第30页。

州以东，会攻叛军。王进宝率西宁兵进至黄河岸边后，趁天黑掩护，用牛皮袋充气结筏，从张家河湾渡过黄河，进军兰州，经过激战，夺取王辅臣叛军设在兰州西南高地龙尾山的营垒。孙思克奉命向北进军，收复靖远；王进宝向东进军，攻占金县、安定、临洮等地，清除兰州周围叛军的据点。四月间，张勇指挥清军会攻兰州叛军。叛军伤亡过半，退守城内。清军围城并断其粮道，至六月，城内粮尽，赵士升偕原甘肃布政使成额，率官员百余人、兵丁五千余名出降，清军占领兰州。与此同时，清军还击败河州、洮州等地的叛军，稳定陇右西部局势。张勇所部肃清兰州附近叛军后，又南下攻击巩昌，在熟羊城打败叛军。康熙十五年（1676年）六月，以王辅臣降清军为标志，三藩在甘肃的叛乱势力彻底覆灭。

第二节　近代兰州重要战事

一、民国时期国民军与甘军的兰州之战

1925年8月，北京段祺瑞政府任命冯玉祥将军为西北边防督办兼甘肃军务善后督办。冯玉祥命国民军暂编第二师师长刘郁芬为入甘部队总指挥，率暂二师入甘。10月下旬，国民军暂编第二师到达兰州，刘郁芬代理甘肃军务督办。国民军入甘时，甘肃陆军第一师师长李长清心怀不满，但慑于国民军的实力，未敢公然反抗。刘郁芬在整编省城驻军、统一政令的过程中，均遭李长清拒绝。11月5日，冯玉祥密电刘郁芬，要其尽快清除李长清，以防后患。11月13日上午11时许，李长清及其所部营长以上军官来到督署赴宴，被刘部剪除。兰州很快成为国民军的重要基地。刘郁芬剪除李长清以后，遭到陇东镇守使张兆钾、陇南镇守使孔繁锦及一些地方势力的反对，特别是张兆钾，拥兵自重，策动韩有禄旅归陇东，收编为第五旅，还派员联络驻天水的陇南镇守使孔繁锦、驻临洮的第四混成旅旅长宋有才、驻阿干镇的游击司令黄得贵，共同反对国民军。

1926年4月初，张兆钾命令刘福生为前方司令，率领三个旅向兰州开进。孔繁锦命令所部旅长范连泌，率兵五营，向陇西一带推进，配合张部与国民军作战。5月初，张兆钾部与韩有禄旅、范连泌旅、宋有才旅以及黄得贵部，正式组成甘肃联军，大举进攻国民军。5月12日，张兆钾的先头部队攻占国民军梁冠英旅的前哨阵地西巩驿，随即向青岚山发起进攻，梁旅依托有利地形，顽强抗击。刘福生采用的是古老的战斗队形，进攻青岚山，一部

向定西迂回，形成对梁冠英旅的包围。占领定西后，又率部继续向兰州前进。5月18日，刘福生指挥五个营，向兰州以东的响水子峡口实施攻击，国民军梁冠英旅依托有利地形和工事，奋力抵抗，刘部数次攻击均未奏效。韩有禄旅向马架山攻击前进，企图打开兰州的东大门。21日，国民军张维玺旅集中攻击鲁大昌部，激战三天，鲁部弹药不继，与张旅展开白刃战，终因宋旅主力不援，退回七道梁。在国民军的反击下，甘肃联军各部退至临洮中铺、榆中定远一线。5月24日前后，冯玉祥派郑大章骑兵旅由绥远赶援兰州，吉鸿昌旅和谷良友旅也陆续到达兰州。刘郁芬得到援军，即组织反攻。5月底，国民军攻占定西城，并乘胜直追会宁。至此，历时三个多月的兰州之战结束。

二、"雷马事变"与陕军入甘等军事事件

1930年秋，冯玉祥反蒋失败，南京政府于1931年1月任命马鸿宾（新编第七师师长）代理甘肃省主席，8月5日正式任命他为主席。为牵制甘肃地方实力派，蒋介石又将雷中田部改编为新编第八师，任雷为师长，维持省城兰州的治安。

1931年1月15日，马鸿宾来兰就职，但无力驾驭甘肃局面，财政困难，又因雷中田扩军，争粮争饷，雷马矛盾日益激化。8月初，雷中田与国民政府派来视察的专员马文车串通，公开进行"倒马"活动，企图取马鸿宾而代之。冯玉祥也加紧活动，派亲信来甘，指使雷中田"倒马"，夺取甘肃军政大权。8月25日下午3时，马鸿宾带少数侍卫到省政府开会，雷中田即派手枪队围捕。马事先察觉，并逃脱。雷中田围捕不成，下令关闭城门，实行戒严，继续搜捕，还派出军队解除马部武装，双方发生激烈枪战。入夜，马鸿宾潜逃到省公安局，向局长高振邦说希望和平解决。高实施监护后，便报知雷中田。8月27日，雷中田、马文车组成临时省政府，雷任甘肃省保安总司令，马文车任临时省政府主席。事变发生后，蒋介石怕雷中田政变得逞，冯玉祥势力再起于西北，遂电告雷中田、马文车，扣押马鸿宾"实属反叛中央，目无法纪"，令其迅速恢复马的自由。而后，令西安绥靖公署主任杨虎城出兵甘肃，控制局面。杨虎城即令其参谋长孙蔚如率第十七师入甘，雷中田抵抗失败，逃往四川。事变结果为雷、马两败俱伤。这一事变，史称"雷马事变"。"雷马事变"后，杨虎城趁机向甘肃扩张，企图与甘肃地方势力相互结合，控制甘肃。以蒋介石为首的国民政府，出于对冯玉祥在甘肃活动的忧虑，急命杨虎城出兵甘肃。11月中旬，杨虎城派其参谋长孙蔚如以"甘肃宣慰使"名义，率陕军主力第十七师，于12月11日进入兰州。12日，孙蔚

如在兰州成立甘肃省政府临时维持委员会，自任委员长，杨思、张维等为委员，杨渠统为兰州警备司令。孙蔚如控制兰州后，计划逐步控制甘肃全省局势，但蒋介石对陕军并不信任，而是防备多于利用，遂以"军政分治"为由，于1932年4月任命邵力子为甘肃省省政府主席，撤销孙蔚如的甘肃省政府临时维持委员会，以遏制陕军在甘肃的活动。为安抚陕军，蒋任命孙蔚如为三十军军长，仍兼第十七师师长。1933年2月，蒋介石令其嫡系胡宗南率部进驻天水。同年十月，孙蔚如也相继被迫撤出甘肃，回到陕西，至此，蒋介石集团便直接控制甘肃。

三、中共甘宁青特委发动的兰州"北门兵变"

1932年12月，中共陕西省委决定，在兰州成立甘宁青特委，由甘肃籍党员吴鸿宾任书记，孙作宾、李慕愚、常黎夫、马豫章4人任委员，孙作宾负责军委工作。甘宁青特委成立后，即作出决定，要尽快在甘肃组建一支由共产党领导的抗日武装，以推进甘宁青地区的革命事业。这时，由王儒林、李慕愚等领导的西北抗日义勇军，正在兰州以北的山区进行艰苦斗争，特委遂于1933年3月下旬决定，在兰州发动兵变，壮大抗日义勇军，并派地下党员石子健、崔继浩、李培青协助他们工作。贺晋年、崔继浩等人经过具体研究，决定利用驻在兰州北门城楼的部队排长柳明山和贺晋年曾在陇东军阀陈珪璋部一起当过兵这层关系，发动兵变。4月初的一个晚上，贺晋年和崔继浩、李培青等6人来到北门城楼上，和柳明山打牌并机智地取下挂在墙上的步枪和子弹，说服柳明山带领弟兄们一同上北山参加革命。贺晋年又派崔继浩和李培青等人去缴桥门守兵的枪，惊动桥门守兵，顿时枪声大作，引起兰州城内惊慌，警备司令部很快关闭桥门，实行戒严。崔、李等人来不及返回北门，便钻进桥门洞，扭断城门大锁，跑过黄河铁桥。贺晋年等人在北门听到枪响，知有变故，便和柳明山等人打开城门，带领20多名士兵冲过铁桥，直奔北山红砂岘，同抗日义勇军会师。但崔继浩和李培青过铁桥后迷失方向，随即被捕，英勇就义。

这次兵变，震动兰州，影响很大，西北抗日义勇军的活动也引起敌人的恐惧。5月，蒋介石令甘、宁、青三省调集部队"会剿"，孙作宾、王儒林、李慕愚、吕振华、郝新亚等36人被俘，参谋长张子明、大队长杨得胜（藏族）等100余人壮烈牺牲。

四、西安事变中的兰州事变

1936年12月12日"西安事变"时，东北军第五十一军军长于学忠兼任甘肃省省政府主席。第五十一军所辖第一一三师驻兰州,第一一四师驻永登,第一一八师驻定西。12日中午,在西安参加军事会议的于学忠派飞机送来张学良的手令,命令第五十一军立即解除国民党甘肃绥靖公署、中央军驻兰各部队及特务组织的武装,扣押党政军要员,切断兰州与国民党中央的联系,以策应西安事变。12日晚7时,第五十一军军部设计宴请甘肃绥靖公署重要军官,扣押绥署参谋长章亮琛等人,击毙军需处处长王式辉、参议杨陕岗。扣押军统特务头子、省会警察局长史铭,特务头子、甘肃国民军训会主任胡维藩,军警督察处处长兼新一军参谋长张性白等人。

为了团结和中立地方势力,省政府秘书长周从政将西安事变的真相及第五十一军的行动原委电话告知了新一军军长邓宝珊,邓宝珊所部遂按兵不动,对事件持静观态度。与此同时,第五十一军第一一三师参谋长窦光殿指挥部队分头出动,分别占领电台、电报局、邮政局、中央银行、报馆等要害部门,包围绥靖公署、飞机场及拱星墩中央军兵营等地。第一一三师部队在控制中央军兵营的同时,占领绥靖公署,击毙副官、警卫队长等数十人,将绥署主任朱绍良(时在西安开会)办公室的重要文件、档案、电台等带回军部。次日清晨,战斗结束,驻兰州的中央军及警察、特务全部缴械。12月13日,省政府秘书长周从政、第五十一军参谋长刘忠干,通电响应张、杨"兵谏",拥护八项主张,并召集省政府委员开会,邀请地方绅士、社会名流等各界人士座谈,介绍西安事变和兰州事变情况,与会者虽感震惊,但多数赞成"停止内战,一致抗日"的主张。为扩大社会影响,争取各界民众支持,第五十一军强令国民党省党部控制下的《甘肃民国日报》,登载张、杨八项主张,还派出人员到各学校进行抗日演讲,发动青年学生在街头张贴标语,宣传八项主张。12月14日,于学忠返回兰州,任命第一一三师师长李振唐为兰州警备司令,并将第一一三师布防于兰州、河口、永登、水埠河一带,预防马步芳、马步青部攻击兰州;令第一一四师牟中珩部布防于临洮,第一一八师周光烈部布防于定西,预防驻天水之国民党中央军突袭第五十一军。西安事变和平解决后的次日,即12月26日,第五十一军释放被扣押的人员,发还收缴的武器,中央军驻兰各单位恢复常态。民国二十六年(1937年)二月,蒋介石召集东北军高级将领到南京开会,迫令东北军分散各地,于学忠被免职。第五十一军于3月陆续东调,离开兰州。

五、解放战争中的兰州战役

兰州战役是解放战争时期人民解放军第一野战军在西北战场上进行的一次战役决战。彭德怀遵照军委指示,制订了"兰州战役计划",决心以一部分兵力钳制马鸿逵、胡宗南部，集中优势兵力歼灭马步芳主力于兰州，而后再聚歼马鸿逵部。国民党也企图以马步芳军为主力，凭借兰州坚固的防御工事和黄河天险，同人民解放军在兰州展开正面决战。8月25日拂晓，解放军向兰州守敌发起总攻，在猛烈的炮火掩护下，担任主攻任务的各部队勇猛地冲向守军阵地，主要战斗有：

1.沈家岭、狗娃山战斗

沈家岭、狗娃山位于兰州城区西南侧，由"青马"主力、第一九〇师防守，第四军进攻。具体部署是：第十一师攻击沈家岭守敌，第十师攻击狗娃山之敌，第十二师为预备队。总攻发起后，第十一师第三十一团在团长王学礼的指挥下，向守敌发起攻击，很快攻占沈家岭阵地上的第一道堑壕及1、2、3号碉堡，接着先头部队向第二道堑壕逼近。第三十一团在第三十二团和第三十三团的密切配合下，击退守军第一次反扑，占领了第二道堑壕，并乘势向敌人的核心工事逼近。马继援急调兵增援，以整营整团的兵力进行反扑。满山遍野的敌人光着膀子，挥着马刀，横冲直撞。经过多次肉搏，第三十一团终于打退了敌人的反扑。经过13个小时的激烈争夺，第四军以全军伤亡达3000多人的代价，攻占沈家岭与上、下狗娃山，毙伤守敌3800余人。第四军伤亡的团级干部就有13人，第三十一团团长王学礼、第三十团政委李锡贵、第三十二团副团长马克忠等英勇牺牲。

2.营盘岭、皋兰山战斗

进攻营盘岭、皋兰山由第六军承担。战斗一开始就打得很激烈，双方形成对峙状态。为了夺取三营子，第六军军长罗元发和政委张贤约命令军炮兵营和配属的一野直属炮兵团，以山炮、野炮及迫击炮组成炮群，利用强大炮火猛烈轰击敌军阵地，支援步兵冲击。当部队冲向主阵地时，遇到一堵又高又陡的峭壁，守敌在峭壁上面拼命抵抗，担任主攻任务的第十七师第五十团几次攻击都未奏效。在这紧急关头，七连指导员曹德荣抱着三个炸药包冲上去爆破，但峭壁很陡，无法安放炸药包，他便用身体支撑炸药包，炸开突破口，用自己的生命为部队开辟了胜利的道路。部队冲上大峭壁，抢占前沿阵地。14时，三道峭壁防线均被解放军突破，守军"青马"第二四八师大部被歼灭。17时许，残敌溃退，营盘岭被第六军全部占领并控制了制高点，战士们把红旗插上皋兰山。

3.窦家山、十里山战斗

窦家山、十里山由青马"王牌"部队第一〇〇师一部防守。25日总攻发起后，第六十三军炮兵团的两个山炮营和一个重迫击炮营于10时20分开始连续轰击敌军阵地，敌军大部分防御工事被摧毁。步兵发起冲击，第一八九师第五六六团一营三连从敌人的结合部攻入阵地，占领一号阵地①。紧接着，二营投入战斗，击退敌人的反扑，巩固了既得阵地，并向二号阵地发起攻击。与此同时，第五六五团也从正面攻上去，占领三号阵地。第五六七团三营也加入战斗，协同第五六六团三营攻占十四号、十五号阵地。17时，占领窦家山全部阵地。在主力攻击窦家山的同时，第一八七师按照第十九兵团首长的作战意图，对敌军第一八一师进行牵制性攻击，使其不能南援窦家山之敌。26日凌晨，敌军开始溃退，第一八七师命令第五六一团追击，扫清十里山残敌，天亮时分，我军占领东岗镇。

4.古城岭、马家山战斗

在一野十九兵团第六十五军军长邱蔚、政委王道邦的指挥下，我军向古城岭以南之卜家路口一线迅速展开，向古城岭敌军阵地发起攻击，25日拂晓再次发起总攻，主攻部队第一九三师在强大炮火掩护下，向古城岭敌军发起攻击。敌我双方在马家山、古城岭上展开激烈的争夺战长达5小时，往返拉锯20余次，解放军才巩固既得阵地。接着，第一九三师又连续打垮敌人的14次反冲击，于17时向敌纵深发展。与此同时，第一九四师第八二团从左侧攻上马家山主峰，歼灭"青马"王牌第一〇〇师2600余人。经过一整天的激战，南山各主要阵地均被解放军相继占领，敌人坚守兰州的决心也随之发生动摇，当晚利用夜暗全线撤退，企图通过黄河铁桥逃往青海。第七师第十九团首先攻入西关，直插黄河铁桥。溃退之敌不断涌向桥头，铁桥上车马拥挤，争先逃命。第十九团猛烈射击，一辆弹药车在桥上中弹起火，弹片横飞，堵塞了通路。成批的敌人跳入黄河，拽着马尾泅渡，溺死者不计其数。26日2时，解放军完全控制了黄河铁桥，堵死了敌人的退路。第七师第二十团和第二十一团从西关攻入城内，展开巷战。第二十团前锋连队打垮敌军一营骑兵，占领省政府。第十九团一营二连连长贾秋忠从俘虏口中得知焦家湾飞机场还有大批敌人时，立即指挥全连穿插至飞机场，俘虏敌军500多人，迫降保安部队2000余人，战后被评为战斗英雄。与此同时，第六十三军部队也从东岗镇插入市区，展开巷战。至26日凌晨4时，第七师已将各城门及城内各要点控制，市区内敌军已基本消灭。11时，第十九团一部越过黄河铁桥，占领白塔山。12时，城内残敌亦被肃清，兰州战役胜利结束。

兰州战役，解放军歼灭马步芳部队青海保安一团，甘肃保安一团、四团全部，第一八一师、第三五七师大部，共计2.7万余人，击溃1.5万余人，

---

①本书编委会：《走近兰州》,甘肃人民出版社,2010,第41页。

"青马"军事集团实力损失殆尽。兰州战役的胜利，打开了进军河西、新疆的大门，加速了西北全境的解放。

第三节　八路军兰州办事处

兰州市酒泉路互助巷2号，静静地矗立着一座普通的旧式四合院建筑，这里就是抗战烽火中成立的八路军兰州办事处所在地。1937年5月至1943年11月，八路军驻甘办事处在营救被俘流落的红军西路军将士、推进抗日民族统一战线、接待我党往返苏联人员、指导中共甘肃工委开展工作等方面发挥了重要作用。

抗日战争时期，兰州有一个极具影响力的特殊机关，是中国共产党在国统区设立的公开办事机构，被周恩来誉为"革命的接待站，战斗的指挥部"——国民革命军第八路军驻甘办事处（简称"八办"）。兰州"八办"旧址有两处：一处位于互助巷2号，另一处位于孝友街32号。互助巷2号在酒泉路，是一处四合院民居宅院。该宅院原为甘州镇守马璘的公馆，占地600多平方米，一进三院，现存房屋十六间，均为单坡墁砖顶民房，现存房屋为原布局中的厢房及下房，原上房在后院，为一座砖木结构二层楼，前、后院由砖砌院墙相隔，中有月门相通，月门两侧有砖雕壁画。孝友街32号（今酒泉路127号）为"八办"第二处旧址。1938年2月至1943年，"八办"由互助巷2号移此办公，"八办"的主要工作都是在这里进行。该处旧址也为民居，由临街土木结构拐角二层楼商铺建筑和一座典型四合院组成，占地面积1300多平方米，原系一水烟作坊，因院内为"八办"机关电讯联络处，故称此小院为"电台小院"。两处旧址于1962年经省人民政府批准公布为省级文物保护单位。1978年在互助巷2号旧址筹建了"兰州八路军办事处纪念馆"，并于1981年1月正式对外开放，馆内共有文物150余件、照片170余幅，是进行爱国主义教育和革命传统教育的重要基地。2006年，"八办"旧址入选全国红色旅游经典线路及景区。

1937年"七七事变"后，抗日战争全面爆发，在中国共产党积极倡导和领导下，在抗日民族统一战线旗帜下，国共实现了第二次合作。为开辟兰州工作，加强和协调中共甘肃省委工作，党中央决定在兰州成立八路军驻甘办事处。1937年7月底，谢觉哉、彭加伦等来到办事处。谢觉哉担任党代表，彭加伦担任第一任处长。兰州"八办"从1937年筹建到1943年8月撤销，时间长达6年之久。兰州"八办"在党中央的领导下，卓有成效地开展工作，宣传抗日民族统一战线，发动群众开展抗日救亡运动，指导和创建了甘肃青年抗战团、妇女慰劳会、省外留学生抗战团、西北救亡读书会、联合剧团以及《妇女旬刊》等一大批进步团体和宣传报刊。进步剧团的演出和宣传，给兰州各界群众留下了深刻印象，更激发了他们的爱国热情，增强了民族团结意识，数十年后还有老兰州人对此津津乐道。

党中央利用"八办"合法身份，先后接待过周恩来、邓颖超、王稼祥、刘英、任弼时、李先念、贺子珍等，越共领导人胡志明、日本共产党领导人野坂参三也曾在"八办"停留。红西路军河西失败后，兰州"八办"又承担起营救关押在兰州和流落在祁连山一带的红西路军战士的重担，谢觉哉和西安"八办"的林伯渠联手合作，将1000多名红西路军战士顺利解救并转送到了延安，最大限度地保护了革命力量。同时，选拔和输送了大批优秀陇原儿女奔赴延安，接受革命洗礼，他们后来都成了民族抗日的中流砥柱。此外，兰州"八办"还承担着加强同苏联外交和军事代表处沟通联系、转运苏联援华抗战物资的重任，使它成为名副其实的中苏国际交通线上的物资中转站。历史永远会记住为抗日战争的胜利作出独特贡献的兰州"八办"和那些曾经在兰州"八办"战斗和工作过的革命先烈。

近年来，按照习近平总书记"要用好这样的红色资源，讲好红色故事，搞好红色教育，让红色基因代代相传"的重要指示精神，兰州市积极用好八路军兰州办事处等红色资源，深入开展爱国主义教育和廉洁文化教育①。兰州战役纪念馆中再现"西北小萝卜头"——原中共甘肃工委副书记罗云鹏的女儿罗力立故事的"童年囚歌"展区，兰州八路军办事处谢觉哉的皮箱、彭加伦的眼镜、深嵌日机弹片的木门，张一悟纪念馆中这位甘肃党组织创始人生前使用过的物品……一件件珍贵的物品，彰显着中国共产党人历经沧桑而不改的初心，体现着兰州红色资源中丰富的清廉基因。

兰州坚持立足本地特色，深入挖掘城市蕴含的廉政基因，从思想源头抓起，不断增强宣传教育工作的吸引力、感染力、说服力，形成不想腐的思想氛围，筑牢党员干部拒腐防变的思想防线，助力兰州经济社会高质量发展，让清廉之风吹遍金城大地，为"强省会"行动提供了坚强有力的思想作风保障。

大道之行，壮阔无垠。在中国共产党的领导下，兰州人民顽强拼搏、艰苦奋斗、锐意进取，战胜了一个个艰难险阻，创造了一个个人间奇迹，为新中国的蓬勃发展贡献了智慧和力量。今天，兰州人民在这片红色的土地上，赓续红色精神，推进清廉文化建设，开启了全面建设社会主义现代化国家的新征程②。

---

①王文元：《兰州：滔滔黄河水 廉音永不息》，《中国纪检监察》2022年第7期。
②王文元：《兰州：滔滔黄河水 廉音永不息》，《中国纪检监察》2022年第7期。

参考文献

[1] 爱德华·泰勒. 原始文化[M]. 连树声, 译. 上海: 上海文艺出版社, 1992.

[2] 唐贤秋. 廉之恒道: 中国传统廉政文化现代转换研究[M]. 北京: 中国社会科学出版社, 2014.

[3] 张利生. 廉政文化建设要论[M]. 北京: 中国方正出版社, 2007.

[4] 刘丽群, 周桂英. 廉政文化概论[M]. 北京: 中国政法大学出版社, 2016.

[5] 钱穆. 文化学大义[M]. 北京: 九州出版社, 2012.

[6] 马克思恩格斯选集(第三、四卷)[M]. 北京: 人民出版社, 2012.

[7] 列宁选集(第三、四卷)[M]. 北京: 人民出版社, 1995

[8] 毛泽东选集(第三、四卷)[M]. 北京: 人民出版社, 1991.

[9] 邓小平文选(第一、二卷)[M]. 北京: 人民出版社, 1994.

[10] 江泽民文选(第一至三卷)[M]. 北京: 人民出版社, 2006.

[11] 胡锦涛文选(第一至三卷)[M]. 北京: 人民出版社, 2016.

[12] 习近平关于党风廉政建设和反腐败斗争论述摘编[M]. 北京: 中国方正出版社, 2015.

[13] 沈其新. 中华廉洁文化与中国共产党先进性建设[M]. 长沙: 湖南大学出版社, 2008.

[14] 罗任权. 新时期廉政文化建设研究[M]. 北京: 中国社会科学出版社, 2010.

[15] 韩震, 严育. 法治[M]. 北京: 中国人民大学出版社, 2015.

[16] 中华文化学院. 中华文化与法治国家建设[M]. 北京: 学习出版社, 2016.

［17］习近平关于全面依法治国论述摘编［M］.北京：中央文献出版社，2015.

［18］习近平法治思想学习纲要［M］.北京：人民出版社，学习出版社，2021.

［19］中共中央关于全面推进依法治国若干重大问题的决定［M］.北京：人民出版社，2014.

［20］本书编委会.走近兰州［M］.兰州：甘肃人民出版社，2010.

［21］田澍，何玉红，吴晓军.兰州通史（中华人民共和国卷）［M］.北京：人民出版社，2021.

［22］兰州市地方志编纂委员会办公室.兰州年鉴2022（总第15卷）［M］.兰州：甘肃民族出版社，2022.

［23］皋兰县县志编纂委员会.皋兰县志（1991—2005）［M］.银川：宁夏人民出版社，2009.

［24］冯玉军.中国传统法律文化的形成与特点［N］.光明日报，2018-08-19.

［25］关仕新.法治是中国特色社会主义反腐倡廉道路基石［N］.检察日报，2012-12-07.

［26］李德顺，用法治文化塑造社会文明［N］.北京日报，2018-10-15.

［27］吴静.甘肃兰州厚植廉洁文化土壤　串点成线打造崇廉阵地［N］.中国纪检监察报，2023-07-16.

［28］王文元.兰州：滔滔黄河水　廉音永不息［J］.中国纪检监察，2022（7）.

后　　记

　　《清廉兰州文化建设》由中共兰州市委党校（兰州市行政学院）培训用书编委会组织编写。

　　本书由中共兰州市委党校（兰州市行政学院）欧阳波担任主编，中共兰州市委党校（兰州市行政学院）严志钦担任副主编，中共兰州市委党校（兰州市行政学院）卢有志撰写第一篇清廉兰州文化建设概述，中共兰州市委党校（兰州市行政学院）张彩云撰写第二篇清廉法治文化建设，中共兰州市委党校（兰州市行政学院）王欢撰写第三篇清廉制度文化建设及后记，中共兰州市委党校（兰州市行政学院）陈震撰写序言及第四篇清廉物质文化建设。严志钦负责全书的架构设计和文字风格统一工作，张彩云担任统稿等工作。

　　在本书编写过程中，中共兰州市委党校（兰州市行政学院）校（院）委会、兰州大学出版社给予了大力支持。谨对所有给予本书帮助支持的单位和同志表示衷心感谢。